日本史探究 マイノート もくじ

JN096347

1 日本列島最古の文化

教科書　p.12～14

人類の誕生と日本列島への居住

● 人類の誕生

- ・およそ600～700万年前の中新世後期にアフリカで人類が誕生したと推定される
- ・類人猿とは異なる進化の道を歩むようになった最初の人類は[①　　　　]とよばれる

● 人類の進化

- ・地質学上の[②　　　　]の時期に人類が進化
- ・寒冷な氷期と比較的温暖な間氷期が交互に訪れ，[③　　　　]時代ともよばれる
- ・脳の容量が大きく外界への適応力が増した原人→旧人→[④　　　　]へ進化

● 道具の使用とことばの発達

- ・石を打ち欠いた[⑤　　　　]石器を人々がおもに用いた時代＝[⑥　　　　]時代
  - →完新世以降の磨製石器が主体となる時代＝[⑦　　　　]時代
- ・火の利用，狩猟・植物採集，集団作業を通じてことばが発達

● 動物と人の存在

- ・日本列島は大陸と陸続きであったため，南方系のナウマンゾウ・オオツノジカを各地で確認
- ・北方系のマンモス・ヘラジカは北海道で発見される
- ・静岡県[⑧　　　　]，沖縄県[⑨　　　　]，沖縄県白保竿根田原洞穴などで人骨の発見
  - →旧石器時代の日本列島における人類の存在を示す

日本の旧石器時代

● 石器の発見

- ・1949年，群馬県[⑩　　　　]で更新世に堆積した関東ローム層から石器が発見される
  - →[⑥]時代の文化の存在が明らかになる
- ・黒曜石やサヌカイトなど鋭利に割れる石を使った道具の量産方法を確立
  - →刺突具または刃物と考えられる[⑪　　　　]，槍先となる[⑫　　　　]など
- ・旧石器時代末期，小さい石器を木や骨の柄にはめ込んで使う[⑬　　　　]が発達

● 旧石器時代の生活

- ・落し穴や槍などを使った狩猟活動が生業の中心
- ・遺跡に残された生活の痕跡はのちの時代と比べて少ない
  - →人々は小規模な集団で移動性の高い生活を営んでいたことがうかがえる
- ・生活は自給自足を基本とする
- ・物資の調達や交換などを通じて，ほかの集団との間に社会的な関係も芽ばえるようになる

MEMO ●板書事項のほか，気づいたこと，わからなかったこと，調べてみたいことを自由に書いてみよう。

Point ▶ 旧石器時代の様子を知る手がかりには，どのようなものがあるだろうか。次の語句を用いてまとめてみよう。　【　遺跡　　狩猟　　細石器　】

Check ▶ p.12の図版❶をみて，人類の進化について，次の文章の空欄に入る語句を答えよう。

　およそ600～700万年前の中新世後期，最初の人類が誕生したと推定されている。二足歩行をはじめた類人猿とは異なる進化の道を歩むようになった最初の人類は〔A　　　　〕とよばれる。更新世になると〔B　　　　〕があらわれ，アフリカからユーラシア大陸へ進出した。ジャワ〔B〕や北京〔B〕はその東方への到達点を示している。氷河時代のきびしい環境変化と戦いながら，人類は〔C　　　　〕を経て約20万年前にアフリカで〔D　　　　〕へと進化した。

Try 現在とは異なる自然環境のなかで，旧石器時代の人々はどのような工夫をして生活を営んでいたのだろうか。150字以内で記述してみよう。

2 縄文時代の社会と文化

教科書　p.15〜19

縄文文化の成立

- 地質学上の〔①　　　　　〕の時期…気候の温暖化→海面の上昇→日本列島の形成
- **縄文土器**の使用，〔②　　　　〕**石器**の発達，狩猟具として〔③　　　　　〕を使用
- 定住性の高い狩猟・採集生活などを特徴とする文化
- 大型動物の絶滅→シカ・イノシシなどの中小動物が狩猟の対象
　→〔④　　　　　〕をつけた〔③〕や落し穴がさかんに用いられる
- 海水面の上昇（縄文海進）→漁労が活発となり，釣針・銛などの〔⑤　　　　　　〕や網を使用
- 丸木舟を使った沖合漁もおこなわれていた
- 落葉広葉樹林・照葉樹林の形成→植物資源が豊富になる
- 土器や〔②〕石器を使用するが，大陸のように牧畜や本格的な農耕は営まれていない

縄文時代の生活と習俗

●縄文時代の生活

- 床が地面よりも低い〔⑥　　　　　　〕をつくって生活
　→広場を囲んで住居が環状に並ぶ環状集落もみられる
- 当時のごみ捨て場である〔⑦　　　　〕から人々の生活の様子がわかる
- 集落のなかやその近辺に共同墓地を形成
- 埋葬方法の多くは，手足を折り曲げた〔⑧　　　　〕
- 福井県鳥浜貝塚，青森県三内丸山遺跡での発掘
　→植物の栽培・管理を実施していたことが推測される
- 石器の原料となる〔⑨　　　　　〕やサヌカイトなどを交易によって手に入れることもあった

●縄文時代の習俗

- 〔⑩　　　　　　　〕：あらゆる自然物や自然現象に精霊が宿るという考え
- 女性の特徴を示す〔⑪　　　　〕，男性を表現した〔⑫　　　　　〕がつくられる
　→収穫の豊かさや集団の繁栄を祈願する呪術的な儀礼の発達

縄文社会と縄文人

●縄文時代の社会

- 豊富な食料資源とその獲得技術の進歩によって，約1万数千年にわたってゆるやかに発展
- 叉状研歯を施された一部の人などは特異な能力をもった人と考えられる
- 集団の統率者はいたが，貧富の差や階級差は小さかったと考えられている

●集団の秩序

- 装身具の出土，入れ墨の風習
　→体を美しく飾るだけでなく，社会的立場や集団の違いを示していたとも考えられる
- 成年式や婚姻儀礼でおこなわれたと考えられる〔⑬　　　　　〕も集団の秩序維持などにつながる

MEMO

Check ❶ p.17の地図 4 から読み取れる内容について，次の文章の空欄に入る語句を答えよう。

黒曜石・ヒスイ・アスファルト・サヌカイトなどは〔A　　　　　　〕が限られるが，出土地は広範囲に及んでいる。このことから，遠隔地での採取や，〔B　　　　　　〕によって多くの人が物資を手に入れていたことがわかる。

Check ❷ 縄文時代に関する説明として誤っているものを，次のア～エから一つ選ぼう。

〔　　　〕

ア　マンモスなどの大型動物が姿を消し，シカやイノシシなどの中小動物が増えた。

イ　弓矢に用いる石鏃がつくられるようになり，狩猟がさかんになった。

ウ　縄文時代は新石器時代にあたり，本格的な農耕や牧畜が営まれた。

エ　土器の出現で煮炊きができるようになり，食べられるものが大幅に増えた。

Try 縄文時代の人々は，どのような社会をつくりだしていたのだろうか。前後の時代との比較もふまえ，120字程度で記述してみよう。

③ 弥生時代の社会と文化

教科書　p.20〜23

弥生文化の成立

●**東アジア情勢**

・紀元前3世紀，中国で[①　　　]が統一王朝をたてる

→続いておこった[②　　　]が中央集権的な統治制度を整備し，朝鮮にも勢力をのばす

●**弥生文化**

・[③　　　　　]の本格的な開始，[④　　　　　]の使用を特色とする

・縄文土器にかわって，**弥生土器**が使用される

●**稲作の普及**

・**支石墓**や環濠集落など，朝鮮南部と九州北部で類似点が複数存在

→[③]が長江下流域から山東半島・朝鮮半島などを経て伝来した説が有力

・前期の水田は[⑤　　　]の比重が高い→後期は収穫量の多い[⑥　　　]が拡大

・木製の鍬，鋤，田下駄，大足などを開田や耕作の際に使用

・収穫時は[⑦　　　　]などで穂首刈り→後期は鉄鎌などが増える

・木製の臼と竪杵などを籾摺の際に使用

・静岡県[⑧　　　]**遺跡**の水田…東日本でも農業が発展したことを物語る

●**三つの文化圏**

・北海道は[⑨　　　　　]とよばれ，採集経済社会が継続

・沖縄(琉球諸島)は[⑩　　　　　]とよばれ，採集経済社会が継続

弥生時代の生活と習俗

●**弥生時代の集落**

・通常の住居は竪穴式で，集落は水田に近い平野部に営まれることが多かった

・集落のまわりに深い濠をめぐらして防御した[⑪　　　　　]も存在する

・[⑫　　　　　]や貯蔵穴を設けて収穫物を共同で管理

・**銅鐸**などの青銅器を用いた祭祀がさかんにおこなわれた

●**弥生時代の墓制**

・多くの人が集落近くの共同墓地に葬られる

・木棺・箱式石棺・**甕棺**・壺棺などの棺が用いられた

・後期以降になると，手足をのばしたまま葬る[⑬　　　　]が普及

・周囲に溝をめぐらせた[⑭　　　　　]の墳丘に棺をおさめることもあった

●**弥生時代の道具**

・土器の多様化：貯蔵用の壺，煮炊き用の甕，食物をもる高坏や鉢など

・紡錘車・木製織機による機織り技術の普及

・**鉄製工具**が普及し，石器は消滅に向かう

・青銅器，ガラスなど新たな素材を用いた器物を専門の工人が製作

階級社会の形成と地域連合

●**階級社会の形成**

・地域を統率する首長の政治的権限が強まる

・地域集団どうしの抗争→有力な地域集団が他の集団を支配して小国をつくる

・小国の王の墓と考えられる大型墳丘墓が築かれる→副葬品をそえて手厚く葬られる人物も出現

●地域連合の進展

・交易などを通じて集団間の関係が深まる→地域の連合も進展

・紀元前1世紀ごろ，西日本各地で**銅剣・銅矛・銅戈**・銅鐸などがさかんにつくられる

→祭祀を共通にする地域的なまとまりがうまれつつあったことがわかる

MEMO

Point ▶ なぜ弥生時代に集落や墓地のあり方は変わったのだろうか。次の文章の空欄に語句を入れながらまとめてみよう。

縄文時代早期以降，食料資源が手に入りやすく，かつ自然災害の少ない台地上で集落の形成がはじまったが，弥生時代には集落は〔A　　　　　〕に近い平野部に営まれることが多かった。墓地については，縄文時代の埋葬は〔B　　　　　　〕でおこなわれ，〔C　　　　　〕が一部の人に集中する現象は認められない。弥生時代になると小国の王の墓と考えられる大型墳丘墓が築かれ，〔C〕をそえて手厚く葬られる人物も出現した。これらの事実は，生業が変化するなかで〔D　　　　〕の差や支配者・被支配者の関係が発生したことを物語っている。

Check ▶ 弥生時代に関する説明として誤っているものを，次のア〜エから一つ選ぼう。

[　　　]

ア　弥生時代の土器には壺，甕，高坏などがあり，用途に応じて使い分けられた。

イ　機織の技術が伝わり，植物繊維を素材に布を織ることもはじまった。

ウ　銅剣・銅矛・銅戈などの青銅器の多くは武器として用いられた。

エ　九州北部にみられる支石墓は朝鮮半島南部の墓制と共通するといわれている。

Try ▶ 日本列島に存在した複数の文化圏は，その後どのように変化していくのだろうか。170字程度で記述してみよう。

歴史資料と原始・古代の展望

教科書　p.24〜25

1

石鏃の大きさと重さの変化

○教科書p.24の資料①を読み取りながら，石鏃とはどのようなものかを考えてみよう。

(1)教科書p.15〜16から，縄文時代の石鏃に関する基本事項を確かめよう。

・縄文時代になって気候が温暖化し，[①　　　　　]が絶滅した。

・そのかわりに[②　　　]，[③　　　　　]，ウサギなどの中小動物が増えた。

・中小動物をとらえるために[④　　　]が発明され，落し穴がつくられた。

(2)教科書p.22〜23から，弥生時代に関する基本事項を確かめよう。

・稲作の広がりによって[①　　　　]が増え，地域を統合する[②　　　]があらわれた。

・首長はほかの集団との交易や[③　　　]で主導的な役割を担った。

・中期には[④　　　]製の鏡や[⑤　　　]製の武器を副葬品とする有力者の墓がつくられた。

STEP 1　石鏃の大きさや重さ，素材の変化の背景に，どのような社会の変化があったのだろうか。

[

]

STEP 2　弥生時代にも，縄文時代と同じような石鏃が使われているが，何を意味するのだろうか。

[

]

2

武器から祭器へと変化をとげた青銅器

○教科書p.24の資料②③を読み取りながら，青銅器とはどのようなものかを考えてみよう。

(1)教科書p.22〜23から，青銅器・鉄器の基本事項を確かめよう。

・弥生時代の後期には斧，やりがんな，刀子などの[①　　　　　]が普及した。

・[②　　　]は大陸から素材や製品を[③　　　]していたが，[④　　　　]は列島内外で原料を調達して国内で鋳造した可能性がある。

・貴重品として有力者の[⑤　　　]に利用された。

(2)教科書p.22〜23から，弥生時代の祭祀について基本事項を確かめよう。

・弥生時代を通じて，生活の安定を願うための[①　　　]を用いた祭祀がおこなわれた。

・地域集団をまとめた首長が[②　　　]をつかさどった。

・[③　　　]の分布に偏りがあり，[④　　　]を共有する地域的なまとまりがあったと考えられる。

STEP 1

1 　青銅器と鉄器が使い分けられた理由について考えてみよう。

2 　祭器として大型化した意味について考えてみよう。

STEP 2 　銅鏡や鉄剣は墓に副葬されたが，青銅製祭器は集落周辺に埋められた。どうしてだろうか。

3 古墳の副葬品

○教科書p.24の資料③をみながら，副葬品のもつ意味について考えてみよう。
- 甲冑や刀，矛，矢など[①　　　　　　]が埋葬されており，被葬者は[②　　　　　　　]であったことがわかる。また，鞍や鐙，馬冑があるため[③　　　　]を軍事的に利用したことがわかる。
- [④　　　　　]など朝鮮半島から新たな技術が伝わっている。

STEP 1 　石室内の被葬者とともに副葬されているものの特徴や，おかれている位置を確認してみよう。

STEP 2 　古墳時代の学習をふまえ，石室内の品々が列島にもたらされた経緯やその意味を考えてみよう。

Challenge 　以上をふまえて，原始・古代の社会について，あなたがたてた仮説を文章にしてみよう。　※以下のキーワードをいくつか組み合わせて論理を組み立てるとよい

キーワード：石鏃　弓矢　シカ　ウサギ　／　銅鏡　青銅器　祭祀　鉄剣　戦争　農具　工具　副葬品　／　銅剣　銅矛　銅戈　武器・馬具　甲冑　馬冑　鞍　鐙　／　小国　地域連合

1　小国の分立と邪馬台国　　　　　　　　教科書　p.26〜27

小国の分立と中国への遣使

●**小国の分立**

・紀元前1世紀から紀元後1世紀ごろに多数の小国が分立していた

・中国の史料ではこの時代の日本列島は〔①　　　　〕と記されている

・日本列島の王たちは，中国皇帝の後援を受け，他の小国よりも優位に立つために遣使

●**『漢書』地理志の記述**

・紀元前1世紀ごろ，倭人の社会は100余りの国に分かれていた

・漢が朝鮮半島においた〔②　　　　　　〕に定期的に使者を送っていた

●**『後漢書』東夷伝の記述**

・紀元57年に倭の〔③　　　　　〕の王が**後漢**の都である洛陽に遣使

　→〔④　　　　　　〕より印を与えられた

　→江戸時代に福岡県志賀島で発見された「〔⑤　　　　　　　　　〕」の金印が該当すると考えられる

・107年には倭の国王帥升らが生口160人を献じた

邪馬台国の台頭

●**中国の情勢**

・220年に後漢が滅びる→**魏・呉・蜀**が分立する**三国時代**

・華北を領有した魏は朝鮮半島に勢力をのばす

　→3世紀前半に楽浪郡の南部を割いて〔⑥　　　　　〕をおく

●**『魏志』倭人伝の記述**

・倭の約30の国が中国に遣使していた

・宗教的権威をもつ〔⑦　　　　　　　〕の**卑弥呼**を諸国が共同して女王にたて，連合体ができる

・卑弥呼は居館の奥深くに住み，弟が統治を補佐

・王・大人・下戸などの身分があり，生口とよばれる奴隷もいた

・伊都国に一大率という役人をおき，ここを外交の窓口とした

・卑弥呼は239年に魏に遣使して「〔⑧　　　　　　　〕」の称号を与えられた

・〔⑨　　　　　　〕との戦争では魏の皇帝の権威を利用

・卑弥呼の死後，男王がたったが内乱がおこる

　→卑弥呼の一族の〔⑩　　　　　〕(台与)が女王となり，内乱がおさまる

●**倭から中国への遣使と冊封体制**

・倭から中国へ朝貢したのち，皇帝から文書や称号などを送られる

　→倭の王は皇帝の権威を利用できた

　※〔⑪　　　　〕：中国王朝の皇帝が周辺諸国の王に官号・位を与えて従属的な地位におく

・265年に魏が滅び，晋がおこる→『晋書』には266年の倭からの朝貢が記されている

・3世紀末以降は中国の政治的混乱が続き，約160年間，倭から中国王朝への遣使の史料がない

MEMO

‎‎ ‎

Point ▶ なぜ倭の王たちは中国の王朝に使者を送ったのだろうか。次の文章の空欄に入る語句を入れながらまとめてみよう。

　倭の王が中国の皇帝に〔A　　　　　〕(奉貢朝賀)することで，大陸文化の輸入が促進された。とくに鉄器などの獲得は王の権威を高めることにつながった。また，中国の皇帝から官号・位を与えられること(＝〔B　　　　　〕)により，倭国内で権威を強め，他の小国家より有利な立場を得ることができた。

Check ▶ 中国側の史書の一部を示した次の文Ⅰ～Ⅲについて，古いものから年代順に正しく配列したものを，下のア～エから一つ選ぼう。　　　　　　　　　　　　　　　　　　　　　〔　　　　〕

Ⅰ　夫れ楽浪海中に倭人有り，分れて百余国と為る。

Ⅱ　倭国乱れ，相攻伐すること歴年，乃ち共に一女子を立てて王と為す。

Ⅲ　倭の奴国，貢を奉じて朝賀す。(中略)光武，賜うに印綬を以てす。

　　ア　Ⅰ－Ⅱ－Ⅲ　　　イ　Ⅰ－Ⅲ－Ⅱ　　　ウ　Ⅱ－Ⅰ－Ⅲ　　　エ　Ⅱ－Ⅲ―Ⅰ

Try 卑弥呼や壱与を王にすることによって倭の混乱はおさまったとされるが，それはなぜか。120字程度で記述してみよう。

2 古墳の出現とヤマト政権の成立

教科書　p.28〜30

古墳の出現と展開

●**古墳の出現と広範囲の政治連合の成立**

・3世紀なかごろに近畿中央部から瀬戸内海沿岸にかけての地域で**古墳**が出現

・有力な古墳の多くは，墳丘の形，埋葬施設の構造，副葬品などに強い共通性をもつ

・巨大な古墳は大和(現在の奈良県)に集中

　　→広範囲の政治連合である[①　　　　　　　]が成立したと考えられる

●**古墳の種類と特徴**

・古墳にはさまざまな形や規模のものが存在

・巨大な古墳はすべて[②　　　　　　　]であり，最も有力な首長の墳丘の形といえる

・大型古墳は，斜面を葺石でおおい，墳丘上に[③　　　　　]を並べたものが多い

●**古墳時代前期の大型古墳**

・[④　　　　　　]**石室**や[⑤　　　　　　]などの埋葬施設を設ける

・副葬品：銅鏡，碧玉製腕飾りなど

　　→古墳の被葬者は[⑥　　　　　]的性格をもっていたことがわかる

●**古墳時代中期の大型古墳**

・大阪府にある[⑦　　　　　　　　　](伝応神天皇陵)や[⑧　　　　　　　　](伝仁徳天皇陵)

　　→[①]の最高首長[⑨　　　　　]の権力が大阪平野を拠点にして強まったことを示す

・[②]の分布域から，九州から東北まで[①]の勢力圏が拡大したことがわかる

・岡山平野(吉備)や北関東(毛野)に巨大な[②]→有力な首長の存在が推定できる

・副葬品：鉄製の甲冑，馬具など

　　→古墳の被葬者の[⑩　　　　　]的性格が強まり，大陸の技術や文化に関心をもっていた

ヤマト政権と中国・朝鮮

●**東アジア情勢**

・4世紀に中国の支配が弱まった朝鮮半島で地域勢力が台頭

・朝鮮半島北部…[⑪　　　　　　]が楽浪郡を滅ぼし勢力を拡大

・朝鮮半島南部…馬韓では[⑫　　　　　]が，辰韓では[⑬　　　　　]が国家を形成

・弁韓でも小国ごとに有力者が台頭

　　→[①]は，鉄資源を得るために，弁韓地域の[⑭　　　　　]**諸国**の王と交渉

・[⑪]の[⑮　　　　　](広開土王)**碑**は，倭が[⑫]を支援して[⑪]と戦ったことを記す

・奈良県[⑯　　　　　　]に伝わる七支刀の銘文は，倭と[⑫]の密接な関係を伝える

●**中国南朝との交渉**

・[⑰　　　　　　　　]などが，5世紀に**倭の五王**が中国の南朝に朝貢したことを伝える

・倭国王の地位の承認と朝鮮半島南部への影響力を示す称号を求めた

・中国皇帝の権威を借りて，国内の統治を強化し，朝鮮半島での政治的優位を確保する目的だった

MEMO

Point ▶ なぜヤマト政権の五人の王は，中国に使いを送ったのだろうか。次の語句を用いてまとめてみよう。　【　中国皇帝の権威　　国内の統治　　朝鮮半島　】

[

]

Check ▶ 古墳時代前期・中期に関する説明として正しいものを，次のア～エから一つ選ぼう。

〔　　　〕

ア　古墳時代前期の王墓の多くは，大型の方形周溝墓であった。

イ　最大規模の古墳は，古墳時代前期にみられ，古墳時代中期には王墓が小型化していった。

ウ　前期は横穴式石室が主流だったが，中期になると竪穴式石室がみられるようになった。

エ　前期は銅鏡や玉類など呪術的なものの副葬が多いが，中期になると甲冑などの武具や馬具などの副葬品が増えた。

Try ヤマト政権と中国・朝鮮半島との関係は，どのような資料によって明らかにされているのだろうか。100字程度で記述してみよう。

[

]

3　ヤマト政権の展開と統治の進展　　教科書 p.31〜33

ヤマト政権の発展と古墳の変貌

● **ヤマト政権の発展**

・倭の五王の一人の〔①　　　〕が南朝に送った上表文…ヤマト政権の勢力圏拡大を記す

・熊本県〔②　　　　　　〕古墳，埼玉県〔③　　　　　　〕古墳から出土した刀剣の銘文

　→この時期のヤマト政権の王が大王と称されていたことがわかる

・6世紀はじめ，筑紫国造(君)〔④　　　〕が新羅と結んで反乱(〔④〕の乱)

　→乱の平定によりヤマト政権の政治組織はいっそう強固なものとなる

● **古墳時代後期の古墳の特徴**

・農業生産力の発展によって有力農民層が台頭

　→ヤマト政権は有力農民層にも古墳づくりの特権を認めて，支配組織に組み込もうとする

　→**円墳・方墳**などが群集するため〔⑤　　　　　〕とよばれる

・朝鮮半島から伝わった〔⑥　　　　〕**石室**を広く採用

　→追葬可能となり，家族の合葬に適している

・副葬品：武器，馬具，装身具のほか，〔⑦　　　　　　〕や**土師器**など日常の飲食器もおさめる

　→墓室が死後の生活の場と考えられはじめたことを示している

・動物や人物などの〔⑧　　　　　〕を用いて首長層の儀礼の様子を表現

● **古墳の終末**

・7世紀はじめ，前方後円墳が築かれなくなる

・7世紀後半以降，大王の墓を中心に〔⑨　　　　　〕があらわれる

・墓室の壁に大陸の影響を受けた精密な壁画をもつ古墳が出現

　※奈良県高松塚古墳やキトラ古墳など，7世紀末から8世紀はじめの築造と推定される

ヤマト政権の支配体制

● **氏姓制度**

・**氏**：共通の始祖をもつとする擬制的な同族集団，代表者を〔⑩　　　〕とよぶ

　→氏には大王から氏の名と，政権内での地位をあらわす**姓**とが付与される

・姓のなかでは臣と連が上位

　→有力な臣姓・連姓の氏から**大臣・大連**が任命され，政権の中枢で政治にあたる

・有力豪族に小豪族を従属させる場合には，同じ氏の名と異なる姓とを付与

・王族に属する支配民を〔⑪　　　　　　〕，豪族に属す支配民を〔⑫　　　　〕とよぶ

・王族・豪族はさらに身分の低いヤツコ(奴婢)という隷属民を所有

● **ヤマト政権の統治を支える豪族**

・〔⑬　　　　〕：政権内の職掌を世襲し，大王に奉仕する豪族

　→配下にあって職業を代々継承する〔⑭　　　〕や，特殊な職能集団の〔⑮　　　　　〕を統率

・ヤマト政権に服属した各地の有力豪族を〔⑯　　　〕や〔⑰　　　　〕に任命

　→従来の支配地域を国・県として統治

・地方には〔⑯〕より下位の**稲置**もおかれた

・王族の所領を〔⑱　　　　〕，豪族の所領を〔⑲　　　　〕とよぶ

MEMO

Check ❶ p.31の史料「倭王武の上表文」をみながら，空欄に入る語句を答えよう。

　興死して弟〔A　　　　〕立つ。自ら使持節都督倭・百済・新羅・任那・加羅・秦韓・慕韓七国諸軍事〔B　　　　　　　　〕倭国王と称す。順帝の昇明二年，使を遣して表を上りて曰く，「封国は偏遠にして，藩を外に作す。昔より祖禰躬ら甲冑を擐き，山川を跋渉して，寧処に遑あらず。東は〔C　　　　〕を征すること五十五国，西は〔D　　　　〕を服すること六十六国，渡りて海北を平ぐること九十五国……」と。

Check ❷ ヤマト政権の政治組織に関する説明として誤っているものを，次のア～エから一つ選ぼう。

〔　　　〕

ア　ヤマト政権は，大王やその一族へ奉仕をしたり貢物をおさめたりする者を，名代・子代とした。
イ　ヤマト政権は，各地に屯倉を配置し，地方豪族への支配を強めた。
ウ　ヤマト政権に服属した地方豪族は，国造や県主などに任命された。
エ　ヤマト政権は品部をつかわして，地方の耕作に従事させた。

Try 稲荷山古墳出土鉄剣などにみられる「治天下大王」の意味はどのようなものだろうか。130字程度で記述してみよう。

[

]

4 # 古墳時代の生活と文化

教科書　p.34〜35

大陸文化の摂取と生活様式の変化

●渡来人

・4世紀後半ごろから大陸との交流がさかん，とくに朝鮮半島から多くの人々が渡来

・大陸文化の摂取

　文字の知識，機織・金属工芸・製陶・建築・土木工事などの新しい技術

　馬の飼育，乗馬の法など

・ヤマト政権：渡来人を[①　　　　]に組織

　[①]：錦織部・韓鍛冶部・鞍作部・陶部，馬飼部など

・史部：政治・外交に必要な記録・文書の作成，財政上の事務担当

・朝鮮渡来の有力な氏：東漢氏(先祖：阿知使主)・西文氏(先祖：王仁)・秦氏(先祖：弓月君)

●民衆の生活

・竪穴住居に居住，内部に炉にかわってかまど使用

・生活様式の変化：[②　　　　　　]の普及，土師器も大陸系の甑を使用

　鉄の刃先農具や土木具普及→農業生産力向上

●有力首長の生活

・[③　　　　　　　　]を営み，平地式や高床式の掘立柱建物に居住

・高床倉庫群：米・織物・武器など各種の生産物を保管，大阪府法円坂遺跡など

信仰の諸相

●神々への信仰

・太陽・山・川・巨岩・巨木など

　：神や神の宿る場所として人々は恐れあがめ，社をつくって神をまつる

・[④　　　　　　　]：春に穀物の豊作を神に祈る

・[⑤　　　　　　　]：秋に収穫した新穀を神にささげる

・呪術的風習：[⑥　　　]・[⑦　　　　]・[⑧　　　　　]**の法**・[⑨　　　　　　　]など

・[⑩　　　　]：氏の祖先神や守護神→氏の神にかかわる神話誕生

・『[⑪　　　　]』(大王家の系譜をまとめたもの)，『[⑫　　　　]』(神話・伝説をまとめたもの)

●大陸からの宗教・学問の伝来

・6世紀：朝鮮半島との活発な交流→中国の宗教や学問受容

・百済から五経博士や易・暦・医の諸博士が渡来→[⑬　　　　]やその他の知識伝来

・[⑭　　　　]：インドで誕生，北方仏教(大乗仏教)系統のものが百済から6世紀なかばに伝来

　蘇我氏や渡来系の氏に受け入れられる→大王家や他の豪族の間にも広がる

・[⑮　　　　]：神仙思想や[⑬]・[⑭]，さまざまな民間信仰を融合させて成立

　→朝鮮からの渡来人により伝来

Point ① ▶ 新しい技術や知識は，どのようにしてもたらされたのだろうか。次の文章の空欄に語句を入れながらまとめてみよう。

　4世紀後半ごろから，大陸との交流がさかんになると，とくに朝鮮半島から〔A　　　　　〕が来日し，新しい技術や知識を伝えた。〔B　　　　　　〕は，彼らを錦織部・韓鍛冶部・鞍作部・陶部などの〔C　　　〕に組織して積極的に活用した。

Point ② ▶ 神々への信仰はどのようにしてはじまり，仏教・儒教はどのようにして伝えられたのだろうか。それぞれまとめてみよう。

神々への信仰…

仏教…

儒教…

Check ▶ p.35の地図4をみて，仏教はどのルートをたどって日本に伝来したか読み取ってみよう。

Try 　渡来人によってもたらされたものは，その後の社会にどのような影響を及ぼしたのだろうか。130字程度で記述してみよう。

古代国家の形成（1）

教科書　p.36〜38

6世紀の朝鮮半島と倭

●朝鮮の動向

- ・高句麗：5世紀前半に都を丸都から平壌に移し，さらに南下
- ・百済・新羅：加耶地域にまで勢力をのばす→6世紀なかごろまでに加耶諸国併合
  →加耶における倭の影響力低下

●倭の動向

- ・6世紀前半，大連の大伴金村失脚
- ・欽明天皇の時代：大臣の蘇我稲目と大連の物部尾輿が台頭
- ・蘇我氏：屯倉の経営などの財政担当，大王家と婚姻関係を結び勢力拡大
- ・〔①　　　　　　　〕：587年，大連の**物部守屋**を滅ぼす
  　　　　　　　　　　　592年，崇峻天皇を暗殺し，権力強化

推古朝の外交と内政

●推古朝

- ・〔②　　　　　　　　〕：崇峻天皇の死後，飛鳥で即位，最初の女性天皇
- ・〔③　　　　　　〕（**聖徳太子**）と〔①〕が協調して政治をおこなう
- ・〔③〕：〔②〕の甥，天皇を助けて政治をとる，蘇我氏と血縁
  →推古朝以降を**飛鳥時代**とよぶ

●推古朝の政治

- ・589年，〔④　　　〕が中国の王朝を統一，東方へ勢力拡大→東アジアに新たな緊張
  (1)600年，倭が〔⑤　　　　　　〕を派遣（『隋書』倭国伝に記載，『日本書紀』には記載なし）
  (2)607年，〔⑥　　　　　　〕らによる〔⑤〕派遣
  　国書持参→煬帝はこの国書を無礼とするが，裴世清を倭につかわす
  　留学生：**高向玄理**，留学僧：**旻・南淵請安**
- ・603年，〔⑦　　　　　　　〕
  氏姓制度による集団ごとの身分秩序に加えて，功績に応じた冠位を個人に与える
  徳・仁・礼・信・義・智をそれぞれ大小に分けて12階とし，冠の色や飾りで区別
- ・604年，〔⑧　　　　　　　　〕
  仏教・儒教などの思想を取り入れて，朝廷に仕える役人の心得を示したもの
- ・〔③〕・〔①〕による『天皇記』『国記』編纂：天皇家の由緒や各氏族との関係を記す

●仏教

- ・公伝：百済の聖明王から欽明天皇に仏像や経典などが送られた
  552年説…『日本書紀』，538年説…『上宮聖徳法王帝説』『元興寺縁起』
- ・〔②〕：仏教信仰にあつい〔③〕と〔①〕に仏教興隆を命じる
- ・〔③〕『三経義疏』：法華経・維摩経・勝鬘経の注釈書
- ・仏寺：〔①〕の〔⑨　　　　　　〕（**飛鳥寺**），〔③〕の〔⑩　　　　　　〕・〔⑪　　　　　　〕（**斑鳩寺**）
  　舒明天皇の百済大寺

7世紀の東アジアと倭国

● 7世紀の東アジア

・〔⑫　　　　　〕：〔④〕を滅ぼし，〔⑬　　　　　　〕にもとづく強力な中央集権体制確立

・高句麗・百済・新羅：国力の強化につとめた

● 蘇我氏の権勢

・倭：蘇我〔⑭　　　　　〕・〔⑮　　　　　　〕父子が権力掌握

・643年，蘇我〔⑮〕が〔③〕の子山背大兄王の一族を滅ぼす→蘇我氏主導による国力強化推進

・645年，〔⑯　　　　　　　　〕

　皇極天皇の子〔⑰　　　　　　　　〕は〔⑱　　　　　　　　〕らとはかり蘇我〔⑭〕・〔⑮〕を滅ぼす

MEMO

Point ① ▶ なぜ推古天皇は隋に使いを送ったのだろうか。100字程度で記述してみよう。

Point ② ▶ 唐の成立は，東アジアにどのような影響を及ぼしたのだろうか。朝鮮半島と倭（日本）のそれぞれについて考えてみよう。

朝鮮半島…

倭（日本）…

古代国家の形成(2)

教科書　p.38〜41

大化の改新

- ・乙巳の変後，皇極天皇譲位→弟の〔①　　　　　　〕即位

●大化の改新

- ・はじめての年号＝**大化**の制定，都：飛鳥→**難波宮**へ移す
- ・中大兄皇子は皇太子となり政治改革に着手
- ・大臣・大連廃止→左大臣(阿倍内麻呂)・右大臣(蘇我倉山田石川麻呂)・内臣(中臣鎌足)
- ・国博士(政治顧問)：旻・高向玄理
- ・646年，〔②　　　　　　〕：新政府の方針
  - (1)王族や豪族の私有地・私有民を公地・公民とし，官人には給与を支払う
  - (2)畿内・国・郡などの行政区画を定める
  - (3)戸籍・計帳をつくり班田収授をおこなう
  - (4)全国一律の税制をしく
- ・地方行政：全国に行政区画の〔③　　　〕を設置…国造などの地方豪族をその役人とした

東北遠征と白村江の戦い

●東北遠征

- ・孝徳朝：淳足柵・磐舟柵…東北地方に住む**蝦夷**とよばれた人々を支配するための拠点
- ・〔①〕死去→〔④　　　　　　〕重祚，都を飛鳥に戻す
- ・斉明朝：〔⑤　　　　　　〕派遣→水軍をひきいて秋田・津軽方面進出

●白村江の戦い

- ・660年，新羅が唐と結んで百済を滅亡→倭は百済の再興を支援
- ・663年，〔⑥　　　　　　　　〕：唐・新羅連合軍に大敗→唐・新羅の来襲に警戒

  九州の政治拠点大宰府を守る**水城**，**朝鮮式山城**の大野城・基肄城を築いて〔⑦　　　　〕が警備
- ・668年，唐・新羅は高句麗を滅亡させるが，倭までは進軍せず

近江朝廷と壬申の乱

●近江朝廷

- ・667年，中大兄皇子は**近江大津宮**に遷都→668年，〔⑧　　　　　　〕として即位
- ・670年，〔⑨　　　　　　　〕：全国を対象とする最初の戸籍

  →全国一律の課税や徴兵の準備がととのう
- ・〔⑩　　　　　　〕制定：法令の集成

●壬申の乱

- ・〔⑧〕死後→672年，〔⑪　　　　　　〕：〔⑧〕の弟　大海人皇子VS子　大友皇子

  大海人皇子，吉野で決起→美濃国不破に進軍→近江朝廷の大友皇子を滅亡させる
- ・673年，大海人皇子は**飛鳥浄御原宮**で即位(〔⑫　　　　　　　〕)

天武・持統朝の政治改革

● **天武朝**

・〔⑫〕…天皇と皇族に権力集中，大臣はおかず

・〔⑬　　　　　　　〕鋳造

・684年，〔⑭　　　　　　　　　〕制定：豪族層を新たな身分秩序に編成

・仏寺建立：**大官大寺・薬師寺**

● **持統朝**

・〔⑫〕死去→皇后が〔⑮　　　　　　　　〕として即位

・689年，〔⑯　　　　　　　　　〕完成

・690年，〔⑰　　　　　　　　〕作成

・694年，〔⑱　　　　　〕遷都

・697年，〔⑱〕にて〔⑮〕は孫〔⑲　　　　　　　〕に譲位

MEMO

Point ▶ 白村江の戦いでの敗北により，政府はどのような対策をとったのだろうか。次の文章の空欄に語句を入れながらまとめてみよう。

日本は唐と新羅の来襲を警戒し，大宰府を守る〔A　　　　　〕や，朝鮮式山城の〔B　　　　　〕・基肄城を築いて〔C　　　　　〕に警備させ，各地にも朝鮮式山城を築いて，両国の来襲に備えた。

Try 7世紀の政治の動きは，律令体制の成立過程において，どのような時期と位置づけられるだろうか。次の時期に分けて考えてみよう。

大化の改新…

天智朝…

天武・持統朝…

② 飛鳥文化・白鳳文化

教科書　p.42〜43

飛鳥文化

●**推古朝の仏教興隆政策**

　・6世紀末以降：多くの寺院建立

　　本格的な[①　　　　　　]，礎石・瓦をともなう建物をもつ寺院の建立

　　→[②　　　　]文化：日本最初の仏教中心の文化

●**仏像**

　・特徴：細い体躯と面長な顔だち，銅像に鍍金した金銅像と木像が中心

　・[③　　　　　　　　　]：**鞍作鳥（止利仏師）**(金銅像)

　・広隆寺半跏思惟像(木像)

●**作品**

　・法隆寺[④　　　　　　]：宮殿部と須弥座からなる

●**その他**

　・暦法：百済の僧[⑤　　　　]により伝来

　・紙・墨・絵の具の製法：高句麗の[⑥　　　　　]により伝来

白鳳文化

●**白鳳文化の背景**

　・7世紀後半の天武・持統朝：唐との国交中断

　　新羅とは通交，滅亡した百済・高句麗からも多くの渡来人が来日

●**白鳳文化の特徴**

　・[⑦　　　　]文化：多様で活気に満ちた文化

　　初唐文化や朝鮮半島の文化の影響を受けた文化

●**建築**

　・[⑧　　　　　　　]：730年ごろ建立の三重塔，建築様式は[⑦]文化に属する

●**仏像**

　・特徴：飛鳥文化の作風と比べて若々しいものが多い

　　肉感的，姿勢にひねりが入るなど動きを感じさせるものが登場

　・[⑨　　　　　　　](金銅像)：もと山田寺にあった薬師如来像

●**作品**

　・壁画：仏堂や古墳石室に異国情緒あふれる

　　[⑩　　　　　　　　　](1949年焼損)・**高松塚古墳壁画**

　・[⑪　　　　　]：外来の文芸で，おもに王族・貴族の男性がつくった

　・[⑫　　　　]：五音・七音を基本とする短歌・長歌の形式

　　身分を問わず男女がうたい，日々のコミュニケーションの手段となった

　・『[⑬　　　　]』：[⑭　　　　　　　]や**額田王**などのすぐれた和歌がおさめられた

MEMO

_____

_____

_____

_____

_____

_____

_____

_____

_____

_____

_____

_____

_____

_____

_____

Point ▶ 飛鳥寺と法隆寺などの伽藍配置の違いには，どのような意味があるのだろうか。次の文章の空欄に語句を入れながらまとめてみよう。

　はじめは〔A　　　　〕の遺骨と伝えられる〔B　　　　　〕を安置する〔C　　　〕が伽藍の中心であった。しかし，〔D　　　　　〕が重視されるようになると，しだいに〔D〕をまつる〔E　　　　〕が中心的位置を占めるようになった。それにともない，〔C〕は伽藍の外側につくられるようになった。

Check ▶ p.43の図版⑩をみて，伽藍配置について確認しよう。伽藍配置はおもに６つの類型に分けられる。諸類型を年代順にあげてみよう。

〔A　　　　　〕式 → 〔B　　　　　　〕式 → 〔C　　　　　〕式 → 〔D　　　　　〕式→
〔E　　　　　〕式 → 〔F　　　　〕式

Try 飛鳥文化・白鳳文化の性格の違いについて，制作された建築・彫刻・絵画を確認しながら，考えてみよう。

建築…

彫刻…

絵画…

③ 律令制度

教科書　p.44〜46

大宝律令の官制

●大宝律令と中央政府

・701年，〔①　　　　　　　〕の完成：**刑部親王・藤原不比等**らによる　※唐にならう

〔②　　　　〕：刑法，**五刑**…笞・杖・徒・流・死，**八虐**…天皇・国家，尊属への犯罪

〔③　　　　〕：政治制度や一般の法令

・中央政府

二官：〔④　　　　　　〕…神祇祭祀

　　　〔⑤　　　　　　〕…政務一般，左大臣・右大臣・大納言など

八省：左弁官…中務省・式部省・治部省・民部省，右弁官…兵部省・刑部省・大蔵省・宮内省

一台：弾正台

〔⑥　　　　　　　〕：衛門府，左衛士府・右衛士府，左兵衛府・右兵衛府

●地方制度

・広域行政区画：〔⑦　　　　　　〕・**七道**，全国を**国・郡・里**に区分

・行政官

平城京：**左京職・右京職**，難波津：**摂津職**，九州(西海道)：〔⑧　　　　　　　〕

国：〔⑨　　　　　〕(中央貴族)，郡：〔⑩　　　　　　〕(地方豪族)，里：〔⑪　　　　　　　〕(有力農民)

・交通・軍事

交通制度：**駅家**に馬を配備

軍事制度：中央…〔⑥〕，諸国…**軍団**，北九州…〔⑫　　　　　　〕

●官人制度

・**官位相当制**：官人には位階を基準にして役職が与えられる　※〔⑬　　　　　　　〕の実施

・〔⑭　　　　　　　〕：長官(かみ)・次官(すけ)・判官(じょう)・主典(さかん)

・官人の養成機関：中央…**大学**，地方…**国学**

土地・人民の支配制度

●戸籍と計帳

・〔⑮　　　　　〕：6年ごとに作成，**班田収授**(口分田の支給・回収)の台帳

　　　　　　戸主が責任者，〔⑯　　　　　〕**(公民)**，〔⑰　　　　　〕の区別あり

口分田：6歳以上の〔⑯〕男子2段(約24a)，女子は3分の2，〔⑰〕は3分の1

・〔⑱　　　　〕：毎年作成，〔⑳〕・歳役(〔㉑〕)・〔㉒〕を徴収，徴発する台帳

●納税制度

・〔⑲　　　　〕：田地1段につき稲2束2把(収穫の約3%)，国衙(国府)におさめられる

・〔⑳　　　　〕：絹や麻布，地方の特産品，**運脚**によって都に運ばれる

・**歳役**：都での年間10日の労役，〔㉑　　　〕(麻布2丈6尺)をかわりとしておさめる

・〔㉒　　　　　〕：地方(〔⑨〕のもと)での年間60日の労役

・**義倉**：強制的な粟の貯蓄　〔㉓　　　　　　〕：稲の強制貸付け，利子を徴収

・兵役：各地の軍団に配置，一部は〔㉔　　　　　　〕・〔⑫〕として都や北九州に派遣される

・**仕丁**：中央官司での雑用に従事

Point①▶ 律令制度のもとでは，国政はどのように運営されたのだろうか。次の文章の空欄に語句を入れながらまとめてみよう。

　律令制度は国内の経済力・軍事力を朝廷に集中する政治体制である。〔A　　　　〕を頂点とする朝廷は最上級の貴族によって構成される太政官によって運営され，地方には中央から中・下級の貴族が〔B　　　　〕として派遣されて行政にあたった。その下の〔C　　　　〕は旧国造層にあたる地元の有力豪族から任命され，徴税の実務にあたった。

Point②▶ 律令制度のもとでは，土地や人々はどのように把握されたのだろうか。次の語句を用いてまとめてみよう。　【　条里制　　口分田　　戸籍　　計帳　】

Check▶ p.44の図版②と，p.46の表①をみて，以下の問いに答えよう。

①p.44の図版②をふまえると，政府の権力と天皇の祭祀はどのような関係になっているのだろうか。

②p.46の表①をふまえると，おさめる税の種類や量は何を基準にして定められているのだろうか。

Try 律令制度によって形づくられた中央集権的なシステムは，なぜ運用することが可能だったのだろうか。200字程度で記述してみよう。

奈良時代の政治(1)

教科書　p.47〜49

遣唐使派遣と平城京遷都

●**遣唐使の派遣**

・702年の〔①　　　　　〕派遣←大宝律令の施行による国家制度の整備

…〔②　　　　〕という国号の使用

●**平城京への遷都**

・708年，**和同開珎**の発行…**平城京**の造営費用の調達

・710年，〔③　　　　　　　〕が藤原京から平城京に遷都→**奈良時代**のはじまり

…唐の都・長安を模範←702年派遣の〔①〕が新たな情報をもたらした

奈良時代初期の政策

●**国内支配の強化**

・東北地方：出羽国の設置，〔④　　　　　　〕の築造→〔⑤　　　　　　〕が行政と軍事を担う

・南九州地方：薩摩国・大隅国の設置，〔⑥　　　　　〕の帰属

●**対外政策**

・唐：朝貢形式で仏教，政治制度，文化を輸入，阿倍仲麻呂の入唐

・新羅：日本が従属国として扱おうとしたために対立

・〔⑦　　　　　〕：唐・新羅と対立，日本に提携を求めて727年に〔⑦〕使が来日

●**歴史書と地誌の編纂**

・『〔⑧　　　　　〕』(712年)：〔⑨　　　　　　〕が天皇家の私的な歴史をまとめる

・『〔⑩　　　　　〕』(720年)：〔⑪　　　　　　　〕を中心に国家の公的な歴史をまとめる

・『〔⑫　　　　　〕』(713年〜)：各国の地理，伝説，特産物を朝廷に報告させる

奈良時代前半の政治

●**律令体制の確立**

・〔⑬　　　　　　　〕：〔③〕・元正天皇に仕える，娘の宮子は文武天皇の夫人

…大宝律令・〔⑭　　　　　　〕の編纂に参加，天皇家と婚姻関係を結んで律令制度を推進

・〔⑮　　　　　〕：天武天皇の孫，元正天皇・聖武天皇に仕える

…〔⑬〕政権のあとをついで律令制度の確立につとめる

→729年，〔⑮〕**の変**：藤原四子(武智麻呂・房前・宇合・麻呂)によって自殺に追いこまれる

●**聖武朝の政治**

・**聖武天皇**と**光明皇后**

→〔⑬〕の娘・光明子が〔⑮〕の変後，聖武天皇の皇后になる→藤原氏の権力が拡大

・〔⑯　　　　　〕：藤原四子のあとに政権を担当，〔⑰　　　　　　〕・**玄昉**を登用

→740年，〔⑱　　　　　　〕**の乱**：〔⑰〕・玄昉の追放を求めて反乱をおこすが敗死

●**土地政策**

・722年，〔⑲　　　　　　　　〕：口分田不足の解消をめざす

・723年，〔⑳　　　　　　　〕：新たな田地の開墾と把握をめざす

…用水路を新たに築造した場合は3世代，従来のものを利用した場合は本人1代の私有を許可

→公地公民制の原則のもとで田地の拡大をめざす

MEMO

_____

_____

_____

_____

_____

_____

_____

_____

_____

_____

_____

_____

_____

Point①▶ なぜ平城京への遷都がおこなわれたのだろうか。次の文章の空欄に語句を入れながらまとめてみよう。

　藤原京は中国の古典である『周礼』にもとづいて建設された。その後，702年に派遣された〔A
　　　　　〕が唐の都〔B　　　　　〕を視察して都城に関する最新の情報をもち帰り，それにもとづき
〔C　　　　　〕が建設された。また，律令体制の充実にともなって役所や官人の数が増加し，これに
対応した新たな都が必要となった。

Point②▶ 奈良時代初期の諸政策は，律令国家の成立とどのように関係するのだろうか。次の語句を用いてまとめてみよう。　【　大宝律令　　　『日本書紀』　　三世一身法　】

Check▶ 律令国家の成立に関して，以下の問いに答えよう。

①p.44の地図■（藤原京）とp.47の地図■（平城京）をみて，その違いについて説明しよう。

②p.48の系図■をみて，天皇家と奈良初期に政権を担った貴族・皇族との関係を説明しよう。

4 奈良時代の政治(2)

教科書　p.49〜51

度重なる遷都と鎮護国家の仏教

●聖武天皇による遷都

- 710年：平城京→740年：恭仁京(山背国)→744年：難波宮(摂津国)→紫香楽宮(近江国)

  →745年：平城京に戻る

●鎮護国家の思想

- [①　　　　　　　　]：仏法の力によって国家の安泰を願う思想，聖武天皇・光明皇后が中心
- 741年，[②　　　　　　　　　　　]：恭仁京で発布，全国に国分寺・国分尼寺を建立
- 743年，[③　　　　　　　　]：紫香楽宮で発布されて同地で着工，[④　　　　]の協力

  のち，平城京の[⑤　　　　　]に移転して[⑪]のときに開眼供養

  →大規模な造営事業のため人民は疲弊

公地公民制の修正

●田地の私有の許可

- 743年，[⑥　　　　　　　　　]：三世一身法の破棄，開墾した田地は永久に私有を認める

  →初期[⑦　　　　]の増加…中央貴族や寺院，地方の有力豪族が田地を開墾

  ※公地公民制を放棄したが，[⑦]は納税義務のある輸租田だったため国家の収入は増加

●農民の浮浪・逃亡

- 律令体制の浸透→人民に重税が課せられる

  [⑧　　　　]：戸籍の登録地から離脱した者，[⑨　　　　]：納税せず行方不明となった者

  →寺院や地方豪族は彼らを利用して田地を開墾した

奈良時代後半の政争

●孝謙天皇と藤原仲麻呂

- [⑩　　　　　　　]：不比等の孫，光明皇太后・[⑪　　　　　　]の信頼を得て政権を掌握

  757年の[⑫　　　　　　　　]の変で反対派を一掃して専制権力を確立，淳仁天皇を即位させる
- 764年，[⑬　　　　　]の乱

  ：[⑩]は[⑬]の名を賜与されたが，光明皇太后の死後に[⑪]と対立して敗死

●称徳天皇と道鏡

- [⑭　　　　　]：[⑪]が重祚して即位，[⑮　　　　]を登用，仏教重視の政策をとる
- 769年，[⑯　　　　　　　]

  ：[⑭]が法王[⑮]を天皇に即位させようとするが，[⑰　　　　　]がこれを阻止

●光仁天皇の即位

- [⑭]の死後，[⑮]は下野薬師寺に左遷→天智天皇の孫[⑱　　　　]が即位，政治を刷新

奈良時代の仏教

●南都六宗と鑑真

- [⑲　　　　]：三論宗，成実宗，法相宗，倶舎宗，華厳宗，律宗の六つの宗派
- [⑳　　　]：僧侶の守るべき規則である戒律を伝える，[㉑　　　　　]を建立

●**国家による仏教の統制**

・天皇の仏教信仰・寺院の造営→僧侶が政治に影響を与える，僧尼の統制，民間布教の制限

　※〔㉒　　　　　　〕…国家の許可を得ないで僧侶になった者，寺院の労働力となる

MEMO

Point①▶ なぜ聖武天皇は東大寺の大仏を造営したのだろうか。次の語句を用いてまとめてみよう。　【　鎮護国家　　国分寺・国分尼寺　　東大寺　】

Point②▶ 墾田永年私財法は，土地制度にどのような影響を与えたのだろうか。次の文章の空欄に語句を入れながらまとめてみよう。

　律令国家は公地公民の原則によって運営されたが，新たな生産経済の発展を国家財政に取り入れる必要があった。〔A　　　　　　　　　〕では開墾した田地の私有が期限つきで期待したような成果が得られず，方針を転換する必要があった。〔B　　　　　　　　　〕は墾田の私有を永久に認めたもので，これによって田地の開墾は大きくすすんだ。私有地を認めることは律令制の原則を否定することだったが，墾田は〔C　　　　　　〕であったため税収は増加し，国家体制は充実した。

Point③▶ 鑑真は，日本に何を伝えようとしたのだろうか。120字程度で記述してみよう。

Try 元明天皇や孝謙（称徳）天皇など，奈良時代に女性天皇が多く即位した理由とその背景について，200字程度で記述してみよう。

Active ① 『日本霊異記』と古代の地域社会

歴史を資料から考える

教科書　p.53

(1)『日本霊異記』の特徴をおさえよう

○教科書p.53の「解説」を読んで，典拠となる史料『日本霊異記』の特徴をまとめよう。

・薬師寺僧 [① 　　　　] によって [② 　　　] 世紀初頭に成立した。

・[③ 　　　　　] を説く仏教説話集。非合理的な側面もあるが [④ 　　　　　　] を描写している。

・薬師寺と交流のあった国分寺や地方の寺院からの情報をもとにしている。

(2)説話の内容を理解しよう

○『日本霊異記』の特徴を念頭において，教科書p.53の史料の内容を把握しよう。

・田中真人広虫女は讃岐国美貴郡の [① 　　　　] ・小屋宮手の妻。仏教に対する信仰心がない。

・私利私欲を追及して経営をおこない，地元の住民はとても困っていた。

・遺族は死んだ広虫女を [② 　　　　] せずにいたところ，牛にうまれ変わった。

・遺族はこれを恥としてさまざまな財物を三木寺や [③ 　　　　　] に寄進した。

STEP 1　讃岐国の郡司の小屋宮手ら一族男女が，東大寺に莫大な財物を寄進した意味を考えてみよう。

1　まず，教科書p.44〜45，49〜50をもとに郡司，出挙，東大寺に関する知識を整理しよう。

・郡司は [A 　　　　] を支配する地方の役人。在地の [B 　　　　　　] から任命された。

・出挙は春に [C 　　　　] を貸し付けて，秋に [D 　　　　] をつけてこれを回収する制度。公出挙と私出挙があり，前者は強制されて租税化し，後者は在地有力者の蓄財に利用された。

・東大寺は大和国の寺院。鎮護国家の思想を支えるために [E 　　　　　　] として建立された。越前国などを中心に全国に [F 　　　　　] を所有して大きな経済力をもった。

2　教科書p.53の史料に書かれている地方豪族の私財の運用，経営を整理してみよう。

・女性である田中真人広虫女自身が経営をおこなっている。

・[A 　　　　] が私財として運用されていた。

・出挙の利息について規定をこえて [B 　　　　] とっている。

3　1・2の内容から『日本霊異記』の説話の内容を分析しよう。

・地方豪族は権力を利用して [A 　　　　] をおこなっていた。

・仏教の因果応報を説き，その功徳を得るために [B 　　　　] を求めている。

・地方豪族が [C 　　　　] に私財を投じることで罪悪からのがれている。

```
STEP1の答え



```

STEP② 女性を題材とした説話は『今昔物語集』にもみられる。『日本霊異記』と比較して，当時の性差（ジェンダー）について考えてみよう。

1 『日本霊異記』と『今昔物語集』の違いを確認しよう。

・『日本霊異記』『今昔物語集』ともに［A　　　　　　　］を説く。

・『日本霊異記』は日本国内の説話。薬師寺僧・景戒によって9世紀初頭に成立。

・『今昔物語集』は日本・中国・インドの説話。作者は不明だが［B　　　　　　　］に成立。

2 『今昔物語集』に描かれている女性像について調べてみよう。その際，下の資料も参考にしてみよう。

・［A　　　　　　　］によって富を得たり，生き返ったりしている（12巻15話，14巻31話）。

・男性を部下にして活動し，［B　　　　］として利益を得ている（29巻3話）。

・［C　　　］の面でも男性に打ち勝つ女性がいる（23巻17・18・24話）。

3 教科書p.70の仏教と女性の記述をまとめてみよう。

・貴族社会では，［A　　　］は［B　　　　］よりも罪深く，不浄とされた。

・［C　　　］がしだいに減少していった。

・［D　　　　　］，高野山などでは［A］の参詣が禁止された。

|資料| 『今昔物語集』29巻3話「女盗人」

その女は変化の者などにて有けるにや。(中略)家に居ながら，云ひおきつる事もなきに，思ふようにして，時も違えず来つつ従者共のふるまひけむ，極て怪き事なり。

(現代語訳)その女は妖怪変化であったのか。(中略)家に居ながらにして，命令もしていないのに，思うがままに，時を同じくして手下が集まって盗みを働いた。とても奇怪なことである。

STEP2の答え

Try ① 地域社会の支配者である豪族の特徴を，古墳時代との比較もふまえて，まとめてみよう。
※以下のキーワードをいくつか組み合わせて論理を組み立てるとよい
|キーワード|：銅鏡　勾玉　管玉　鉄製の武器(p.29)／氏姓制度　国造　県主(p.33)／律令制　国司　郡司　出挙　郡家(p.44〜45)／墾田永年私財法　初期荘園(p.50)

② 平安時代の学習を通じて，地域社会における国司と郡司の役割の変化について，考えてみよう。
※以下のキーワードをいくつか組み合わせて論理を組み立てるとよい
|キーワード|：国・郡・里　国司・郡司・里長(p.44)／荘園整理令　官物・臨時雑役　名　負名(田堵)　成功　重任　遙任　目代　留守所　在庁官人(p.63)／遣唐使の廃止　唐の滅亡　宋(p.65)／郡司・郷司・保司　国衙領　職(p.77)

5 天平文化

天平文化

●**天平文化の国際性**

・遣唐使による盛唐文化の輸入

　国際都市・長安(唐の都)

　：〔①　　　　　　　　　〕によって中央アジア，ペルシア，地中海，インドとつながる

・〔②　　　　　　〕**宝庫**：聖武天皇にゆかりの物品がおさめられる

　鳥毛立女屏風…中央アジアの影響，中国風の衣装を着た女性が描かれている

　螺鈿紫檀五弦琵琶…ペルシアの影響，螺鈿(貝殻工芸の技法)による装飾がほどこされている

　紺瑠璃杯…西アジアのガラス杯に東アジアの銀製の台脚が備えつけられる

●**仏像と寺院**

・仏像の製造方法

　〔③　　　　　　〕…粘土や木でつくった原形に麻布を貼り，木の粉をまぜた漆で固めて製作

　〔④　　　　　〕…木でつくった芯の上に粘土をかぶせて製作

・東大寺　※総国分寺・大和国分寺

　法華堂(三月堂)

　…不空羂索観音像(〔③〕)，日光・月光菩薩像(〔④〕)，執金剛神像(〔④〕)

　転害門：現存する唯一の奈良時代の門

　〔②〕宝庫：〔⑤　　　　〕造

・興福寺　※藤原氏の氏寺

　阿修羅像(〔③〕)

・唐招提寺　※〔⑥　　　　〕が創建

　金堂：現存する唯一の奈良時代の金堂

　講堂：平城京の東朝集殿を移築

　〔⑥〕和上像(〔③〕)

・法隆寺　※奈良時代にも増築工事が続けられる

　伝法堂：橘氏の邸宅を移築

●**文芸**

・『〔⑦　　　　　〕』：**万葉仮名**の使用

　…〔⑧　　　　　　〕らが編纂した和歌集，大伴旅人，山部赤人，山上憶良らの歌をおさめる

　　東歌(東国の農民の歌)，防人の歌など一般民衆の歌も収録

　　「〔⑨　　　　　　〕」…『〔⑦〕』に収録された山上憶良の作

　　　　　　　　　　　中国の作品をモチーフに庶民の悲哀を歌う

・『〔⑩　　　　　〕』：現存する最古の漢詩文集

・芸亭：石上宅嗣が公開した日本初の図書館，仏教の経典以外にも多くの書籍を所蔵

・〔②〕文書：〔②〕に伝わった写経事業の帳簿，官庁の公文書や戸籍の裏紙が使われている

●**絵画**

・薬師寺吉祥天像

・過去現在絵因果経

MEMO

Point ▶ 正倉院の宝物には，どのようなものがあるのだろうか。次の文章の空欄に語句を入れながらまとめてみよう。

　中央アジアのトゥルファンでも出土している樹下美人図を描いた［A　　　　　　　］，ヤシの木やラクダなどが描かれた［B　　　　　　　　］，西アジアのガラス杯に東アジアの銀製の台脚が付けられた［C　　　　　　］などがみられ，シルクロードを通じて融合した東西の文化の痕跡が伝わっている。ほかにも正倉院文書など当時の社会の様子を知るための貴重な資・史料がおさめられている。

Check ❶ 山上憶良の作品である「貧窮問答歌」からは何が読みとれるだろうか。p.55のClose Up「『万葉集』と山上憶良」を読み，山上憶良の経歴をふまえて説明しよう。

[

]

Check ❷ p.55の図版⑥「興福寺阿修羅像」とp.55の図版⑦「東大寺法華堂月光菩薩像」は，p.42の図版②「広隆寺半跏思惟像」（飛鳥文化）や，p.43の図版⑧「興福寺仏頭」（白鳳文化）と比較するとどのような違いがあるだろうか。

[

]

Try 正倉院は「シルクロードの終着点」とよばれることがあるが，それはなぜだろうか。130字程度で記述してみよう。

[

]

1　律令体制再編期の政治と社会(1)
教科書　p.56〜58

平安京遷都と東北経営

●長岡京・平安京への遷都

・〔①　　　　　　　　〕の即位：天智系・光仁天皇の子，それまでの政治を刷新

・784年，〔②　　　　　　〕遷都←平城京の仏教勢力からのがれるため

　藤原種継暗殺事件→早良親王(〔①〕の弟)の廃太子

・794年，〔③　　　　　　〕遷都←洪水を引きおこしたとされた早良親王の怨霊からのがれるため

　山背国を山城国と改称，これ以降，鎌倉幕府の成立までを〔④　　　　　　〕という

●東北経営

・伊治呰麻呂の乱(光仁朝)

・〔⑤　　　　　　　　　〕が**征夷大将軍**に，蝦夷の首長・阿弖流為を降伏させる

　※征夷大将軍…蝦夷を征討する将軍，のち武家政権の首班

　→北上川を北進して〔⑥　　　　　　〕を建設，多賀城の鎮守府を移し，さらに志波城を建設

●律令制の改革

・官制の改革

　〔⑦　　　　　　〕…東北・九州地方をのぞいて軍団を廃止，郡司の一族から〔⑦〕を選抜した

　〔⑧　　　　　　　〕…国司の交替時における不正を監視する役職

・徳政相論　藤原緒嗣VS菅野真道→緒嗣の意見により平安造都と東北遠征を中止

律令政治の再編成

●平城天皇の政治

・平城天皇の即位：桓武朝政治を継承して官制を整理

●嵯峨天皇の政治

・嵯峨天皇の即位

　→〔⑨　　　　　　　　　〕の変：藤原仲成・薬子らが〔⑨〕の復位を狙って反乱するが敗北

　※蔵人所の設置

　　長官である〔⑩　　　　　〕に〔⑪　　　　　　　　〕・巨勢野足を任命して機密を保持

・〔⑫　　　　　　　〕：都の治安を維持するための役職

　※〔⑬　　　　　　〕である〔⑧〕・蔵人所・〔⑫〕が重要な役割をはたす

法・儀式の整備と教育

●三代格式の編纂

・〔⑭　　　　〕：令に追加した単行法令，〔⑮　　　　〕：法令を施行する際の細則

　三代格式…〔⑯　　　〕格式・〔⑰　　　　〕格式・〔⑱　　　　〕格式

●律令の注釈書

・『〔⑲　　　　　〕』：清原夏野らが編纂した養老令の公式注釈書，法令と同じ効力をもつ

・『〔⑳　　　　　〕』：惟宗直本が編纂した養老令の私的な注釈書

●教育

・〔㉑　　　　　　　〕：有力貴族が自分たちの子弟を教育するために設置した図書館兼学生寮

・〔㉒　　　　　　　　〕：空海が設立した庶民の教育機関

MEMO

Point ① ▶ なぜ桓武天皇は新都造営と東北経営を必要としたのだろうか。次の文章の空欄に語句を入れながらまとめてみよう。

　桓武天皇による「新王朝」の建設のために，新都の造営や東北経営が必要とされた。平城京は天武系の天皇の都であったため，新しい王朝のための新しい都として，水陸交通の便がよい山背国(のち山城国)の[A　　　　　]，ついで[B　　　　　]を建設した。また，東北地方の人々を[C　　　　　]と名づけ，異民族として支配することは，天皇の支配，国家の充実を国内外に知らしめる政策でもあった。

Point ② ▶ 法と儀式は，どのように整備されたのだろうか。次の語句を用いてまとめてみよう。
【　律令体制の再編　　三代格式　　儀式書　】

Check ▶ p.56の地図②をみて，朝廷による東北制圧はどのようにしてすすめられたか，考えてみよう。

律令体制再編期の政治と社会(2)　　　教科書　p.58～60

● **平安時代の寺院**

・平城京の寺院：平安京への移転を許可されずそのまま残留

・平安京の寺院：〔①　　　　　〕・**西寺**のみ，その他は京外に建立

● **最澄と空海**

・**最澄**(伝教大師)：〔②　　　　　〕宗

→南都仏教を批判して『顕戒論』をあらわす

比叡山〔③　　　　　〕で最澄の死後に戒壇の設立が許可される

・**空海**(弘法大師)：〔④　　　　　〕宗

→加持祈禱によって現世利益を求める〔⑤　　　　　〕，〔⑥　　　　　〕とよばれる

高野山〔⑦　　　　　〕や東寺(別名，教王護国寺)を拠点に教えを広める

● **天台宗の発展**

・〔⑧　　　　　〕・**円珍**

：最澄の弟子，唐に渡って〔⑤〕を学び〔②〕宗を〔⑤〕化，〔⑨　　　　　〕とよばれる

→のち，円珍の系統が園城寺を拠点に寺門派を形成，〔⑧〕の系統の〔③〕の門徒(山門派)と対立

・顕密仏教：南都六宗(顕教)と〔②〕宗・〔④〕宗(〔⑤〕)の総称，中世にいたるまで勢力をもつ

● **その他の信仰**

・〔⑩　　　　　〕：日本の神々が仏教に救済，擁護を求める思想

→神社内に神宮寺が建立され，薬師寺僧形八幡神像などの僧侶の姿をした神像が作成される

・〔⑪　　　　　〕：山岳信仰と密教が結びついてうまれた信仰

・〔⑫　　　　　〕：政変での敗者が怨霊となって祟ると考え，これを鎮める祭をおこなう

● **文芸の興隆**

・〔⑬　　　　　〕の思想：文芸の発展によって国家の隆盛をはかる思想

・〔⑭　　　　　〕：唐風書道の名人，嵯峨天皇・空海(『風信帖』)・橘逸勢の3人

● **漢文学の隆盛**

・勅撰漢詩文集：『凌雲集』(小野岑守ら)，『文華秀麗集』(藤原冬嗣ら)，『経国集』(良岑安世ら)

・空海の著作：漢詩文集『性霊集』(※弟子の真済が編集)，文学評論『文鏡秘府論』

・〔⑧〕の旅行記：『入唐求法巡礼行記』

● **かな文字の発明**

・〔⑮　　　　　〕：漢字の一部(つくり，へん)を取り出して文字化

・〔⑯　　　　　〕：万葉仮名を草書体でくずして文字化

● **寺院と仏教美術**

・〔⑰　　　　　〕：山中にたてられた密教寺院，金堂・五重塔などの伽藍は地形に応じて配置

・仏像　〔⑱　　　　　〕：一本の木で仏像を作成する技法

室生寺金堂釈迦如来像・弥勒堂釈迦如来像，観心寺如意輪観音像，神護寺薬師如来像

・絵画　**教王護国寺両界曼荼羅**，園城寺不動明王像(黄不動)

Point ①▶ 最澄・空海は何を伝えたのだろうか。次の文章の空欄に語句を入れながらまとめてみよう。

　当時の中国では加持祈禱によって現世利益を求め，即身成仏を説く〔A　　　　　〕が流行していた。日本では経典を学んで修行によって悟りをひらこうとする南都六宗の〔B　　　　　〕が中心であったが，最澄・空海はこれに天台宗・真言宗を加えて仏教の教学を再編した。南都六宗と〔A〕化した天台宗・真言宗を総称して〔C　　　　　〕といい，天皇家や貴族と結びついて古代から中世にいたるまで大きな勢力となった。

Point ②▶ 弘仁・貞観文化における特徴の説明として誤っているものを，次のア〜エから一つ選ぼう。　　　　　　　　　　　　　　　　　　　　　　　　　　　　　　〔　　　〕

ア　貴族の住宅として，寝殿と対屋からなる寝殿造様式が流行した。

イ　文章経国の思想にもとづいて，勅撰漢詩文集の編纂がおこなわれた。

ウ　漢詩文の盛行にともない，唐風の書が好まれ，嵯峨天皇らがすぐれた書を残した。

エ　空海などにより密教が日本に取り入れられたことで，その影響を受けた建築や美術が流行した。

Check▶ 神仏習合の進展について，次の語句を用いてまとめてみよう。

【　神祇祭祀　　鎮護国家　　神宮寺　】

Try この時代の法・儀式などにおいて，唐風化がめざされたのはなぜか，その背景と理由について，120字程度で記述してみよう。

2　摂関政治の成立と支配体制の転換（1）

教科書　p.61～63

摂関政・関白のはじまり

●摂政と関白

・842年，〔①　　　　　　　　〕

：橘逸勢・伴健岑が失脚，〔②　　　　　　　　〕（冬嗣の子）が権力を拡大

・**清和天皇**の即位　※9歳，〔②〕が外祖父（母方の祖父）として実権をにぎる

・866年，〔③　　　　　　　　〕

：左大臣・源信の失脚を狙って伴善男が応天門に放火，〔②〕が事件を処理

→〔②〕は正式に〔④　　　　　　〕に就任　※天皇が政務を決済できないときにこれを代行する役職

・光孝天皇の即位：〔⑤　　　　　　　　〕（〔②〕の養子）が実権をにぎる

→〔⑤〕は〔⑥　　　　　　〕に就任　※太政官の上申と天皇の決裁を事前に内覧する役職

・宇多天皇の即位→〔⑦　　　　　　　　〕

：〔⑥〕任命の文書をめぐって〔⑤〕が宇多天皇に抗議，〔⑤〕の権力が確立

●延喜・天暦の治

・醍醐天皇の時代：左大臣・藤原時平，右大臣・〔⑧　　　　　　　　〕

→『日本三代実録』（六国史の最後）・『延喜格式』（三代格式の最後）の編纂

・村上天皇の時代→乾元大宝（本朝十二銭の最後）の鋳造

→藤原氏の〔④〕・〔⑥〕がおかれなかった醍醐・村上天皇の政治＝「延喜・天暦の治」

●摂関政治の確立

・969年，〔⑨　　　　　　　　　　〕：左大臣・源高明が失脚，以後，藤原氏の〔④〕・〔⑥〕が常置

・**摂関政治**　※藤原北家＝〔⑩　　　　　　〕家

藤原氏の氏の長者が〔⑩〕に就任して国政を支配，中・下級貴族の人事権を掌握して権力をもつ

・摂関政治の全盛：〔⑪　　　　　　　　〕・〔⑫　　　　　　〕父子の時期

→〔⑪〕は4人の娘を天皇に嫁がせて実権を掌握，〔⑫〕は〔④〕・〔⑥〕を50年以上もつとめる

律令支配の転換

●社会の変容

・律令体制の限界

〔⑬　　　　　　〕：戸籍の年齢や性別を偽る→戸籍・計帳の制度が機能しない

※三善清行「意見封事十二箇条」（914年）

・田地の直接支配：**公営田**…大宰府，**官田**…畿内，官司に諸司田を分配

・902年，〔⑭　　　　　　　　　〕

：調庸制の励行，班田収授の実行（記録に残る最後の班田），律令体制の再編をめざす

●国制の転換

・課税対象の転換　人民（戸籍・計帳）から土地（**名**）へ

名：〔⑮　　　　　　〕（**負名**ともいう）が耕作して国司に納税

※〔⑯　　　　　　　　〕…大規模な名を経営する〔⑮〕，周辺を開発して力をもった

・〔⑰　　　　　　〕

：地方行政を委任され現地に赴任した国司，〔⑱　　　　　　〕・〔⑲　　　　　　　　〕を朝廷におさめる

Point①▶ 藤原氏は，どのようにして摂関の地位を獲得したのだろうか。次の文章の空欄に語句を入れながらまとめてみよう。

　奈良時代以来，藤原氏は娘を天皇に嫁がせて政治の実権を掌握してきた。平安時代には，外戚として天皇家の身内となった藤原氏が，天皇の政務を代行する〔A　　　　〕や，天皇を補佐する〔B　　　　〕に就任した。

Point②▶ 地方への支配は，どのように変化したのだろうか。次の語句を用いてまとめてみよう。
【　受領　　名　　田堵（負名）　　官物　　臨時雑役　】

Check①▶ p.57の系図**3**とp.61の系図**2**を比較して，天皇家と藤原氏の婚姻関係にはどのような変化がみられるか説明しよう。

Check②▶ p.58の図版**1**とp.63の図版**2**をみて，叙位と陣定を説明しつつ，これらに参加する人々の地位・役職に注意して国政上の天皇の地位について考えてみよう。

② 摂関政治の成立と支配体制の転換(2)

教科書　p.63〜65

受領の行政

● **受領の就任**

・受領の権益：地方行政は国司(受領)に委任，赴任先での課税率を自由に定められる

〔①　　　　　　〕…朝廷・摂関家の行事や寺社造営に出資して国司職(受領)を得ること

〔②　　　　　　〕…〔①〕などによって同じ官職にふたたび任命されること

● **受領の地方行政**

・〔③　　　　　　〕：現地に赴任しない国司のこと，かわりに〔④　　　　　　〕を任国に派遣

※〔⑤　　　　　　〕…国司(受領)がいない国衙のこと

・在庁官人：現地の有力豪族が国衙(地方行政)の実務を担当

● **郡司・農民の動向**

・988年，「〔⑥　　　　　　　　　　　〕」

：郡司と農民が重税を課した尾張守藤原元命の罷免を要求

地方の治安悪化と兵乱

● **私的権力の成長と武士**

・9世紀：地方豪族が院宮王臣家と結びつき，在地の有力農民が勢力を拡大→私的権力の発生

● **地方の兵乱**

・939年，〔⑦　　　　　　　　　〕：下総国猿島が拠点→平貞盛・下野国押領使藤原秀郷に鎮圧される

・同年，〔⑧　　　　　　　　　〕：伊予国日振島が拠点→源経基・小野好古に鎮圧される

※〔⑦〕と〔⑧〕をあわせて〔⑨　　　　　　〕(承平・天慶の乱)とよぶ

● **源氏と平氏**

・〔⑩　　　　　　　〕：桓武天皇の子孫，〔⑪　　　　　　　　〕：清和天皇の子孫

・中央での台頭：〔⑫　　　　〕として貴族に仕える，軍事貴族として地位を確保

・地方での活躍：押領使・追捕使に任命されて反乱者を鎮圧，土着して武士団の中心へ

・〔⑬　　　　　　　〕：朝廷(清涼殿)の警備をする武士

外交政策の転換

● **中国・朝鮮の変動**

・中国　中央部：唐の滅亡(907年)→五代十国時代→〔⑭　　　　〕(960年建国)の中国統一

東北部：遼(契丹)が渤海を滅ぼす

・朝鮮〔⑮　　　　〕が新羅を滅ぼして半島を統一(936年)

● **遣唐使の停止**

・唐の戦乱と衰退→894年，菅原道真が遣唐使の停止を建議，以降，遣唐使は派遣されず

● **新しい外交政策**

・海外交易，交流の継続

宋の私商船が博多に来航(大宰府が貿易を管理)，輸入品は〔⑯　　　　〕として珍重される

奝然，成尋ら僧侶の渡宋

・刀伊の入寇(1019年)

中国東北部の女真族(刀伊)が博多に来襲，大宰権帥藤原隆家が九州の武士団をひきいて撃退

Point ①▶ 政府は，東と西の戦乱に対して，どのように対応したのだろうか。次の文章の空欄に語句を入れながらまとめてみよう。

　10世紀前半のほぼ同時期に東西で発生した〔A　　　　　　　〕・〔B　　　　　　　　〕に対して，朝廷は地方の武士の力を利用して鎮圧にのぞんだ。〔A〕に対しては，同族の平貞盛と下野国の〔C　　　　　〕であった藤原秀郷，〔B〕に対しては，源経基と小野好古を派遣してそれぞれ鎮圧に成功している。地方における武士の反乱を鎮圧したのは同じ武士勢力であった。

Point ②▶ 日本は，東アジアの動乱にどのように対応したのだろうか。次の語句を用いてまとめてみよう。　【　渤海　　高麗　】

Check▶ p.65の世界を見る目「外国との通交と貿易の統制」をみて，当時の貿易のあり方と輸入品，輸出品について説明しよう。

Try 律令体制にもとづく土地・民衆支配のゆきづまりと，受領が主導する地方支配のしくみの確立とはどのような関係にあるか，300字以内で記述してみよう。

CTIVE ② **古代の戸籍からみえる律令制の展開** 教科書　p.66〜67
歴史を資料から考える

1 702（大宝2）年の「御野国加毛郡半布里」の戸籍

○教科書p.66の資料①〜③を読み取りながら，戸籍とはどのようなものかを考えてみよう。

(1)まず教科書p.45，p.66の「解説」から，戸籍に関する基本事項を確かめよう。

・戸主（男性）を筆頭に名前や〔①　　　　〕，〔②　　　　〕，良民・賤民の身分を確定する。

・班田収授や〔③　　　　〕の基本台帳となる。6年に一度，作成される。

・2〜3の実際の家族（房戸）を統合して1戸を編成する。

(2)教科書p.66の資料①〜③から，戸籍の様子を具体的に読み取ろう。

・〔①　　　　〕の戸主のもと実際の生活単位とは別にまとめられている。

・〔②　　　　〕のなかには特に人数の多い年齢がみられる。

・〔③　　　　〕の有無など個人の把握のために詳細な記録となっている。

STEP 1

1　資料①から　A　〜　D　に入る語句をさがそう。

　　A：〔　　　　　　〕　　B：〔　　　　　　　〕

　　C：〔　　　　〕　　D：〔　　　　　〕

2　資料②・③をふまえ，戸籍の特徴を考えてみよう。

STEP 2

1　8世紀初頭に信頼度の高い戸籍が作成された背景を考えてみよう。

2　信頼度の高い戸籍の作成を可能にした条件を考えてみよう。

②

908(延喜8)年の「周防国玖珂郡玖珂郷」の戸籍

○教科書p.67の資料④を参考にしながら，平安時代以降の戸籍の特徴を考えよう。

(1)まず教科書p.45〜46，p.66から徴税，戸籍に関する基本事項を確かめよう。

・税の負担は成年男子([①　　　　　])が主で，年少者(中男)や [②　　　　　] (次丁)は負担が小

さく， [③　　　] は調・庸・雑徭が課されなかった。

・個人の [④　　　　] や [⑤　　　　　] を記載して徴税の基準としている。

・戸籍は必ずしも実態を反映するものではなく，徴税のための書類として柔軟に運用されていた。

(2)教科書p.67の資料④「周防国玖珂郡玖珂郷」の戸籍の特徴を読み取ろう。

・律令制が衰退し，新たな徴税体制が採用された平安中期の戸籍である。

・男性の割合が3割弱で [①　　　　] や [②　　　　　] が多くなっている。

・誕生した者や [③　　　　] した者を記録せず，すでに記載されている課丁のみ更新したと推測

される。

STEP 1　戸籍が実態からかけ離れてくる背景にどのような社会の変化があったのだろうか。

STEP 2　政府は調庸の規定量(分)を確保するために，どのような政策をとったのだろうか。

Try　① 戸籍制度の変化を通して，律令体制のどのような性格が明らかになるのだろうか。話しあって
みよう。　※以下のキーワードをいくつか組み合わせて論理を組み立てるとよい
キーワード：大宝律令　中央集権体制　班田収授　租　調・庸　戸主　良民　賤民　兵役　軍
団(p.44〜46)／浮浪　逃亡(p.50)／公営田　官田　三善清行意見封事十二箇条　偽籍　受
領　名　負名　官物・臨時雑役(p.62〜63)／唐の衰退　遣唐使の停止(p.65)

　② 古代の戸籍制度以降，中世・近世社会では「個人」はどのように把握されたのだろうか。また，
現在も作成され続けている近代の戸籍制度について，どのように考えるか，話しあってみよ
う。　※以下のキーワードをいくつか組み合わせて論理を組み立てるとよい
キーワード：良民　五色の賤　戸籍　計帳(p.45)／惣領制　家督　名簿　地頭　名主　小百
姓　下人(p.96〜97，102)／寺請制度　宗旨人別帳(p.166)／四民平等　解放令　壬申戸
籍(p.234〜235)／基本的人権　国民主権(p.336〜337)

3　国風文化

教科書　p.68〜71

国風文化の形成

● 文化の国風化

・**国風文化**：大陸文化と日本の貴族文化が融合←東アジアの動乱と外交政策の変化

● 仮名文字と国文学

・〔①　　　　　　〕の普及→日本人の感覚や感情を細かく表現できるようになった

・和歌　〔②　　　　　　〕：僧正遍昭・在原業平・喜撰法師・小野小町・文屋康秀・大友黒主

　　　　『〔③　　　　　　〕』：〔④　　　　　　〕ら，優雅で技巧的な**古今調**の和歌

・物語文学　『〔⑤　　　　　　〕』：かぐや姫の伝説を題材とする

　　　　　　『〔⑥　　　　　　〕』：在原業平が主人公，和歌をまじえた物語

　　　　　　『〔⑦　　　　　　〕』：**紫式部**の作，光源氏の恋愛・生活を描写

・日記文学　『〔⑧　　　　　　〕』：〔④〕による〔①〕の日記

　　　　　　『蜻蛉日記』（藤原道綱母），『更級日記』（菅原孝標女）

・随筆　『〔⑨　　　　　　〕』：**清少納言**の作，朝廷の生活を叙述する

● 建築と工芸

・建築　〔⑩　　　　　　〕：寝殿と対屋をもつ和風建築，檜皮葺，白木造

・絵画　〔⑪　　　　　　〕：日本の風景や風俗を屏風や襖障子に描く

・工芸　〔⑫　　　　　　〕・螺鈿などが貴族の調度品や寺院の装飾に用いられる

・書道　〔⑬　　　　　　〕：和風書道の名手，小野道風・藤原佐理・藤原行成の３人

仏教の浸透

● 末法思想

・**末法思想**…仏教を振興しなければ戦乱の世になって世界が破滅するという考え

　→社会の変化や戦乱が続くなかで貴族の間に広まる，多くの寺院や仏像，経塚が造立

● 浄土教の広まり

・**浄土教**…悩みの多いけがれた現世を離れ，死後の極楽浄土に救いを求める仏教の教え

・〔⑭　　　　　　〕：京都で念仏（極楽浄土に行くためのことば）を広める

・源信：極楽浄土に行くための手引きとして『〔⑮　　　　　　〕』を著述

　そのほか，〔⑯　　　　　　〕として慶滋保胤の『日本往生極楽記』がある

● 寺院と仏像

・阿弥陀堂建築：**法成寺**…藤原道長，〔⑰　　　　　　　　　〕…藤原頼通

・〔⑱　　　　　　〕：**定朝**による仏像の制作技法，〔⑰〕阿弥陀如来像など

・〔⑲　　　　　　〕：阿弥陀仏が極楽往生を導く様子を描く，高野山阿弥陀聖衆〔⑲〕など

貴族・民衆の生活

● 貴族の生活

・礼服（和風）　男性：**衣冠・束帯**，女性：**女房装束（十二単）**

・成人式　　　男性：〔⑳　　　　　〕，女性：〔㉑　　　　　〕

・儀式，風習　〔㉒　　　　　　〕：新嘗祭など，陰陽道による**物忌・方違**

● 庶民の生活

・衣服　男性：水干・小袴，女性：小袖・腰衣

MEMO

● p.248 をひらいて，第1部で学んだことをふりかえってみよう。

Point ①▶ 仮名文字は，日本の文学にどのような影響を与えたのだろうか。次の文章の空欄に語句を入れながらまとめてみよう。

　中国から伝来した漢字は，僧侶や貴族など当初は一部の知識階級が使用していた。その後，これを簡略化した平仮名や片仮名，すなわち〔A　　　　　〕が発明されて宮廷の女官を中心に，女性が文学にたずさわるようになった。紫式部の『〔B　　　　　〕』や清少納言の『〔C　　　　　〕』はその代表である。また，独自の文字を創出したことによって，日本人独自の感覚や感情をより豊かに表現できるようになり，漢文学の技法から離れた日記・散文が誕生した。

Point ②▶ 国風文化における仏教の浸透に関する説明として，誤っているものを次のア〜エから一つ選ぼう。　　　　　　　　　　　　　　　　　　　　　　　　　〔　　　　〕

　　ア　仏教を振興しなければ戦乱の世となって世界が破滅するという末法思想がさかんに説かれた。
　　イ　浄土教の教えが流行し，市聖とよばれた源信が京都で念仏を広めた。
　　ウ　阿弥陀如来像や阿弥陀堂建築，来迎図によって表現される極楽浄土への信仰がさかんとなった。
　　エ　人々は，極楽往生したといわれる人々の伝記を集めた往生伝を読み，救いを求めた。

Point ③▶ 貴族たちは，どうして日記を書いたのだろうか。次の語句を用いてまとめてみよう。
【　儀式　　年中行事　】

Try 国風文化は，その後の日本の文化にどのような影響を及ぼしたのだろうか。170字程度で記述してみよう。

まとめと展望　　　　古代国家の成立を考える

教科書　p.72〜73

●古代国家を考えることは，国家の成立について考えることにもつながる。また，国家の成立について考えることは，国家構造の問題につながり，「日本」とは何かを考える契機にもなる。教科書p.73にあるケン・ユウ・カズの意見を参考にしながら，日本の古代国家の成立と「日本」の枠組みについて考えてみよう。

①ケンの意見

(1)ケンの意見のまとめ

○5世紀後半，倭王武＝獲加多支鹵大王の登場が画期

- それまで，各地の有力首長と連合していた倭国王が，[A　　　　]と称されるなど，ほかの首長を圧倒する権力をもった。
- 鉄器の普及や生活様式の共通化などが，[B　　　　　]の分布圏と一致する。

　[C　　　　　]の勢力範囲が「日本」の領域的枠組みのもとになっている。

(2)ケンの意見の根拠を，教科書の記述からさがしてみよう。

○2章3節(p.31〜33)　キーワード：倭王武・古墳・刀剣・大王

②ユウの意見

(1)ユウの意見のまとめ

○3世紀なかごろ，古墳の出現が画期

- 弥生時代にみられた地域圏が統合され，[A　　　　]地方の大型[B　　　　　]を頂点とした序列化と，埋葬施設や副葬品の共通化は，中央政権が誕生し古墳祭祀という共通のイデオロギーが形成されたことを意味する。
- 多くの労働力を必要とする古墳の築造は，被葬者である各地の首長が前代に比べ，大きくなったことをあらわしている。

(2)ユウの意見の根拠を，教科書の記述からさがしてみよう。

○2章2節(p.28〜30)　キーワード：古墳・大和・ヤマト政権

③カズの意見

(1)カズの意見のまとめ

○ 10世紀ごろが,「日本」の枠組み形成の画期
 ・律令の導入は社会を変えたが,後世への影響は平安時代の方が大きい。
 ・[A   ]の登場以後,院政をおこなった上皇や征夷大将軍が政治の実権をにぎる。
 ・社会の基礎となる[B   ]の制度もうまれた。
 ・[C   ]の『源氏物語』や『古今和歌集』の自然観や美意識は,古典文化として評価され
  ている。

(2)カズの意見の根拠を,教科書の記述からさがしてみよう。

○4章2節・3節(p.61〜65, 68〜71) キーワード:摂関政治・仮名文字

Try

① ケン・ユウ・カズの意見を参考にしながら,どのような契機で古代国家は成立し,「日本」の枠組みは形成されたか,考えてみよう。

② 古代に成立した国家は,中世に入るとどのように変わっていくのか,ケン・ユウ・カズの意見を参考にしながら考えてみよう。

ケン:征服や戦争が契機となって,支配組織が整備され,王の権力も強化された。

ユウ:威信財を確保するための交易・流通の掌握こそが,中央政権や王の権威を支え,強化する契機になった。

カズ:東アジアに注目すると,唐・新羅・渤海が滅び,新しくうまれた枠組みがのちのちまで継承された。国際的環境の変化が独自の文化形成の契機になった。

荘園公領制の成立と院政(1)

教科書　p.76〜78

開発領主と武士団

●開発領主の誕生と武装化

・大名田堵と土着した国司

　→田地の開発を[①　　　　　]に申請，[②　　　　　　　]として田地を私有

・[②]が武装→武士化

　[③　　　　　　　]の形成　**棟梁**－一族([④　　　　])－[⑤　　　　　　](郎従)

●国衙領の形成

・[⑥　　　　　　　　]：[②](武士)の一部が[①]の役人として実務を担当

・行政区画の再編

　国－郡・郷・保：地方豪族が郡司・郷司・保司に就任して支配→その職権が世襲される

・公領のうち，国司・地方豪族が私領化したものが[①]**領**

荘園公領制の形成

●朝廷の政策転換

・11世紀後半，貴族に対する国家からの給付の停滞→個別収入の確保→荘園の形成(立荘)

●荘園の成立

・[②]の田地(山林や河川，未開発地も含む)→天皇家や摂関家に[⑦　　　　　]し立荘

　　　　　　　　　　　　　　　　※荘園を[⑦]地系荘園ともいう

[荘園のしくみ]

[⑧　　　　　]：荘園の領主(天皇家・摂関家，大寺院)

　｜　　　※[⑧]，[⑨]のうち荘園の実質的な支配権をもつものを**本所**という

[⑨　　　　　]：[⑧]と[⑩]([②])を仲介する貴族

　｜

[⑩　　　　　]：[②]，現地で田地の運営・管理を担う，下司・公文などの名称がある

●荘園の独立

・[⑪　　　　]**の権**：租税を免除される特権

　官省符荘…太政官符・民部省符によって[⑪]の権を獲得した荘園

　国免荘…国司によって[⑪]の権を獲得した荘園

・[⑫　　　　]**の権**：荘園内への検田使・追捕使の立ち入りを拒否する権限

　→[⑪]・[⑫]の権を獲得した荘園は[①]行政から独立

●荘園公領制

・荘園と公領　荘園：天皇家・摂関家，大寺院の私有地・財源

　　　　　　　公領：[①]領　中央貴族，地方豪族の事実上の私有地・財源

　→[⑬　　　　　　　　](**荘園制**)

　　支配階級は荘園，または公領を通じて全国の田地・人民を支配，自身の権益を獲得

・荘園・公領の運営と負担

　名主：名(名田)の管理・運営，荘園領主・国司への年貢・公事の納入を請け負う

MEMO ●板書事項のほか，気づいたこと，わからなかったこと，調べてみたいことを自由に書いてみよう。

Point ① ▶ 地域の実力者はどのようにして開発領主となっていったのだろうか。次の文章の空欄に語句を入れながらまとめてみよう。

　国司として赴任した中央貴族やその子孫，〔A　　　　　　　〕は，みずからの血筋や家柄，経済力をもとに地域で力をもった。彼らは弱小農民のかわりに租税を納入して支配力を強め，周辺の田地を開発し，所有していった。〔B　　　　　　　〕となった彼らは，自身の農地を守り，農民を支配するために武装して武士となり，〔C　　　　　　　〕として国衙の行政を担当するようになった。

Point ② ▶ 荘園の成立の際に，なぜ寺社・貴族と開発領主は連携したのだろうか。次の語句を用いてまとめてみよう。　【　開発領主　　寄進　】

Check ▶ p.76の地図 2，p.77の図版 4 をみて，以下の問いに答えよう。
①p.76の地図 2 における荘園の分布について，その特徴を考えてみよう。

②p.77の図版 4 をみて，荘園と公領の共通性について考えてみよう。

1　荘園公領制の成立と院政(2)

教科書　p.78〜81

院政の成立

● 後三条天皇の親政

・**後三条天皇**：摂関家を外戚としない天皇，中下級貴族の大江匡房を登用

・1069年，〔①　　　　　　　　　　　　〕→摂関家，石清水八幡宮なども打撃を受ける

　〔②　　　　　　　　　　〕(記録所)

　→荘園から証拠文書を提出させ，基準を満たさない荘園を公領として徴税可能な土地とする

・〔③　　　　　　　　〕の制定…荘園ごとにばらばらだった枡の容量を統一

・〔④　　　　　　　　　　〕…荘園・公領を問わず，国ごとに国司(受領)が徴税

● 院政のはじまり

・〔⑤　　　　　　〕天皇：1086年に自身の子・堀河天皇(9歳)に譲位，**上皇**となる

　→**院政の開始**，以後，〔⑥　　　　　　〕天皇・〔⑦　　　　　　　　〕天皇も上皇・**法皇**として実権を掌握

・院庁：上皇(法皇)の家政機関，上皇が国政の実権をにぎったため大きな権限をもつ

　〔⑧　　　　　　　　〕：院庁の職員(院司)に任命された上皇の側近，中下級貴族が多い

　〔⑨　　　　　　　〕：院庁が出す行政文書　　〔⑩　　　　　　　〕：上皇の命令を伝える文書

　〔⑪　　　　　　　　　〕：院を警護する武士

・院と仏教：上皇は出家して法皇となり，〔⑫　　　　　　　　〕の造営，熊野詣・高野詣などを実施

院政期の社会

● 荘園公領制の発展

・〔⑬　　　　　　　　　〕の制度：院や上級貴族・大寺社が[⑬]主として国衙行政の権限と利益を掌握

・天皇家の荘園群　　**八条院領**：[⑥]上皇の娘・八条院に伝えられた荘園群

　　　　　　　　　　長講堂領：[⑦]上皇が持仏堂の長講堂に寄進した荘園群

● 寺社の勢力拡大

・〔⑭　　　　　　　〕＝興福寺，〔⑮　　　　　　　〕＝延暦寺

　荘園を所有して権益を拡大，〔⑯　　　　　　　〕を組織して朝廷に強訴をおこなう

　→天皇家・摂関家，大寺社がそれぞれ経済基盤・軍事力を確保して，社会を支配した

京武者と武家の棟梁

・〔⑰　　　　　　　〕：京都と地元を往還しながら，院や摂関家に仕えた武士

● 清和源氏と桓武平氏

・**清和源氏**：摂関家に仕える

　〔⑱　　　　　　　　〕…藤原道長に仕える，1028年に**平忠常の乱**を鎮圧

　〔⑲　　　　　　　　〕・**義家**父子…1051年におこった**前九年合戦**を鎮圧，東日本に勢力拡大

・**桓武平氏**：のちに院に仕える([⑪])

● 奥州藤原氏

・〔⑳　　　　　　　　　　　　〕が1083年におこった**後三年合戦**で勝利←源義家の援助

・**奥州藤原氏**の誕生

　[⑳]以後，〔㉑　　　　　　　　〕・〔㉒　　　　　　　　　　〕と3代100年にわたって東北地方を支配

Point ①▶ 院政の成立は，社会全体にどのような変化をもたらしたのだろうか。次の文章の空欄に語句を入れながらまとめてみよう。

　天皇ではなく，天皇家の家長（上皇・法皇）が［A　　　　］として国政を掌握したことは，支配階級の内部において，私的なものと公的なものが混在することを意味した。院自身が［B　　　　　　］となったことで［C　　　　　］が促進され，院・摂関家，寺社がそれぞれ軍事力・政治力をもつことによって権門体制が成立した。一方，院や摂関家の子弟を受け入れた寺院も勢力をもち，［D　　　　　］仏教が発展した。

Point ②▶ 清和源氏が力をつけていくなかで，どのようなことがおこったのだろうか。次の語句を用いてまとめてみよう。　【　摂関家　　前九年合戦・後三年合戦　　鎌倉幕府　】

Check ❶▶ p.79の史料「白河法皇の専制」とp.79の図版❸をみて，院政の特徴について考えてみよう。

Check ❷▶ p.80の図版❶と，側注の「＊強訴」をみて，院政期になぜ寺社が勢力を拡大したのか，説明しよう。

1 荘園公領制の成立と院政(3)

教科書 p.82〜85

平氏の成長

- 平正盛：白河上皇に仕える，源義親の乱(1108年)を鎮圧
- 平忠盛：鳥羽上皇に仕える，瀬戸内海の海賊を鎮圧
- 1156年，〔①　　　　　　　〕：天皇家・摂関家の内紛に源平の軍事力が用いられる

  天皇家：[勝]後白河天皇　　　　×[負][②　　　　　]上皇

  摂関家：[勝]関白[③　　　　　]×[負]左大臣[④　　　　　]

  武　士：[勝]〔⑤　　　　　〕・源義朝 ×[負]平忠正・[⑥　　　　　]

- 1159年，〔⑦　　　　　　　〕：院の近臣の対立に源氏・平氏の対立が加わる

  [勝][⑤]×[負]藤原信頼・源義朝　※[⑤]方の[⑧　　　　　　]（信西）は自殺

  →源義朝の子〔⑨　　　　　〕は伊豆に配流，源氏が没落して平氏が朝廷内で権力を拡大

平氏政権

●天皇家との関係

- 〔⑤〕→太政大臣に就任(武士で初)，娘の[⑩　　　　　]を高倉天皇の中宮とする

  →しだいに後白河法皇と対立，〔⑤〕は法皇を幽閉した

●経済基盤

- 荘園(500か所)，知行国(30か国余り)
- 〔⑪　　　　　〕貿易：民間の商船が担う，北九州の博多，瀬戸内海の[⑫　　　　　　　]が拠点

  輸出品：金・硫黄・刀剣など，輸入品：織物・典籍・宋銭など

院政期の文化

●仏教

- 神仏習合の進展：〔⑬　　　　　　　〕…日本の神々を仏の化身と考える
- 仏教の広まり：聖の布教活動，寺社を領主とする領域型荘園で広がった

●建築

平泉：〔⑭　　　　　　　　〕，陸奥：白水阿弥陀堂，豊後：〔⑮　　　　　　　〕

●文学

- 軍記物 『〔⑯　　　　　〕』：平将門の乱を記述，『〔⑰　　　　　　〕』：前九年合戦を記述
- 説話集 『〔⑱　　　　　　〕』：インド，中国，日本の仏教説話集
- 歴史物語 『〔⑲　　　　　〕』：藤原道長の一生，『〔⑳　　　　〕』：摂関家の歴史

●美術

- 〔㉑　　　　　　〕(安芸)の『平家納経』
- 絵巻物

  『源氏物語絵巻』・『信貴山縁起絵巻』・『伴大納言絵巻』

  『鳥獣戯画』(鳥羽僧正覚猷らの作か)

- 『〔㉒　　　　　　〕』：下絵に庶民の生活を描く

●芸能

- 歌舞 〔㉓　　　　　〕，田楽の流行
- 歌謡 〔㉔　　　　〕：民間の流行歌→後白河法皇が歌謡集『梁塵秘抄』を編纂

- -

- -

- -

- -

- -

- -

- -

- -

- -

Point①▶ 天皇家・摂関家と京武者が結びつくことで，どのような影響があったのだろうか。次の文章の空欄に語句を入れながらまとめてみよう。

　天皇家・摂関家と京武者の結びつきが強まっていくなかで，〔A　　　　　　　〕が発生した。朝廷・院の警備や貴族の警護をおこなっていた源氏・平氏の軍事力が，中央の政治にはじめて直接関係することになったのである。続く〔B　　　　　　〕でも源平の軍事力が勝敗を決した。その勝利者となった〔C　　　　　〕は太政大臣の地位にのぼり，天皇家との姻戚関係を結んで政権を掌握した。天皇家・摂関家が武士の力を頼ったことが，結果的に平氏政権，鎌倉幕府をうみだすこととなった。

Point②▶ p.83の史料「平家の繁栄」にみえる平氏の権勢は，どのようにしてもたらされたのだろうか。次の語句を用いてまとめてみよう。　【　知行国主　　日宋貿易　　摂関政治　】

Check▶ p.84の史料「仏教の教えの庶民化」を読んで，その共通する特徴を述べよう。

Try 院政と平氏政権とを比較し，共通する点と異なる点について考えてみよう。

共通する点…

異なる点…

歴史資料と中世の展望

教科書　p.86〜87

1

荒園の立荘と景観―和泉国日根荘の世界

○教科書p.86の資料①〜③を読み取りながら，荘園の立荘について考えてみよう。

(1)教科書p.77から，立荘の基本事項を確かめよう。

- 11世紀後半，寺社や貴族に対する国の給付（[①　　　　　　　]）がとどこおるようになり，（[②　　　　　　]）の造営もさかんとなったため，朝廷はそれらの財源として荘園の設立（立荘）を認めた。

- 立荘に際しては，[③　　　　　　]が寄進した私領を核にして，その周辺の広大な土地が荘園として認められた。荘園設立は院や摂関家などの[④　　　　]が主導し，本家と開発領主を仲介した貴族が領家となった。荘園支配の日常業務は，領家や下司に委ねられた。

- 荘園は耕地だけでなく，集落や[⑤　　　　　　　　]も含み，領域的な支配がおこなわれた。そして，国衙から不入の権や不輸の権が与えられ，荘園領主が土地と荘民を独自に支配する[⑥　　　　　　　]が中世荘園の主流としてあらわれた。

(2)教科書p.86の資料①〜③から，日根荘の立荘について具体的に読み取ろう。

STEP1　荒野を開発するため，実際にはだれが浪人をまねき，開発の費用を出すのだろうか。

1　資料②は，だれが，何のために作成したのだろうか。裏書2からは作成した人を，資料②の資料名や絵図の構図からは作成目的を，それぞれ読み取ってみよう。

[　　　　　　　　　　　　　　　　　　　　　　　　　　　　　　　　　　　　　　　]

2　資料②の裏書2にみえる下司代・公文代とはどのような人々なのだろうか。p.77の本文，「地域を見る目」を参考に推測してみよう。

[
　
　
　
]

STEP1の答え

STEP2　日根荘の場合，だれが，どのような役割をはたして荘園が成立したのだろうか。

1　資料①の命令書の2〜3行目から，日根荘の立荘の根拠とされたのは何か，「〜に任せ（〜に書かれている通りに）」というフレーズに注目して，読み取ってみよう。

[　　　　　　　　　　　　　　　　　　　　　　　　　　　　　　　　　　　　　　]

2　資料①からは，どのような立荘の流れが読み取れるか，右の図を埋めてみよう。

[A　　　　　]　　[B　　　　　]
[C　　　　　]　　[D　　　　　]

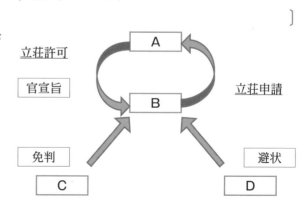

3 資料②，③から，開発対象とされた荒野がどのような地質か，読み取ってみよう。また，なぜ荒野の中には池が存在しているのか，考えてみよう。

[   ]

4 荒野で水田開発するためには，だれによる，どのような作業が必要になりそうか，考えてみよう。

[   ]

STEP2の答え

[   ]

② 大田文にみる室町時代の荘園

○教科書p.86の資料④を読み取りながら，室町時代の荘園がどのような存在だったのか考えてみよう。

STEP1 ここにみられる税のあり方は，古代のあり方と比べてどのような違いがあるだろうか。

1 古代の税の集め方を，p.45，46を参考にまとめてみよう。

[   ]

2 資料④から，寺や武士たちはどこから収入を得ていることがわかるか。

[   ]

STEP1の答え

[   ]

STEP2 鎌倉時代に作成された帳簿が，室町時代も利用され続けた意味について考えてみよう。

・教科書p.78の本文と注❹によると，後三条天皇が国ごとに耕地の調査をおこなわせ，これが[A   ]の[B   ]の作成につながったとされている。とすると，資料④にみえる耕地調査のあり方は，[C   ]世紀後半にさかのぼることになる。そして，鎌倉時代の帳簿の数値をそのまま利用しているということは，[D   ]を賦課する基準が鎌倉時代と変わっていないことを意味している。

STEP2の答え

[   ]

Challenge 以上をふまえて，中世という時代についてあなたがたてた仮説を文章にしてみよう。

1 ## 鎌倉幕府の成立と朝廷(1)

教科書　p.88〜91

治承・寿永の内乱

● **反平氏政権の動き**

・1179年，**平清盛**が〔①　　　　　　　　〕を幽閉→〔②　　　　　　　　〕を即位させる

　→〔①〕と清盛の提携が破綻，反平氏政権の動きが活発化

・1180年，〔①〕の皇子〔③　　　　　　〕が〔④　　　　　　　　〕とはかり平氏打倒の兵をあげる

　→彼らはやぶれるが，〔③〕の挙兵をよびかける令旨は全国の武士にもたらされる

・南都の僧侶，伊豆の**源頼朝**，木曽の〔⑤　　　　　　〕らがあいつぎ挙兵

　→日本ではじめての全国的内乱＝〔⑥　　　　　　　　　　　〕の開始

　→清盛は都を摂津の〔⑦　　　　　　〕に移すが，ほどなくして都は京都に戻る

● **源頼朝の動向**

・1183年，〔⑤〕が京都を制圧→平氏は〔②〕とともに西国に落ちる

　→〔①〕は京都にとどまり，〔⑧　　　　　　　　〕をたてて政権を維持

・〔①〕は，〔⑤〕には西国の平氏を討つように，頼朝には上京するように命じる

　→〔⑤〕と頼朝が牽制しあうことで，政局の主導権をにぎることをめざした

・1184年，頼朝は弟の**範頼**・〔⑨　　　　　　〕を上京させ，〔⑤〕を討たせる

　→範頼・〔⑨〕は，一の谷の合戦・屋島の合戦・〔⑩　　　　　　　〕の戦いで平氏をやぶる

　→平氏滅亡

鎌倉幕府の創設

● **政治機構の整備**

・1180年，鎌倉を拠点とした頼朝のもとに，東国の武士団が次々に帰参

　→彼らを〔⑪　　　　　　〕に組織し，統率のため〔⑫　　　　　　〕をおく(別当：**和田義盛**)

・1183年，〔①〕は頼朝に対し，東国の荘園・公領の回復を命じ，東国支配の権限を広く認める

　→頼朝の軍事政権は，反乱軍組織から朝廷の政治秩序に組み込まれた組織に

・1184年，畿内をおさえた頼朝は，鎌倉に〔⑬　　　　　　　〕(のち**政所**)・〔⑭　　　　　　　〕を開設

　→〔⑬〕の別当**大江広元**には政務を，〔⑭〕の執事**三善康信**には裁判事務を担わせた

守護・地頭と御家人

● **守護の設置**

・1185年，平氏滅亡によって政治バランスが崩れたとみた〔①〕は，〔⑨〕に頼朝追討を命じる

　→この企ては失敗，頼朝は〔⑨〕追討のための**国地頭**設置を〔①〕に認めさせた

・国地頭廃止後，〔⑮　　　　　　〕が設置され，その国の〔⑪〕を指揮し，治安維持にあたった

　→〔⑯　　　　　　〕，謀叛人・殺害人の逮捕の〔⑰　　　　　　　　〕を仕事とした

● **地頭の設置と御家人制度の整備**

・東国で反乱軍をひきいた頼朝は，敵方武士の所領を没収して地頭(荘郷地頭)職として与える

　→本来武士の所領没収・安堵は朝廷の権限だが，1183年，朝廷は頼朝の行為を追認

・西国の戦いでは，朝廷は敵から奪った没官領を，頼朝が地頭職として与えることを認める

　→地頭制は反乱軍の軍事制度から，朝廷が公認するものに

・1189年，頼朝は〔⑨〕をかくまったことを口実に，奥州藤原氏を攻撃して滅亡させる

　→東国支配を安定させ，〔⑪〕との主従関係を強化し，〔⑪〕**制度**を国家的軍事制度とした

MEMO

Check ❶ ▶ p.88の地図**2**をみて，治承・寿永の内乱の経過を，p.89の年表**4**とあわせて読み取ってみよう。

Point ① ▶ 平氏追討において，朝廷はどのような役割を担ったのだろうか。次の文章の空欄に語句を入れながらまとめてみよう。

　平氏追討の動きのきっかけとなったのは，以仁王の〔A　　　　　〕が全国の武士にもたらされたことである。後白河法皇は源義仲に平氏追討を命じ，源頼朝に義仲牽制のための上洛をうながし，源義経には〔B　　　　　　〕を命じている。最後の企ては失敗したが，朝廷の意向は武士の動向に影響を与えていたといえよう。

Point ② ▶ なぜ頼朝は御家人たちの支持を得ることができたのだろうか。次の語句を用いてまとめてみよう。　【　反乱軍　　地頭　　朝廷　】

Check ❷ ▶ あなたは，鎌倉幕府の成立において，どの段階がとくに重要と考えるか。

1 鎌倉幕府の成立と朝廷(2)

教科書　p.91～93

朝廷と幕府

●幕府支配の深化

- 1185年，頼朝は頼朝追討を命じた後白河法皇の責任を追及し，反幕派の貴族を追放
  - →1190年にはじめて上洛して右近衛大将，1192年には[①　　　　　　　]に任じられる
- 頼朝は，東国御家人に先祖伝来の所領の支配を保障し，敵から没収した所領を新たに分け与える
  - →前者を[②　　　　　　]，後者を[③　　　　　　]といい，東国御家人をその地の地頭に任命
- 諸国に配置した守護には御家人を統括させ，ほかに京都守護・鎮西奉行・奥州総奉行をおいた
  - →朝廷・国家の守護にあたった頼朝は，鎌倉殿とよばれた
- 幕府の財政基盤は，朝廷から認められた公的なものとなる
  - →将軍の知行国(関東知行国・**関東御分国**)，平氏から奪った荘園([④　　　　　　])

●新たな朝廷の役割

- 勢力は削がれたが，朝廷は全国の統治権を保持し，公家新制を全国に発布
  - →国司を任命して国衙行政をおこない，幕府に属さない武士，両属の武士を編制
- 朝廷は西国をおもな基盤として全国を統治，幕府は全国の軍事・警察権と東国の行政権を保持
  - →朝廷と幕府は権限を複雑に分掌しながら協力，荘園領主と地頭も日常的には協力して統治

北条氏の台頭と承久の乱

●頼朝死後の幕府と北条氏の台頭

- 1199年，頼朝が急死→あとをついだ子[⑤　　　　]は将軍主導の政治をめざすも反発受ける
  - →[⑤]の母[⑥　　　　　　]や，[⑦　　　　　　]ら13人の有力御家人による政治に
- 1203年，[⑦]は[⑤]を廃し，弟[⑧　　　　　]を将軍にたて，政所別当に就任
  - →[⑦]の子**義時**は政所別当に加え，1213年に和田義盛を倒して侍所別当の地位を奪う
- 北条氏は民政(政所)・軍事(侍所)の二つの役職をあわせもつ→幕府の実権をにぎる
  - →このように獲得した地位＝[⑨　　　　　]，北条氏はこれを世襲

●後鳥羽上皇の院政

- **後鳥羽上皇**は文武に秀で，『新古今和歌集』の編纂や，武力の整備につとめた
  - →北面の武士に加え，新たに[⑩　　　　　　]を編制，御家人にもこれに加わる者がいた
- 1219年，後鳥羽上皇と協調関係にあった[⑧]が暗殺される→朝幕関係は不安定に
  - →源氏将軍が絶え，義時は頼朝の遠縁の**九条**(藤原)**頼経**を将軍にむかえる([⑪　　　　　　])

●承久の乱

- 1221年，幕府との協調をあきらめた後鳥羽上皇は，義時追討の宣旨をくだす
  - →西国の守護や御家人たちは応じるが，東国の武士は[⑥]のよびかけで幕府の下に結束
- 幕府軍は三手(東海・東山・北陸)に分かれ進撃，1か月余りで京都を占領([⑫　　　　　　])
  - →後鳥羽上皇は隠岐に配流，その他の上皇(土御門・順徳)も配流，仲恭天皇は廃された
  - →上皇方の貴族・武士の所領3000余か所が没収，新たに地頭が設置された(新補地頭)
- [⑫]後，**北条時房**・[⑬　　　　　]が京都にとどまり，[⑭　　　　　　　]となる
  - →京都の警備，朝廷の監視，西国御家人の統轄にあたる
- 幕府の西国支配が強化され，独自の軍事力を失った朝廷は幕府への依存を深める
  - →皇位継承や重要政務について，幕府の発言力が増大

Check ❶ なぜ源頼家は，北条時政をはじめとした御家人の支持を得られなかったのだろうか。次の文章の空欄に語句を入れながらまとめてみよう。

御家人のなかで大きな発言力をもったのは北条氏で，それは頼朝の妻[A　　　　　]が北条氏の出身であることが大きかった。頼家の妻の実家は[B　　　　　]で，これは北条氏のほかに力をもつ御家人があらわれる可能性を意味していた。そこで北条氏は，ほかの御家人と連携し，頼家を幽閉し，[B]を滅ぼした。

Check ❷ 後鳥羽上皇は幕府との関係をどのように考えていたのだろうか。次の語句を用いてまとめてみよう。　【　源実朝　　北条義時　　西面の武士　】

Check ❸ あなたは，p.91の史料「三代制符」を読んで，朝廷の公家新制をどのようなものと考えるか。

1 鎌倉幕府の成立と朝廷(3)

教科書 p.93～95

執権政治

● **執権政治の確立**

・1223年，北条義時は諸国の国衙に命じて［①　　　　　　　］を作成させる

※［①］：軍役などを賦課する基本台帳

・義時の子泰時は，執権になると新たに時房を［②　　　　　］に任命し，執権の補佐役とする

→政務に熟練した武士を選び［③　　　　　　　］とし，執権・［②］との合議による政治をおこなう

● **御成敗式目の制定**

・1232年，泰時は［③］とはかり，［④　　　　　　　　　　　］(**貞永式目**)51か条を制定

→頼朝以来の幕府政治の慣例を踏襲，公家法とは異なる武家独自の規定を条文とした

・［④］は，守護を通じて国々の地頭・御家人にも徹底される

→武家法の根本法典とされ，のちの室町幕府法や戦国大名の分国法にも影響を与える

得宗権力の確立

● **泰時死後の政治の動き**

・泰時の死後，北条［⑤　　　　　］と，将軍九条頼経が主導権をめぐって争う

※［⑤］：北条氏の嫡流のこと

・北条一門のなかでも［⑤］と名越氏，有力御家人の間でも安達氏と三浦氏が対立

・朝廷では，後嵯峨天皇と将軍頼経の父九条道家が皇位継承をめぐって対立

→九条道家・頼経父子を軸に，京都・鎌倉でさまざまな対立がおきる

・1246年，［⑤］の［⑥　　　　　　　　］は，九条頼経を追放し，名越氏を失脚させる(宮騒動)

・1247年，［⑥］は［⑦　　　　　　　］で三浦泰村を滅ぼす

→さらに，後嵯峨上皇と協力して京・鎌倉の九条家一門を排除(建長の政変)

・将軍九条頼嗣を追放し，後嵯峨上皇の皇子宗尊親王を将軍にむかえる(［⑧　　　　　　　　　］)

→北条［⑤］の勢力が強まり，重要な問題は評定にかわり［⑤］の私邸での寄合で決定される

● **北条時頼の政治**

・鎌倉幕府の将軍は，頼朝以来顕密仏教を保護・育成→高僧の多くが将軍側につく

→［⑥］は北条［⑤］の仏教として禅宗を選び，［⑨　　　　　　　　］をまねき建長寺を創建

・禅宗とのつながりで，幕府は日宋貿易に積極的に関与

→鎌倉では中国渡来の唐物が人気を博す

・禅宗は全国に広がり，御家人の氏寺も禅寺へと変化

→鎌倉では顕密仏教と禅宗は併置，これが室町幕府の顕密仏教と五山派の併置につながる

・1249年，［⑥］は裁判制度の充実をめざし，御家人の訴訟を扱う**引付**を設置

→引付には［③］から選ばれた頭人のもとに，［⑩　　　　　　　］を分属させた

MEMO

- -

- -

- -

MEMO

_____

_____

_____

_____

_____

_____

_____

_____

_____

_____

Point ①▶ 北条氏による執権政治は，どのような過程を経て確立したのだろうか。次の文章の空欄に語句を入れながらまとめてみよう。

　北条氏は，ライバルを没落させるとともに，将軍御所を移転させるなど，鎌倉の政治の一新をはかった。一族を[A　　　　　]として執権の補佐役にするとともに，有力な御家人を政治の合議に参加する[B　　　　　]として取り込んだ。また，[C　　　　　　]の制定でこれまでの幕府政治の慣例を明文化し，政治の安定をはかった。

Point ②▶ 北条氏は，どのようにして政治基盤を強化していったのだろうか。次の語句を用いてまとめてみよう。　【　九条氏　　宝治合戦　　皇族将軍　】

Check▶ p.94 の史料「式目制定の趣旨」から，御成敗式目制定における北条泰時の意図を読み取ってみよう。

Try 源氏将軍から摂家将軍，そして皇族将軍への移り変わりがどのように幕府政治と連動しているかをふまえ，北条氏の権力強化のうえでの画期を，あなたはどのように考えるか。

② 中世に生きる人々

教科書 p.96〜99

京と鎌倉

- 鎌倉時代，政治拠点は朝廷のある京と，幕府がおかれた鎌倉の二つに分裂
- 京は政治と宗教の機能を多く保持，荘園領主（公家・寺社）も多く経済的地位も高かった
- 鎌倉は行政や宗教を担う人材が不足，京から公家や僧侶がまねかれた
  - →京と鎌倉の交通が活性化，政治・社会・経済が進展

中世社会の身分

- 中世社会の身分：公家（貴族），〔①　　　〕（武士），〔②　　　　〕，奴婢，下人，非人の5つ
- 公家は荘園公領制を経済基盤とし，家職をもとに朝廷に奉仕
- 武士は軍事を職能とし，**犬追物・笠懸・流鏑馬**（〔③　　　　　〕），**巻狩**などで鍛錬
  - →多くは御家人だが幕府に属さない非御家人も存在，公家と武士のみ朝廷から官位を授与
- 武士は開発領主として，〔④　　　〕を領内の重要な拠点にかまえ，直営地をもっていた
  - →荘園の支配を地頭，下司・公文としておこなう
  - →給田からの〔⑤　　　〕・**公事**を自分の収入に
- 武士の一族は〔⑥　　　〕が**庶子**に領内の村々を分け与える＝〔⑦　　　　〕相続
  - →一族のまとまりを一門・一家とよび，〔⑥〕に従い幕府への〔⑧　　　　〕にはげむ
  - →〔⑥〕を中心とした一族結合＝〔⑥〕**制**，幕府もこれをもとに支配体制を構築
- 百姓は農民のみならず，商人・漁民や手工業者を含み，有力な農民は**名田**の管理を任される
  - →彼らは〔⑨　　　　〕として，〔⑤〕・公事を負担，小百姓は作人として零細な土地を耕作
- 奴婢・下人は主人に隷属した非自由民，非人（さまざまな職能を担う）は都市の被差別民

諸産業の発達

- 牛馬耕の広がり，肥料として**刈敷・草木灰**の使用，**二毛作**の広がり
  - →桑・苧・荏胡麻・藍・楮・漆などの栽培・加工がおこなわれる
  - →荘園の〔⑤〕・公事としておさめられる
- 手工業の分野でも，農村向けの日用品を生産・販売する者が出現
  - →これらの物資の交換・売買のため〔⑩　　　　〕がひらかれ，米・布・魚などが取引される
- 京都・奈良などの商人が，朝廷や有力寺社に属し〔⑪　　　〕を結ぶ
  - →さまざまな独占権を認められた
- 交通路も整備され，京と鎌倉は東海道で，西国は瀬戸内海経由で，それぞれ結ばれた
  - →**問丸**は港湾での〔⑤〕の輸送・保管だけでなく，販売もおこなうように
- 荘園経営・〔⑤〕管理をおこなう者のなかに，〔⑤〕を運用して金融を営む〔⑫　　　　〕が出現
- 貨幣の鋳造はおこなわれず
  - →取引には**宋銭**も多く用いられ，年貢も銭でおさめる**代銭納**が増加
  - →遠隔地との取引では，銭の輸送を手形で代用する〔⑬　　　　〕の手段も登場した

地頭の荘園侵略

●地頭と荘園領主の対立

- 承久の乱後，荘園をめぐる紛争が増加，地頭のなかには経営に干渉し〔⑤〕を横領する者も出現
- 荘園領主は経営に練達した**預所・雑掌**を現地に派遣し，荘園の維持をはかる
  - →双方の対立は，百姓に対する双方の収奪の強化をうむ→百姓は年貢減免などを要求

● **紛争の解決**

・荘園領主と地頭の紛争の解決には，大きく分けて二つの方法が存在
　→荘園管理を地頭に委ねる〔⑭　　　　　〕や，領域を折半する〔⑮　　　　　　〕が実施
　→地頭・御家人がいない本所一円地と，地頭・御家人の所領の武家地に区分される

MEMO

Point ①▶ 武士の暮らしとは，どのようなものだったのだろうか。次の文章の空欄に語句を入れながらまとめてみよう。

　武士は，武芸の鍛錬のため〔A　　　　　　〕をたしなみ，巻狩などをおこなう一方で，みずからの所領のなかでは田畠の直営地をもち，荘園領主からも〔B　　　　　　〕の一部を与えられてその荘園支配に協力していた。

Point ②▶ 荘園領主と地頭との対立はなぜおこり，どのように解決されていたのだろうか。次の語句を用いてまとめてみよう。　【　預所　　地頭請　　下地中分　】

〔
　
　
　
〕

Check▶ p.98の図版■をみて，定期市ではどのようなものが売られているのか，読み取ってみよう。

〔
　
〕

Try 荘園が現地のさまざまな人々にとって，どのような存在であったのか，100字程度で記述してみよう。

〔
　
　
〕

3　蒙古襲来と幕府の衰退

教科書　p.100～102

蒙古襲来

●**13世紀の東アジア**

・モンゴルの遊牧民を統一したチンギス＝ハンは，中央アジアから西アジアを征服

　　→後継者たちは，1234年に〔①　　　　〕を滅ぼし，東ヨーロッパに侵入→広大な帝国をつくる

・〔②　　　　　　　　〕は，国号を〔③　　　　　〕と改め，高麗・チベットなど東アジア全域に侵攻

　　→抵抗が発生　高麗…三別抄の反乱　ベトナム…〔③〕の3度の侵攻を退ける

・〔③〕は南宋攻略の一環で日本にも朝貢を求める→執権〔④　　　　　　　〕ら幕府は拒否

●**蒙古襲来**

・1274年，〔⑤　　　　　　　　〕：〔③〕・高麗軍は対馬・壱岐を占領，博多湾をおそう

　　→幕府は苦戦の末撃退，再度の襲来に備え石塁（石築地）が築かれ，**異国警固番役**が定められる

・〔⑥　　　　　　　　〕：南宋を滅ぼした〔③〕は，1281年にふたたび襲来

　　→上陸をはばまれ暴風雨におそわれた〔③〕軍は撤退

　　※2度の侵攻をあわせて蒙古襲来（〔⑦　　　　　〕）という

・この軍事的危機で，幕府は御家人だけでなく，本所一円地の武士の動員を朝廷に認められる

・2度の勝利で，日本は神に守られているという神国思想がさかんに→神々に恩賞が与えられた

得宗の専制

●**得宗権力の強化**

・軍事的緊張が続くなか，〔④〕の死後，得宗貞時の外祖父，安達泰盛が政治の主導権をにぎる

　　→本所一円地の武士の御家人化，神社領の保護などの改革をすすめようとした

・**得宗家**（北条氏の嫡流）の家来（〔⑧　　　　　　〕）の代表で**内管領**の平頼綱が泰盛の政治に反発

　　→1285年，〔⑨　　　　　　　〕：頼綱らは，泰盛らを襲撃して安達氏を滅ぼす

　　→以後，内管領が幕政を主導

・1293年，〔⑩　　　　　　　〕設置→北条氏一族が派遣される

　　→全国各地の守護や地頭の地位は，ことあるごとに得宗一門にかえられていく

●**御家人の困窮と不満**

・諸職の得宗への集中，異国警固番役の負担増，十分な恩賞がないことで，御家人の不満は増大

・分割相続による所領の細分化，貨幣経済の進展による借財の増加で，所領を失う御家人も出現

　　→惣領の〔⑪　　　　　〕**相続**に切りかえられ，庶子は家臣として従属し，惣領制が崩れる

　　　女子への所領分割も一期分という一代限りの譲与が多くなる

・1297年，〔⑫　　　　　　　　〕：幕府は御家人の窮乏を救うため，徳政令を発布

　　→御家人の所領の売却・質入れは禁止され，すでに売却した所領は取り戻させた

　　→御家人は金融の道をとざされ，御家人救済という幕府の意図は実現せず

・さまざまな不満をもつ武士が増加，集団で反体制的，反社会的な動きをみせる者が出現

　　→彼らは幕府や荘園領主から支配に反抗する者として〔⑬　　　　　〕とよばれた

Point①▶ 蒙古襲来にあたって，どのような対応策がとられたのだろうか。次の文章の空欄に語句を入れながらまとめてみよう。

幕府は，文永の役の際には九州に所領をもつ御家人のみで対応しようとしたが，その後石塁を築き，〔A　　　　　　　　　〕で九州の御家人を警備にあたらせ，さらに〔B　　　　　　　　〕の武士まで動員する権限を朝廷から得た。

Point②▶ 蒙古襲来後，幕府政治と御家人の暮らしはどのように変わったのだろうか。次の語句を用いてまとめてみよう。　【　単独相続　　貨幣経済　　永仁の徳政令　】

[
]

Try 力をつけていく北条得宗家と，困窮していく御家人の分岐点はどこにあり，その要因は何なのか，120字程度で記述してみよう。

[
]

4　鎌倉文化(1)

教科書　p.103～106

鎌倉仏教の特徴

・鎌倉時代には仏教が文化の中心となり，政治・経済・社会など多様な分野に影響を及ぼす
　　→内乱の反省から革新運動がおき，武士が新たな担い手となって大陸の文化がもたらされる

鎌倉仏教

●顕密仏教

・中世の仏教界の中心は顕密仏教，生産活動が自然に依存していたため，豊作祈願が求められた
　　→平和と繁栄(鎮護国家・五穀豊穣)は民衆にも必要なため，その祈りは荘園村落にも定着
・顕密仏教と，天皇家の神祇，和歌・儒教・芸能や医学などの諸学問との融合がすすむ
　　→寺院は総合大学のようになり，技術や知識の発展を吸収して，中世的な宗教に変貌
　　→既存の八宗のみが仏法と主張，朝廷もそれを認め，戦国時代まで仏教界の中枢に君臨
・幕府・朝廷は内乱からの復興の象徴として東大寺の再建を重視，〔①　　　　　　〕が責任者となる
　　→**大仏様**(天竺様)の技法により再建，〔②　　　　　〕・**湛慶**，〔③　　　　　〕ら奈良仏師も協力

●仏教革新の動き

・内乱を止められなかった反省から，穏健派と急進派の立場から仏教革新の運動がおきる
　　→穏健派は戒律の興隆をはかり，急進派は仏教の教えを根本的に問いなおそうとした

●穏健派の革新　※戒律を重んじるこれらの僧侶：**禅律僧**とよばれる

・穏健派の人々は，祈りの効果がなかったのは，戒律の乱れに原因があると考えた
・**貞慶**(解脱)・〔④　　　　　〕(高弁)：法相宗・華厳宗を革新しつつ，戒律の尊重を唱える
・**俊芿**：新たな戒律を中国から伝えて泉涌寺をひらく
・〔⑤　　　　　〕(思円)・〔⑥　　　　　〕(良観)
　　：新たな戒律と真言密教をかかげ，非人や病人の救済につとめる
・宋から伝わった〔⑦　　　　〕は，きびしい戒律と坐禅により悟りをめざす→朝廷は弾圧
・〔⑧　　　　〕：禅での護国を説き幕府の庇護下で建仁寺を創建，〔⑨　　　　　　〕の祖とされる
・北条時頼は〔⑦〕を保護して建長寺を，子の時宗は〔⑩　　　　　　〕をまねき円覚寺を建立

●急進派の革新

・急進派の人々は，一つの道(念仏・題目・坐禅)によってのみ，救われると説く
・〔⑪　　　　〕：**念仏**を唱えることだけが極楽往生への道と説き，〔⑫　　　　　　〕の祖とされる
・〔⑬　　　　〕：阿弥陀仏への他力信心が本当の仏法と説き，〔⑭　　　　　　〕の祖とされる
　　→**悪人正機説**(悪人正因説)：すべての人間は平等に悪人で，その自覚が救済につながるという説
・〔⑮　　　　〕：救済に信心の有無は関係ないと説き，**踊念仏**により教えを広める(〔⑯　　　　　〕)
・〔⑰　　　　〕：法華経のみが正しく，**題目**を唱えることで救われると説く(〔⑰〕**宗**)
　　→法華経を純粋に信仰しなければ国難をまねくと幕府に警告，蒙古襲来を予言
・〔⑱　　　　〕：**坐禅**こそが仏法と説き，禅僧だが権力に近づかず坐禅に徹した(〔⑲　　　　　〕)
・仏教と朝廷の関係をみなおし，仏教の教えを純粋化して社会や国家と仏教のありようを批判
　　→朝廷・幕府・顕密仏教から弾圧を受ける者(〔⑪〕・〔⑬〕・〔⑰〕・〔⑱〕)がでた

●宗派としての成立

・革新運動の諸潮流のうち，戦国時代から江戸初期に独立の宗派として公認されるものが出現
　　→〔⑫〕・〔⑭〕・〔⑯〕・〔⑰〕**宗**・〔⑨〕・〔⑲〕がこれにあたる(**鎌倉新仏教**)

MEMO

Point ▶ なぜ仏教革新運動はおこったのだろうか。次の文章の空欄に語句を入れながらまとめて
みよう。

　　［A　　　　　　　　　　］などの際に，仏教がはたすべき役割である［B　　　　　　　］をはたせな
かった衝撃と反省から，［C　　　　］たちによる仏教革新運動がおこった。

Check ❶ 仏教革新の動きのうち，穏健派は何をめざし，どのような活動をしたのだろうか。次の
語句を用いてまとめてみよう。　【　戒律　　幕府　　社会事業　】

[

　　　]

Check ❷ p.105の図版5・6や本文を参照して，急進派が人々に受け入れられるためにおこなっ
た工夫を考えてみよう。

[

4 鎌倉文化(2)

教科書 p.106～107

学問と文芸

● さまざまな文学

- 鴨長明の『[①   ]』，兼好法師の『[②   ]』は世の無常を説く
- 慈円の『[③   ]』は，武家政権の出現の歴史から，幕府との協調を訴える
- 武士の活躍が[④   ]にいきいきと描きだされる
  - →琵琶法師が語る『[⑤   ]』は平氏の興亡を描く
  - →文字の読めない人々にも親しまれる
- 仏教的な道徳を説く説話集：『[⑥   ]』『古今著聞集』『沙石集』など
- 紀行文：訴訟のために鎌倉におもむいた阿仏尼の『[⑦   ]』
- 後鳥羽上皇の命による和歌集『[⑧   ]』
  - ：編者藤原定家を得て技巧に富んだ観念の美を創造
  - →その影響下，源実朝は『[⑨   ]』を，西行は『[⑩   ]』を編む

● 日本古典への関心

- 伊勢外宮の度会家行は，神本仏迹説を唱えて[⑪   ]を大成
- 『古事記』『日本書紀』の神話と仏教の共通点をさぐる学問(中世日本紀)がさかんに
- 朝廷儀礼の[⑫   ]では，順徳天皇の『禁秘抄』があらわされる

● 学問への関心

- 北条時頼は『貞観政要』を書写させ，北条実時は[⑬   ]に和漢の書籍を集めた
  - →幕府の歴史は『[⑭   ]』にまとめられる
- 宋学(朱子学)の大義名分論→後醍醐天皇らの倒幕運動に影響

美術と建築

● 建築

- 鎌倉初期：大仏様→中期：[⑮   ](唐様)が伝えられ，整然とした美しさをあらわす
  - →これまでの和様建築に，大仏様や[⑮]の技法を取り入れた折衷様(新和様)もうまれる

● 美術

- 藤原隆信・信実父子が写実的な[⑯   ]を描き，高僧の肖像画の頂相も描かれる
- 絵巻物：『[⑰   ]』などの僧侶の伝記，寺社の縁起，武士の合戦などが描かれる
- 書道：尊円が[⑱   ]をひらく→後世の御家流のもとに
- 陶器生産：尾張の[⑲   ]，備前の備前焼など→大陸の製陶技術を学んで発展
- 武具(刀剣)製作の名工：京都の粟田口吉光，鎌倉の岡崎正宗，備前の長船長光ら

Point ▶ 武士は，文化にどのようにかかわっていったのだろうか。次の文章の空欄に入る語句を入れながらまとめてみよう。

　仏教では，北条氏が将軍への対抗上[A　　　　　]の保護にふみ込み，中国の文化にも関心をもって，北条時頼が『[B　　　　　　]』を書写させた。また，北条実時が和漢の書籍を集めた[C　　　　　　]をつくるなど，文化の担い手として活動するようになった。

Try 鎌倉文化は，どのような政治背景のもとに形成されてきたのだろうか。具体例をあげながら，170字程度で説明してみよう。

CTIVE③ 在俗出家と中世社会

歴史を資料から考える

教科書　p.108〜109

1

絵画に描かれた在俗出家

○教科書p.108の資料①〜③をみながら，権力者の在俗出家について考えてみよう。

(1)教科書p.79から，法皇が政治をおこなう院政の基本事項を確かめよう。

　天皇が譲位したあとに出家することは，院政期以前にも〔①　　　　　〕・花山法皇のような事例があったが，世俗の権力は手放していた。しかし，院政をはじめた〔②　　　　〕上皇は，政治の実権を保持したまま出家し，仏教の振興によって〔③　　　　　〕を克服し，〔④　　　　　　〕と五穀豊穣を実現しようとした。そして，寺院を建立したり，熊野・高野詣をさかんにおこなったりした結果，法皇は仏の化身とされ，その権力は〔⑤　　　　　〕から授けられたとされた。〔②〕のあと，〔⑥　　　　〕・後白河上皇も出家して法皇となり院政をおこなった。

(2)教科書p.108の資料①〜③から，在俗出家について具体的に読み取ろう。

STEP 1　教科書に載っている，政治的な権力をもった人物の肖像画の中で，僧の姿や，法服を着用している人物をさがしてみよう。

```
STEP1の答え


```

STEP 2　権力者が僧となることには，どのようなメリットがあるだろうか。

1　白河・鳥羽・後白河の3上皇は，院政をおこなったが，院政とはどのような政治だったのだろうか。院政の成立をふりかえって考えよう。

〔　　　　　　　　　　　　　　　　　　　　　　　　　　　　　　　　　　　　　　〕

2　北条高時のほかに，高時の曾祖父北条時頼も僧として描かれた絵画がある。彼らがおこなっていた政治は，どのような政治だったのか。得宗権力の確立をふりかえって考えよう。

〔　　　　　　　　　　　　　　　　　　　　　　　　　　　　　　　　　　　　　　〕

```
STEP2の答え



```

2

村における在俗出家

○教科書p.109の資料④・⑤を読み取りながら，村における在俗出家について考えてみよう。

STEP 1　p.105に，出家した姿で描かれた女性がいます。さがしてみよう。そのうえで，該当する部分に○をつけてみよう。

STEP2 僧名を名のる村人達の割合は，なぜ14世紀前半と15世紀後半に増加しているのだろうか。

1　村人はなぜ在俗出家をしたのだろうか。

[   ]

2　14世紀前半，15世紀後半は，どんな時代だっただろうか。

[   ]

STEP2の答え

3

奥州藤原氏の肖像画

○教科書p.109の資料⑥を読み取りながら，在俗出家の地方への伝わりについて考えてみよう。

STEP1　秀衡が生きた時代(1122?～87)，仏教の世界ではどのような考えが広まっていったのか，院政期の文化をふりかえって考えよう。

STEP1の答え

STEP2　なぜ秀衡は在俗出家したのだろうか。平泉の文化とのかかわりで，想像してみよう。

・平泉の文化の特色をp.81から考えてみよう。

[   ]

STEP2の答え

Try　① 在俗出家というあり方から，中世の人々の仏教観を想像し，前後の時代の仏教観との違いをみつけよう。その際，権力者にとって，民衆にとって，などいろいろな場合に分けてみよう。

② 在俗出家のあり方と中世のほかの特徴との共通点について，考えてみよう。
※以下のキーワードをいくつか組み合わせて論理を組み立てるとよい
キーワード：鎮護国家　国分寺・国分尼寺　私度僧(p.49～51)／顕密仏教　修験道　神仏習合(p.59)／末法思想　浄土教　女人結界(p.69～70)／荘園　不輸・不入の権(p.77)／国人一揆　年貢の減免(p.113)／惣村　一揆　下剋上(p.122～125)／紫衣事件　寺院法度宗門改(p.166)

1　南北朝の動乱

教科書　p.110～113

鎌倉幕府の滅亡

●幕府・朝廷内の対立

- 後嵯峨上皇の死後，天皇家は[①　　　　　　　]・[②　　　　　　　]に分裂
  - →皇位継承問題が発生
  - →1317年，幕府は**両統迭立**による解決を提案，翌年[②]の[③　　　　　　　]が即位
- 幕府内では，内管領長崎高資の権勢に対し，御家人や得宗**北条高時**が不満を強め，対立が深まる
  - →[③]は，[①]への対抗も背景に倒幕の計画をすすめるが失敗，隠岐に流された

●幕府の滅亡

- [①]の光厳天皇が幕府に擁立されたが，畿内近国を中心に倒幕の機運が高まる
  - →[③]は隠岐を脱出，**足利高氏**(のち**尊氏**)らの大軍を派遣して幕府は内乱鎮圧をめざす
  - →高氏が反旗をひるがえし六波羅探題を攻め落とし，[④　　　　　　]が鎌倉を攻める
  - →1333年，幕府は滅亡

建武政権

●建武政権の政治

- [③]は光厳天皇を廃し，院政や摂関政治を否定して天皇親政の体制をととのえる
  - →1334年，年号を建武と改め，[⑤　　　　　　　]がはじまる
- 建武政権は，[⑥　　　　　　]・[⑦　　　　　　　]・[⑧　　　　　]・**恩賞方**などを設置
  - →諸国には**国司・守護**を併置，東北・関東には，[⑨　　　　　　　]・**鎌倉将軍府**を設置

●政権への不満

- 一貫性を欠いた天皇の綸旨による所領安堵や，大内裏の造営計画→武士の不満が増大
  - →混乱に乗じて年貢・公事の増徴をおこなう武士が出現，農民の反発も新政権に向かう
- 1335年，[⑩　　　　　　　]：北条高時の子時行が反乱をおこして鎌倉を占拠
  - →足利尊氏がこれを鎮圧，そのまま反旗をひるがえす→1336年に京都を制圧，建武政権は崩壊
- 尊氏は[①]の光明天皇を擁立，[⑪　　　　　　]を制定して幕府再興の方針を示す
  - →[③]は吉野にのがれ，京都の朝廷(**北朝**)と吉野の朝廷(**南朝**)が争うように

南北朝の動乱

- [③]は各地に皇子を派遣するも，南朝方の武将があいついで戦死，[③]も1339年に死去
  - →関東では**北畠親房**が，九州では懐良親王が抗戦を続けたが，南朝の形勢は不利
- 1338年，足利尊氏は**征夷大将軍**となり[⑫　　　　　　]をひらく→弟直義と二頭政治
  - →尊氏派と直義派が対立し幕府を二分，南朝をまき込んでの内乱に(**観応の擾乱**)

守護大名の成長

●動乱と守護・国人

- 動乱のなか，守護は従来の大犯三カ条のみならず，さまざまな権限を加えていく
  - →地方の武士も血縁より地縁で結びつき，彼らは[⑬　　　　　]とよばれ，[⑬]**一揆**を形成
  - →農民の年貢減免要求に対し，守護や[⑬]は結集して対応，[⑬]の守護被官化がすすむ

・幕府は足利一門の武士(細川・斯波・畠山など)を諸国の守護に配置して地方政治の要とする

・1352年，近江・美濃・尾張に［⑭　　　　　　］を発布：荘園の年貢の半分を兵粮に

　→半分は荘園領主に保障，兵粮分を守護が［⑬］に与えることで，地方の秩序の安定をめざす

・守護の力が強まると，荘園領主は年貢徴収を守護に請け負わせる（［⑮　　　　　　］）

・守護は**一国平均役(段銭)**の徴収も請け負い，**棟別銭・夫役**の賦課もおこなうように

　→領国の支配を強化した守護は，［⑯　　　　　　　］へと成長

MEMO

Point ①▶ 人々の期待を集めた建武政権は，どのような過程を経て崩壊していったのだろうか。次の文章の空欄に語句を入れながらまとめてみよう。

　［A　　　　　　　　］のような有力御家人や，畿内近国の悪党，また農民など，さまざまな人々は，鎌倉幕府への反発から建武政権に期待をしていた。しかし，［B　　　　　　　］は，みずからが発布する［C　　　　　］による所領安堵にこだわったり，大内裏を造営しようとしたりするなど，彼らの期待に応えるような政治をおこなうことができなかった。そこで，［A］に期待が集まるようになり，建武政権は崩壊していったのである。

Point ②▶ 南北朝の動乱のなかで，守護はどのようにして権限を拡大していったのだろうか。次の語句を用いてまとめてみよう。　【　大犯三カ条　　半済令　　一国平均役　】

[

]

Try 鎌倉時代の将軍と武士の関係と，室町時代の将軍と武士の関係を比較したうえで，その関係が変化した理由は何か，考えてみよう。

[

]

2 室町幕府の政治と外交(1)

教科書　p.114〜116

政治拠点の統合

・南北朝の動乱：3代将軍[①　　　　　]のときに終息，政治拠点が京に一元化

　→京は公家・武家・寺社が共存する首都として再生，新たな政治・経済・文化の中心に

・14世紀後半の王朝交替　中国：元→明　朝鮮半島：高麗→朝鮮

　→日本も含めて，東アジア全体の転換期だった

内乱の終息

●足利義満の活動

・九州は南朝方の征西将軍懐良親王の制圧下にあった

　→九州探題今川貞世(了俊)が1372年大宰府を制圧，北朝の勢力下に入る

・1378年，[①]は京都の室町に[②　　　　　]といわれる邸宅をかまえ，政治の中心とした

　→以後室町殿と称された，室町幕府の名前はこれに由来，四季の草花や名木で飾られていた

・[①]は，美濃の土岐康行など有力な守護大名に攻勢をかけるなど，権力の強化をはかる

　→1391年，[③　　　　　]：山陰の**山名氏清**を討つ

　→1399年，[④　　　　　]：周防の**大内義弘**を討つ

・山名氏清は南朝と結ぶ動きをみせたため[①]は内乱の再拡大を懸念

　→1392年，南朝から北朝に譲位する形で南北朝の合体を実現

　→1394年，延暦寺と融和し，将軍職を子の[⑤　　　　]にゆずり事実上公武の両権をにぎる

●秩序の安定

・[①]は武家地・本所一円地の区分や半済をふまえ，公家や寺社に荘園の所有を保障した

　→幕府・守護などの勢力に依存する形で再編された所領支配の秩序を，室町期荘園制という

室町幕府の組織と財政

●幕府の職制

・[①]の御所のまわりには諸国の守護が屋敷をかまえ，京都には多くの守護が在京した

　→[⑥　　　　　]：守護が幕府の政務を分担し，領国支配は守護代に任せるあり方

・室町幕府の機構は鎌倉幕府のものにならったが，執権・連署のかわりに[⑦　　　　]を設置

　→足利一門の有力守護，[⑧　　　]氏・斯波氏・[⑨　　　]氏らがその職につく

・[⑦]のもとには政所がおかれ財政を管掌，**侍所**は検非違使にかわり京都の市中警察権をにぎる

　→侍所の長官(所司)の多くが赤松・一色・山名・京極の4氏から選ばれる，[⑦]につぐ重職

・地方組織としては，鎌倉に[⑩　　　　]がおかれ，基氏の子孫が[⑪　　　　　]となる

　→[⑪]は，のちに半独立のかまえをみせる，ほかに九州探題・奥州探題・羽州探題がおかれる

●幕府の財政

・幕府初期は，直轄領である[⑫　　　　]からの収入，守護からの進上金(守護役)が中心

・[①]のころには日明貿易の利益も収入となった

・[⑤]以降は[⑬　　　]・酒屋に[⑬]・**酒屋役**を課す

　→京都の出入り口に設けた関所からの[⑭　　　　]，臨時税の[⑮　　　　]・**棟別銭**も課税

MEMO

Point ①▶ 南北朝の動乱は，どのようにして終息したのだろうか。次の文章の空欄に語句を入れながらまとめてみよう。

　室町幕府と北朝は，軍事的には優位にたっていたが，有力守護が反乱をおこすたびに南朝と結びつくという状況がおきていた。山名氏清がおこした[A　　　　　　　]はそのような事例であった。そこで足利義満は，南朝の[B　　　　　　　]が北朝の[C　　　　　　　]に譲位するという形で南北朝の合体をおこない，有力守護の反乱を減少させようとした。

Point ②▶ 室町幕府の組織と財政は，鎌倉幕府と比べてどのように変化したのだろうか。次の語句を用いてまとめてみよう。　【　侍所　　京都　　土倉・酒屋役　】

Check▶ これまでの学習をふまえ，荘園と武士の関係がどのように変化してきたか，まとめてみよう。

② 室町幕府の政治と外交(2)

教科書　p.116〜118

東アジアとの交易

● 前期倭寇

・蒙古襲来による中断後，中国・朝鮮との往来が再開，僧侶や商人が往き来した

　→鎌倉幕府と同様，室町幕府も元に船団を派遣，北九州や瀬戸内の住民も交易に従事

・南北朝の動乱が激しくなると，壱岐・対馬・松浦の人々のなかに**倭寇**とよばれる人々が出現

　→武装して朝鮮半島や中国沿岸部をおそい，人や物を奪った（[① 　　　　　　]）

● 日明貿易

・1368年，朱元璋が元を追いやり漢民族の王朝[② 　　]を建国，周辺国に朝貢を求める

　→日本に朝貢と倭寇の取り締まりを要求，[②]の海禁政策によって新たな対応が必要になる

・1401年，足利義満は国交を求めて側近の祖阿・博多の商人肥富を派遣

　→日本の統一を[②]に伝える→[②]は義満を日本国王と認める

　→1404年，朝貢と返礼の品の交換がはじまって日明貿易が開始される

・貿易船は，[②]皇帝が発行した[③ 　　　　]をたずさえる[③]**貿易**の形式

　→日本は銅・硫黄・金・刀剣など，明は大量の銅銭（[④ 　　　　　　]など）・生糸などを輸出

・中国からの銅銭は，幕府の財源となり，日本国内に広く流通

　→貨幣が鋳造されなかった中世社会で，通貨としての役割をはたし経済的繁栄のもとになった

・日明貿易は4代将軍義持のときに中止，6代将軍[⑤ 　　　　]のときに再開される

　→[②]の内政の悪化により，[②]からの返礼品の規模は縮小

● 後期倭寇

・再開後の貿易は，博多商人と結ぶ大内氏・堺商人と結ぶ細川氏に経営が委託された

　→幕府が衰退すると両者が貿易の主導権をめぐって激しく争うように

・1523年，[⑥ 　　　　]**の乱**：[⑥]で大内氏・細川氏双方の船団が衝突

　→大内氏が主導権をにぎったが，大内氏の滅亡後はふたたび倭寇（**後期倭寇**）の活動が活発化

朝鮮王朝の成立

・1392年，倭寇の制圧で名声を得た**李成桂**が，[⑦ 　　　　]を建国

　→[⑦]は日本に倭寇の取り締まりを要求，義満がこれに応じ日朝の国交がひらかれ，貿易開始

・日朝貿易には，西国の守護や国人，博多の商人が参加

　→[⑦]は対馬の[⑧ 　　　　]を通じて貿易の統制をはかる→[⑦]からは**木綿**などを輸入

・1419年，[⑨ 　　　　　　]：[⑦]軍は倭寇の本拠地の対馬を襲撃したが，貿易は再開

　→1510年，[⑩ 　　　　　]がおこると，日朝貿易は衰退へと向かう

琉球王国の統一

・12世紀に按司とよばれる地方豪族が，琉球の各地にグスクをつくって割拠する

　→14世紀に中山・山南・山北の三山が分立抗争，[②]の冊封を受けて朝貢貿易をおこなう

　→1429年，中山王[⑪ 　　　　　]によって三山が統一され，**琉球王国**が建国される

・[②]の海禁政策

　→海外に出られない中国商人にかわり，琉球が東アジア全域で貿易活動をおこなう

北方の交易

- 津軽の安藤氏の十三湊は，14世紀には北方地域と畿内を結ぶ日本海交易の重要拠点に
  - → 本州から渡島半島に移住した和人は，安藤氏のもとでアイヌとさかんに交易する
- 和人の有力者[⑫　　　　]が貿易の利益を独占→アイヌは[⑬　　　　　　　　]を中心に蜂起
  - → 上ノ国の[⑫]，蠣崎氏に鎮圧され，蠣崎氏は安藤氏にかわって道南和人居住地の支配者となる

MEMO

Point ①▶ 明の動静と室町幕府の外交政策には，どのような関係があるのだろうか。次の文章の空欄に語句を入れながらまとめてみよう。

　明が建国され，周辺諸国に[A　　　　]を求めると，義満はこれに応じて日明間の貿易をはじめた。明が[B　　　　　]をとったため，幕府はこうした[A]貿易の形式を採用したのである。明の内政が悪化したのちは，貿易は博多商人と結ぶ[C　　　　]と，堺商人と結ぶ細川氏に委託された。

Point ②▶ 琉球王国と日本の北方では，どのような交易がおこなわれていたのだろうか。次の語句を用いてまとめてみよう。　【　中継貿易　　東南アジア　　十三湊　】

Try 室町幕府を安定させた要素のなかで，あなたが最も重要と考えるものは何か，理由も含めて考えてみよう。

3　室町社会の展開と応仁の乱（1）

教科書　p.120〜123

産業の発達

●農業技術の発展

・稲の品種改良がすすみ，早稲・中稲・晩稲の別がうまれる

　　→ある程度の気候不順に対応できるようになる

　　→〔①　　　　　　　〕という多収穫の輸入品種が普及し，安定した農業経営がおこなわれるように

・鍬・鎌・鋤などの鉄製農具や牛馬耕が普及，肥料としての刈敷・〔②　　　　　　〕・草木灰の使用

・灌漑・排水の技術改良で乾田化もすすみ，揚水用の水車・竜骨車も使用された

・関東地方にも二毛作が広まり，〔③　　　　　　　〕がおこなわれる地域も出現

　　→経営の集約化と多角化がすすみ，惣村成立の経済的な前提に

●さまざまな産物

・桑・苧・麻・荏胡麻・藍・楮などの原料作物と加工品の生産も発展

　　→各地の特産品として美濃などの絹，越前などの和紙，越後の麻，大和の油などが生産される

・塩田は，人力で海水を砂上にまいて製塩する揚浜が，鎌倉時代から瀬戸内で増加する

・酒造業は京都のみならず，摂津・河内・大和で発達，製陶業は美濃・尾張・備前などでさかんに

商業の発達

●独占的な商売と市の発達

・祇園社の綿，北野社の酒麹などの商品販売が，寺社の保護を受けた座商人によってすすむ

・大山崎離宮八幡宮の神人は荏胡麻・油の，石清水八幡宮の神人は練貫の，独占的な販売を実施

・地方でも市日が増え，月に6回ひらかれる〔④　　　　　　　〕がみられ，活発な商取引をおこなう

●交通の発達

・瀬戸内海と琵琶湖の水上交通が栄え，西海・北陸からの物資が京都や奈良に運び込まれる

　　→淀や敦賀・大津・坂本などには〔⑤　　　　　　〕・**車借**などがおり，陸上交通を担う

・淀では瀬戸内産の塩が取引され，専業の〔⑥　　　　〕も早くからみられた

　　→港には〔⑦　　　　　〕が出入りし，〔⑥〕が中継問屋の役割をはたす

・京都近郊では，〔⑧　　　　　　〕・〔⑨　　　　　　〕が，各地では〔⑩　　　　　　　〕・振売が活躍

　　→都市では〔⑪　　　　　　〕をかまえる常設の店舗もみられるようになった

・交通の発達，物資のさかんな運搬により，港や**関所**からの津料・関銭などの関税収入が増加

　　→遠隔地取引では為替の使用が一般化，京都・奈良には**土倉・酒屋**などの金融業者が目立つ

惣村の発展

●惣村の成立

・農業の集約化などを背景に，小百姓が荘園の集まりに参加，百姓がまとまった行動をとるように

・〔⑫　　　　　　〕を中心に〔⑬　　　　　　〕をもち，指導者として**乙名・年寄・沙汰人**などを選ぶ

　　→このような自治的な村落を，〔⑭　　　〕（**惣村**）という

・惣村の百姓は，〔⑮　　　　　　〕を結び，年貢の減免や代官の罷免を求めて強訴や逃散をおこなう

・領主におさめる年貢を惣村が請け負う〔⑯　　　　　　〕（**百姓請・地下請**）もおこなわれた

・惣村のなかには荘園の領域をこえて集まり，番水制をしいて共同管理して水を配分することも

・近江などの惣村では〔⑰　　　　　　〕（**村掟**）をつくり入会地の利用法などを定める

　　→掟にそむく者を村から追放するなど〔⑱　　　　　　　〕をおこない，警察権を行使して村を守る

MEMO

_____
_____
_____
_____
_____
_____
_____
_____
_____
_____
_____
_____
_____
_____
_____
_____
_____

Point①▶ 産業や商業の発達は，人々の生活をどのように変化させていったのだろうか。次の文章の空欄に語句を入れながらまとめてみよう。

　農業では[A　　　]の品種改良がすすみ，さまざまな農業技術も進歩し，刈敷・[B　　　]・草木灰の使用によって[C　　　　]も可能となった。その結果，経営の集約化と多角化がすすみ，惣村成立の経済的な前提ができあがった。商業では地方で[D　　　　]がひらかれるなど全国的に経済活動が活発化，瀬戸内で水運が発展し，運送業者の[E　　　　]や車借が活躍，金融業もさかんになった。

Point②▶ 惣村の発展と一揆が結ばれることには，どのような関係があるのだろうか。次の語句を用いてまとめてみよう。　【　宮座　　寄合　　地下請　】

[

]

Check▶ p.123の史料「惣掟」を読み，惣の人々がどのような問題に直面していたか考えてみよう。

[

]

3　室町社会の展開と応仁の乱 (2)

教科書　p.123〜125

徳政一揆

- 1428年，〔①　　　　　　　　　　〕
  - ：近江坂本の馬借が〔②　　　　　〕と主張して借金の帳消しを要求
  - →これを機に京都近辺の庶民が蜂起，土倉などをおそい証文を焼き捨てる
- 1441年の**嘉吉の土一揆**では，数万に及ぶ一揆勢が実力で債務を破棄して，〔②〕**令**を要求
  - →幕府はその要求を認め，はじめて〔②〕令を発布
- 貴族が民衆を土民とよんだことから，彼らが結んだ一揆を土一揆とよぶ
  - →そのうち，貸借関係の無効を要求する一揆を〔②〕**一揆**とよぶ
- たびたびおきる土一揆に対し，幕府は〔③　　　　　　　〕という方式で財政の安定をはかる
  - →〔②〕要求は各地でわき上がり，寺社領や荘園村落でも私的な〔②〕令が出された

応仁の乱

●室町幕府への反乱

- 〔①〕の最中に就任した6代将軍足利義教は，将軍権力の強化をめざし，専制的な政治をおこなう
  - →1438年，〔④　　　　　　　〕
  - ：鎌倉公方**足利持氏**が反乱，関東管領上杉氏が幕府側につき，持氏は敗北
- 1441年，〔⑤　　　　　　　　　〕：播磨守護赤松満祐が自身の屋敷で義教を謀殺，将軍の権威ゆらぐ

●応仁の乱

- 8代将軍**義政**の継嗣問題で，弟**義視**と妻**日野富子**・子**義尚**が対立，斯波家・畠山家にも相続争い
  - →幕府の実力者，〔⑥　　　　　　　〕と〔⑦　　　　　　　　　〕(宗全)をまき込む幕府を二分する争いに
  - →1467年，この両者を中心とした戦乱がはじまる (〔⑧　　　　　　　　〕)
- 〔⑥〕方(東軍)は24か国16万人，〔⑦〕方(西軍)は20か国11万人を動員し，11年間争う
  - →京都を主戦場とし，都は軽装の傭兵(〔⑨　　　　　　〕)の乱暴もあって焼け野原となる

下剋上の社会

●守護在京制の崩壊

- 〔⑧〕後，領国での戦争を解決するため守護が帰国し，守護在京制が崩壊
  - →幕府や守護の権力に依存していた室町期荘園制も維持できなくなる
- 守護在京制が崩壊した結果，領国支配を担った守護代の力が増し，〔⑩　　　　　　　　〕の土台に
  - →守護代や国人が独自の動きをし，領国支配の実権が彼らに移る

●さまざまな一揆

- 農民や国人たちの国一揆がおこり，1485年，南山城の国一揆は両畠山氏を国外に退去させる
  - →8年間にわたって自治的な組織をつくり，この地を支配(〔⑪　　　　　　　　　〕)
- 1488年，加賀では浄土真宗(一向宗)の門徒が国人とともに守護富樫政親を倒す
  - →1世紀にわたり自治的な政治をおこなう(〔⑫　　　　　　　　　〕)
- 多くの人々をまき込んだ〔⑧〕は社会を疲弊させ，幕府の政治基盤を弱める
  - →約1世紀に及ぶ戦国時代をうみだす

MEMO

Point ▶ 応仁の乱は，当時の社会にどのような影響を与えたのだろうか。次の文章の空欄に語句を入れながら考えてみよう。

　応仁の乱によって京都が焼け野原となり，各地の守護が在京する[A　　　　　　　　]が崩壊して将軍を頂点とする秩序も壊れ，幕府の政治基盤は弱体化して[B　　　　　]も頻繁におき，実力主義の社会となっていった。こうして[C　　　　　]時代への流れがうまれた。

Check ▶ p.124の図版 **2** を読み取って，足軽はどのようなものを略奪しているのだろうか，そしてそれはなぜだろうか，考えてみよう。

[

]

Try 室町時代の政治的なできごとのなかで，将軍の権力が低下していったきっかけは何だろうか。理由も含めて考えてみよう。

[

]

４　室町文化(1)

教科書　p.126〜129

室町文化の特徴

- 武家中心：公家文化・顕密仏教・禅宗文化との統合，大陸文化と伝統文化の融合
- 農民や町衆が文化の担い手：都市と農村，中央と地方との交流による広い基盤をもつ文化の形成
- 現代につながる伝統的文化や生活の形成

南北朝の文化

- 新興武士を中心に華美な風俗で伝統的権威を嘲笑するばさらの風潮
- 軍記物：『〔①　　　　　　〕』…南北朝の動乱を生きた人々を描く
- 歴史書：『〔②　　　　〕』…源平の争乱から後醍醐天皇までの歴史を公家の立場で描く

　　　　　『〔③　　　　　〕』…武家の側にたって足利尊氏の活躍を描く

　　　　北畠親房『〔④　　　　　　　〕』…天皇の歴史をたどり南朝の正統性主張
- 有職故実：北畠親房**『職原抄』**，後醍醐天皇**『建武年中行事』**

北山文化

●特色

- 足利義満，京都北山に〔⑤　　　　　〕を中心とする**北山山荘**を営む→のちの鹿苑寺
　室町将軍のもとで公家・顕密仏教・禅宗の三つの文化の融合・統合

●仏教

- 顕密仏教と禅宗の併置政策：鎌倉幕府の政策を受けつぐ
- 臨済宗：政治・文化の両面で大きく進出
　〔⑥　　　　　　　〕：足利尊氏の帰依を受けて，天龍寺開山
- 〔⑦　　　　　　　　〕：南宋・元の官寺の制にならう
　五山：京都五山・鎌倉五山…南禅寺は五山の上に別格扱い
　十刹：五山につぐ官寺
- 〔⑧　　　　　　　〕：**義堂周信・絶海中津**らが発展
　五山版：仏教・儒教・詩文などの書物を出版
- 〔⑨　　　　　　〕：**明兆・如拙・周文**ら

●能

- **猿楽能**：大和**観世座**の〔⑩　　　　　　　　　〕父子が将軍義満のもとで完成
- 世阿弥『〔⑪　　　　　　〕』(**『花伝書』**)…能の神髄を芸能理論として示す

東山文化

●特色

- 足利義政，京都東山に**東山山荘**をかまえ，〔⑫　　　　　〕を建立→のちの慈照寺
- 禅の簡素さと公家文化の風雅が織りなされる，枯淡・幽玄の気分がゆきわたる

●建築

- 〔⑬　　　　　　　〕：上流階層の住宅，床・違い棚・付書院・明障子が設けられる
- 枯山水：石組みと白砂を用いて禅の境地や大自然を表現した庭…龍安寺・大徳寺大仙院庭園

●絵画

- ・水墨画：〔⑭　　　　　〕は明から帰国後，水墨山水画を大成
- ・大和絵：〔⑮　　　　　　　〕…**土佐派**
- ・〔⑯　　　　　〕：**狩野正信・元信**父子…水墨画と大和絵を融合

●侘茶

- ・〔⑰　　　　　　〕が編みだし茶道の基礎を築く→**武野紹鷗**が受けつぐ

●有職故実

- ・〔⑱　　　　　〕：『公事根源』(有職故実)，『樵談治要』(政道を説く)

MEMO

Point ①▶ 南北朝の動乱のなかで，どのような文化がおこったのだろうか。次の文章の空欄に語句を入れながらまとめてみよう。

　これまでの秩序が崩壊したことで，動乱の中で成長した新興武士たちによって，華美な風俗で伝統的権威を嘲笑する〔A　　　　　〕の風潮がうまれた。また，世の移り変わりの激しさから，南北朝の動乱を生きた人々を描いた〔B　　　　　〕や〔C　　　　　〕などがつくられた。建武の新政を実現するため，公家の〔D　　　　　〕にも関心が深まった。

Point ②▶ 北山文化と東山文化の特色とは，それぞれどのようなものだろうか。

北山文化…

東山文化…

4 室町文化(2)

教科書　p.130〜132

庶民文化

●庶民芸能・祭礼

・**能・狂言・田楽・幸若舞**(曲舞)・**古浄瑠璃・小歌**『[①　　　　　　　]』

・**風流踊り・念仏踊り**がさかん→盆踊りへ

・**祇園会**：京都の町衆によって復興

●文学

・[②　　　　　　　　]…『一寸法師』『物ぐさ太郎』

・連歌：大名・国人から惣村・町衆の世界まで広く流行

　二条良基：『[③　　　　　　]』(歌集)，『応安新式』(連歌の規則書)

　宗祇：『[④　　　　　　　]』…正風連歌を確立

　宗鑑：『[⑤　　　　　　]』…自由で滑稽な俳諧連歌

　宗祇・肖柏・宗長：「[⑥　　　　　　　　]」

地域文化の興隆

・応仁の乱による京都荒廃→公家が地方の大名を頼り，各地に新しい文化の拠点形成

・山口(大内氏の城下町)：五山の禅僧や公家が多数集まる…儒学・和歌や五山文学が栄える

・[⑦　　　　　　]：肥後菊池氏・薩摩島津氏のもとで朱子学を講じる…**薩南学派**

・[⑧　　　　　　]：15世紀前半に関東管領上杉憲実が再興

・『[⑨　　　　　]』・『御成敗式目』(実用教科書)，『[⑩　　　　　　]』(簡便な辞書)

宗教界の下剋上

・応仁の乱後，顕密仏教・五山派は急速に衰退

・鎌倉新仏教系の諸宗派：百姓・町衆・土豪や戦国大名の支持を得て発展

●浄土真宗(一向宗)

・蓮如は[⑪　　　　　](平易な文章)で専修念仏の教えを説き，北陸・東海・近畿で布教

・一向宗の門徒は，惣村の道場を中心に[⑫　　　　]を結んで，たがいに信仰を深める

・本願寺を頂点として門徒たちは急速に勢力拡大

・[⑬　　　　　　　　　　]：1488年に**一向一揆**が守護富樫政親を倒す

　→「百姓のもちたる国」…約100年にわたる門徒・国人による統治

●日蓮宗

・東国を基盤に発展→京都に進出

・[⑭　　　　　]…激しい宗論を戦わせながら西日本に勢力をのばす

・1532年，京都を戦火から守るため，[⑮　　　　　　　]を結び一向一揆と対決

・1536年，[⑯　　　　　　　　]…延暦寺と衝突→やぶれて京都の日蓮宗寺院は焼き払われる

●林下

・曹洞宗：永平寺　臨済宗：大徳寺・妙心寺など

　幕府の保護を受けず，地方で着実に勢力をのばし，五山派と勢力逆転

● **神道**

・[⑰　　　　　]…神本仏迹説の立場から儒教・仏教を総合した[⑱　　　　　]（吉田神道）を
　創唱

MEMO

_____

_____

_____

_____

_____

_____

_____

_____

_____

_____

_____

_____

_____

_____

_____

Point ①▶ なぜ各地で，多様な文化が形成されるようになったのだろうか。

[

]

Point ②▶ 浄土真宗（一向宗）はどのようにして勢力を拡大していったのだろうか。次の文章の空欄に語句を入れながらまとめてみよう。

　[A　　　　]は[B　　　　]という平易な文章で専修念仏の教えを説き，北陸・東海・近畿各地で布教活動をすすめた。また，門徒たちは惣村の道場を中心に[C　　　　]を結んで，たがいに信仰を深めたことにより，[D　　　　　]を中心とした門徒が各地に広がった。

Try あなたは，室町文化と現代の文化について，共通点と，相違点はどこにあると考えるか。

[
共通点：

相違点：

]

5　戦国大名の分国経営

教科書　p.134〜137

戦国時代の特質

- 〔①　　　　　　　　　〕：応仁の乱を契機に守護代や国人の力が強くなり誕生
- 〔②　　　　　　　〕(領国)の形成→多くの荘園が失われ，寺社や公家が衰退
- 一向一揆の台頭，足軽の活躍

戦国の争乱

● 下剋上と分国支配の時代

- 室町幕府：幕府の求心力が失われる

  明応の政変…10代将軍足利義材(義植)が管領細川政元に廃される

  斯波・畠山氏の没落，細川晴元が三好長慶に実権を奪われる

  13代将軍足利義輝が三好氏らに殺害される

- 関東：鎌倉公方と関東管領の分裂

  享徳の乱→鎌倉公方分裂…〔③　　　　　　　　〕の足利成氏と〔④　　　　　　　〕の足利政知

  関東管領上杉氏の分裂：山内上杉家と扇谷上杉家

- 各地の戦国大名

  〔⑤　　　　　　　　〕(伊勢宗瑞)：〔④〕を滅ぼし，相模小田原に進出

  長尾景虎：越後守護代，強大化し，主家から上杉姓を与えられる＝〔⑥　　　　　　　　〕

  〔⑦　　　　　　〕(晴信)：甲斐を統一，信濃を支配

  〔⑧　　　　　　　〕：陶氏を滅ぼし，もとの安芸に加えて大内氏の領国を領有

  その他，四国の長宗我部氏，九州の大友氏や島津氏が戦国大名に成長

分国経営

● 家臣団の編成：国人・地侍の家臣化

- 家臣に給地を与えて収入を保障，かわりに高にみあった軍役を負担させる
- 〔⑨　　　　　　　　　　　　〕：有力家臣を**寄親**とし，多くの**寄子**をかかえる

● 分国の安定化

- 指出：分国内の土地調査…東国は〔⑩　　　　　〕，西国は石高と〔⑩〕を併用
- 鉱山開発，治水工事，関所撤廃，宿駅・伝馬の制度整備など
- 〔⑪　　　　　　　〕の制定：家臣団の統制と農民支配のため

  〔⑫　　　　　　　　　　　〕…私戦禁止，中世の自力救済否定

  所領の相続・売買や婚姻など規制，農民の一揆や逃散禁止

都市の発達と町衆

● 経済活動の多様化：全国各地に特産品，商品流通と海陸運送業の進展

- **城下町**：家臣移住

  〔⑬　　　　　　　〕：自由な商取引を保障し，領国経済の振興をねらう

- **港町**：海陸の要衝に成立
- **宿場町**：街道筋にうまれる

- ・〔⑭　　　　　〕：巡礼でにぎわう有名寺社に成立
- ・〔⑮　　　　　〕：周囲に堀や土塁，一向宗門徒の商人・職人が集住し，免税などの特権を得て経済活動をおこなう
- ・**自治都市：堺・平野・博多…**〔⑯　　　　　〕・年寄・年行司選出，〔⑰　　　　　〕による自治

経済の混乱

●**商品流通の発展**
- ・貨幣の需要増大に対する明銭の輸入減少→国内産の私鋳銭や良悪さまざまな貨幣が流通
- ・〔⑱　　　　　〕：悪銭を拒否し，良悪に応じて価格差をつける行為が頻発
- 〔⑲　　　　　〕：粗悪貨幣の使用禁止，各種貨幣の交換比率を定め，商取引の円滑化をはかる
- ・西国を中心に貨幣不足→米などの現物や金・銀での取引増加
- ・徳政令の乱発：戦国大名による軍事動員の給付として借金帳消しを認める

MEMO

●p.248 をひらいて，第2部で学んだことをふりかえってみよう。

Point ①▶ 戦乱のなかで，どのような出自の人物が戦国大名になっていったのだろうか。

Point ②▶ 戦国大名は，分国をどのように統治していったのだろうか。次の語句を用いてまとめてみよう。　【　鉱山の開発　　家臣団　　分国法　】

Try 戦国大名の登場には，どのような意義があると考えられるだろうか。さまざまな側面から，150字程度で記述してみよう。

④ **自力救済と中世社会**

教科書 p.138〜139

1

合戦に参加し，負傷する地蔵菩薩

○教科書p.138の資料①〜④を読み取りながら，村の自力救済について考えてみよう。

(1)教科書p.122から，中世後期の村の様子を確かめよう。

鎌倉時代の末ごろから，庶民の間で新しい動きが目立ちはじめ，名主に加えて小百姓も荘園の集まりに参加するようになり，南北朝・室町期には百姓が全体としてまとまって行動するようになった。こうして，[①　　　　]を中心に寄合がもたれ，自治的な村落である[②　　　　](惣)が成立した。

[②]の百姓は[③　　　　]を結び，年貢の減免や不法な代官の罷免を求めて[④　　　　]や逃散をおこなったり，[②]が年貢を請け負ったりした(百姓請・地下請)。また，番水制をしいて水系を管理し，水を配分したり，[⑤　　　　](村掟)をつくって入会地の利用法を定めたり，掟にそむく者に自検断をおこなって警察権を行使したりした。

(2)教科書p.138の資料①〜④が伝わったことから，村における自力救済について考えよう。

STEP 1 水争いを解決する方法は，合戦のほかにはなかったのだろうか。

1　教科書p.122の記述を参考にすると，どのような方法が考えられるだろうか。

[　　　　　　　　　　　]

2　それでも解決しない場合，どのような存在がそれを仲裁したり，決着させたりすると思われるか。

[　　　　　　　　　　　]

STEP1の答え

STEP 2 なぜこの水争いは合戦になり，資料①〜④が現地に伝わったのか，考えてみよう。

1　STEP1をふまえて，この村々の人々が合戦に及ばざるを得なかった状況を想像しよう。

[　　　　　　　　　　　]

2　なぜ，資料①〜③は作成されたのだろうか。

[　　　　　　　　　　　]

3　なぜ資料④は伝えられたのだろうか。

[　　　　　　　　　　　]

STEP2の答え

源頼朝の命を無視する御家人

〇p.139の資料⑤を読み取りながら，中世の主従関係について考えてみよう。

STEP 1　大庭景義は，頼朝の命令をどのようにとらえ，そして頼朝はなぜ，景義と河村義秀を許したのだろうか。

1　大庭景義は，命令を受けたときに，自分の判断と頼朝の命令のどちらを優先させたのだろうか。それはなぜだろうか。

[　　　　　　　　　　　　　　　　　　　　　　　　　　　　　　　　　　]

2　大庭景義は，10年後になぜ河村義秀を許してほしいと申し出たのだろうか。

[　　　　　　　　　　　　　　　　　　　　　　　　　　　　　　　　　　]

STEP1の答え

STEP 2　頼朝と景義の関係から，中世の主従関係がどのようなものであったのか，ほかの時代と比較して考えてみよう。

1　教科書p.91のClose Up「御恩と奉公」，p.93の記述から，平安時代〜鎌倉時代の武士の主従関係について読み取ろう。

[　　　　　　　　　　　　　　　　　　　　　　　　　　　　　　　　　　]

2　教科書p.162を読んで，江戸時代の武士の主従関係について読み取ろう。

[　　　　　　　　　　　　　　　　　　　　　　　　　　　　　　　　　　]

STEP2の答え

Try　このページで取り上げたような問題がほかの時代におきた場合，どのように解決されるのか想像したうえで，このような状況であった中世社会の特質について，改めて考えてみよう。
※以下のキーワードをいくつか組み合わせて論理を組み立てるとよい
キーワード：首長　農耕祭祀(p.23)／受領　非法(p.63)／惣村　惣請(p.122)／内済　裁判　組合村(p.174〜176)

まとめと展望　　　　中世の戦乱を考える

教科書　p.140〜141

●中世は戦乱が続いた時代であり，そのきっかけはさまざまである。ここでは，その背景や戦乱が引きおこした結果などを考えることで，さまざまな画期をみいだしていきたい。教科書p.141にあるカズ・ミキ・ケン・ユウの意見を参考にしながら，あなたの意見をまとめてみよう。

①カズの意見

(1)カズの意見の根拠を，教科書の記述からさがしてみよう。

○保元の乱・平治の乱が転換点

(2)カズの意見に対して，あなたはどのように考えるか。肯定的・否定的どちらかの立場にたって意見を書こう。

②ミキの意見

(1)ミキの意見の根拠を，教科書の記述からさがしてみよう。

○蒙古襲来が転換点

(2)ミキの意見に対して，あなたはどのように考えるか。肯定的・否定的どちらかの立場にたって意見を書こう。

③ケンの意見

(1)ケンの意見の根拠を，教科書の記述からさがしてみよう。

○南北朝の動乱が転換点

(2)ケンの意見に対して，あなたはどのように考えるか。肯定的・否定的どちらかの立場にたって意見を書こう。

④ユウの意見

(1)ユウの意見の根拠を，教科書の記述からさがしてみよう。

○応仁の乱が転換点

(2)ユウの意見に対して，あなたはどのように考えるか。肯定的・否定的どちらかの立場にたって意見を書こう。

Try

① それぞれの画期について，武士以外の人や，京都中心の政治の流れから離れてとらえてみよう。

② それぞれの立場や地域の人々にとって，どのような影響があったか，考えてみよう。

1 織豊政権（1）

教科書 p.144〜146

16世紀後半の東アジア海域

● 東アジアの国際秩序

・明：北方の女真族と後期倭寇に苦しめられる

　　明の〔①　　　　　　　〕…一般の中国人の海外渡航や海上貿易の禁止

　　　　　　　　　　　　大内氏滅亡による勘合貿易の断絶

　　〔②　　　　　　　〕…海禁を犯した密貿易，中国人が多い

　　　　　　　　王直→九州の五島列島や平戸を拠点として活動

・琉球王国：中継貿易を展開

・日本：〔③　　　　〕輸出…石見大森銀山などから産出，灰吹法により生産増大

● ヨーロッパの東アジア海域進出

・ポルトガル：インドの〔④　　　　　〕拠点，中国の〔⑤　　　　　　　〕に進出，対明貿易開始

・スペイン：**ノビスパン**（メキシコ）経営→のちアジア進出…フィリピンの**マニラ**拠点

　　→東アジア海域において，〔②〕と競合する形で中継貿易に参入

ヨーロッパ人の進出とキリスト教

● 南蛮貿易

・1543年，ポルトガル人をのせた中国船が〔⑥　　　　　　　〕に漂着

　領主の種子島時堯は〔⑦　　　　　〕購入，家臣らにその製法を学ばせる

　〔⑦〕普及→足軽による〔⑦〕隊組織，築城技術向上，戦術が大きく変更

・ポルトガル：〔⑤〕を拠点に長崎・平戸・豊後府内など九州諸港に来航

　スペイン：1584年に平戸へ来航→貿易開始

・〔⑧　　　　　　　　〕：ポルトガル・スペインとの貿易

　中継貿易：中国産〔⑨　　　　　〕・絹織物・陶磁器，南方産の鉛・皮革・香料などを仲介

　輸出：銀・刀剣・工芸品（漆器ほか）など

　〔⑦〕・火薬・毛織物などヨーロッパの特産品ももたらされる

● キリスト教の伝来

・1549年，**イエズス会**の〔⑩　　　　　　　　　　　　　〕が鹿児島に渡来

　京都にのぼり，天皇や将軍から全国布教の許可を得ようとしたが，争乱のためはたせず

　周防山口の〔⑪　　　　　　　　〕，豊後府内の〔⑫　　　　　　　〕（宗麟）らの保護

　〔⑩〕が日本を去ったあと，多くの宣教師が来日して布教

・〔⑬　　　　　　　　　〕：信仰にひかれて改宗

　〔⑧〕の利益を求めてキリスト教の保護をおこなう者も多かった

　→キリスト教は西日本の大名の領国でさかん

・1582年の〔⑭　　　　　　〕：宣教師〔⑮　　　　　　　　　〕のすすめ

　〔⑬〕の〔⑫〕・〔⑯　　　　　　〕・〔⑰　　　　　　　　〕が4名の少年を使節としてローマ教皇のもとに派遣

Point① ▶ 東アジア海域では，どのような人々が活動していたのだろうか。次の文章の空欄に語句を入れながらまとめてみよう。

　明が[A　　　　　]政策をとっていたことから，武装した[B　　　　　　　]が[A]を犯して密貿易をおこなった。彼らの多くは中国人で，なかでも[C　　　　]は九州の五島列島や平戸を拠点として活動した。この海域に新たに進出したのがポルトガルで，インドの[D　　　　]，のちに中国の[E　　　　　]を拠点にして，対明貿易をはじめとするアジアでの貿易に参画した。

Point② ▶ なぜヨーロッパ人は日本にやってきたのだろうか。次の語句を用いてまとめてみよう。
【　種子島　　生糸　　銀　　中継貿易　】

Check ▶ p.146の図版 1 をみて，以下の問いに答えよう。
①図版にみえる4人の少年の名前をあげよう。

②彼らがもち帰った印刷機をもとに印刷された日本語書物を何というか。　　　　　　[　　　　　　]

1　織豊政権(2)

教科書　p.146〜149

信長の台頭

●**織田信長**：尾張守護代家の分家出身

- 1560年，〔①　　　　　　　　〕…西進してきた駿河の今川義元を倒す
- 美濃の斎藤氏を滅ぼし，岐阜を本拠とする
- 1568年，13代将軍足利義輝の弟〔②　　　　　　　〕を奉じて上洛→畿内平定

　→信長と〔②〕対立，〔②〕は甲斐の武田信玄などの諸勢力と結んで信長に対抗
- 1570年，姉川の戦い…朝倉義景・浅井長政連合軍をやぶる→のち朝倉・浅井を滅ぼす

　　　　　石山合戦…石山(大坂)の〔③　　　　　　　〕と戦う，長年にわたり苦戦後1580年和睦
- 1571年，比叡山〔④　　　　　〕を焼打ち
- 1573年，〔②〕を京都から追放→室町幕府滅亡
- 1574年，伊勢長島の一向一揆を滅ぼす
- 1575年，〔⑤　　　　　　　　　〕…甲斐の武田勝頼をやぶる
- 1576年，近江に〔⑥　　　　　〕築城
- 1582年，天目山の戦い…武田勝頼敗死

　　　　　〔⑦　　　　　　　〕…家臣**明智光秀**に攻められ自殺

信長の統一事業

- 中央の権力・畿内の経済掌握：上洛後に堺などを屈服させる，豪商の経済力利用
- 〔⑧　　　　　〕：複雑な土地関係を整備するため土地調査
- 〔⑨　　　　　　〕：城下町の岐阜・安土の振興をはかる
- 関所撤廃：物資の流通や軍隊移動の円滑化
- 撰銭令：銭の価値を等級づけて統一しようとする

　一方，取引に金銀使用が普及，不足がちの銭のかわりに米を使用

秀吉の天下統一

●**羽柴秀吉**(のち**豊臣秀吉**)：尾張出身で信長家臣

- 1582年，〔⑦〕時…毛利攻めの総大将として備中の高松に滞在→毛利氏と和睦

　　　　　山崎の戦い…明智光秀をやぶる
- 1583年，賤ヶ岳の戦い…信長の重臣で越前の柴田勝家をやぶる

　　　　　〔⑩　　　　　　〕築城開始
- 1584年，小牧・長久手の戦い…織田信雄(信長次男)・〔⑪　　　　　　　〕と戦う
- 1585年，〔⑫　　　　　　〕就任，四国平定…長宗我部元親を屈服させる
- 1586年，太政大臣を兼ねる，後陽成天皇から豊臣姓を与えられる
- 1587年，九州平定…島津義久屈服，バテレン追放令
- 1588年，後陽成天皇を〔⑬　　　　　　〕にむかえる，**刀狩令**，**海賊取締令**
- 1590年，小田原攻め…関東の北条氏政を滅ぼす

　　　　　奥州平定…奥羽の伊達政宗ら屈服→全国統一
- 秀吉は関白職を甥の秀次にゆずる→秀吉は〔⑭　　　　〕に

　→のちに秀吉の実子秀頼が誕生→秀吉は秀次を自害に追い込む

● **五大老・五奉行**

〔⑮　　　　　　　〕：国政補佐

〔⑯　　　　　　　〕：行政・司法・財政などを分担

MEMO

Point①▶ なぜ信長は寺院勢力を打倒したのだろうか。次の語句を用いてまとめてみよう。

【　延暦寺　　本願寺　　一向一揆　】

Point②▶ なぜ信長は強大な権力を手に入れることができたのだろうか。3点あげてみよう。

・

・

・

Point③▶ 秀吉はどのように全国を統一したのだろうか。次の文章の空欄に語句を入れながらまとめてみよう。

秀吉は信長に仕えていたが，〔A　　　　　　　　〕をおこした明智光秀を〔B　　　　　　　〕でやぶり，翌年には信長の重臣〔C　　　　　　　〕を賤ヶ岳の戦いでやぶると，信長の後継者としての地位を固めた。その後，小牧・長久手の戦いののち家康を従え，ついで四国平定・九州平定を成しとげた。さらに1590年，関東の〔D　　　　　　　〕を滅ぼし，奥羽の〔E　　　　　　　〕らを屈服させて全国を統一した。

Check▶ 豊臣政権の特徴について，前後の時代と比較しながら考えてみよう。

1 織豊政権(3)

教科書　p.150〜152

検地と刀狩

●**太閤検地(天正の石直し)**：全国的な土地調査→**石高制**成立

・土地一区画ごとに田畑の等級を定める

・〔①　　　　　〕算出：等級ごとの石盛に面積を乗じた

　〔②　　　　　〕：土地の生産力を米(玄米)で示した基準額

・〔③　　　　　〕を統一して使用

・〔④　　　　　　　〕の原則

　検地帳に登録した百姓に田畑・屋敷の所持を認め，年貢納入の責任を負わせた

・1591年，絵図(国絵図)と検地帳(御前帳)提出，全国の土地掌握を徹底

●**兵農分離**

・1588年，〔⑤　　　　　　　〕：民衆が所持する武具を没収→一揆を未然に防止するため

・1591年，〔⑥　　　　　　　〕

　：武家奉公人が町人・百姓になること，百姓が商業や賃仕事に出ることを禁止

　　朝鮮出兵のために，家数・人数・職業・身分などを把握して夫役などに動員するため

・1592年，〔⑦　　　　　　〕：全国の戸口調査実施

都市・商工業の支配

・信長の政策継承：関所廃止，座廃止，自治都市取り込み，城下町などの繁栄をはかる

・重要都市直轄化：大坂・堺・伏見・博多・長崎など

　その地の豪商に武具・兵糧・資材の調達や輸送にあたらせ，巨大な利益を保証

・鉱山直轄化：佐渡・石見大森・但馬生野など

・〔⑧　　　　　　　〕(金貨)などを鋳造…金銀の使用一般的

対外政策と朝鮮侵略

●**秀吉のキリスト教政策**

・はじめは信長と同様にキリスト教を保護

・キリシタン大名〔⑨　　　　　　〕が長崎を教会に寄付していたことを問題視

・キリスト教の信仰を制限…信仰は本人しだい，大名が信徒になる場合は許可制

・〔⑩　　　　　　　　〕→貿易は認めたため，宣教師の潜入は絶えず，布教も黙認

・1596年，〔⑪　　　　　　　　〕事件→26聖人殉教

●**秀吉の対外政策**

・1588年，〔⑫　　　　　　　　〕：秀吉は倭寇などの海賊を取り締まる，一方貿易にも関心

・外交：琉球王国，高山国(台湾)，ルソンのスペイン政庁，ゴアのポルトガル政庁に入貢要求

・対明貿易復活の仲介を朝鮮に求める→朝鮮拒否

・1592年，〔⑬　　　　　　〕(壬辰倭乱)：肥前〔⑭　　　　　　〕本営，先鋒加藤清正・小西行長

　はじめ日本軍連勝→朝鮮の義兵による活動，〔⑮　　　　　　〕ひきいる水軍の活躍，明の援軍

・和平工作：いったん休戦→講和条件が折りあわず

・1597年，〔⑯　　　　　　　〕（丁酉倭乱）

　：戦線は朝鮮南部で膠着→秀吉の死を契機に日本軍撤退

　→朝鮮は疲弊，明は衰退の原因となり，日本では豊臣政権の基盤が弱体化

MEMO

Point① ▶ 太閤検地によって何が変わったのだろうか。3点あげてみよう。

・
・
・

Check ▶ 秀吉のキリシタンに対する政策を，前後の時代と比較しながらまとめてみよう。

Point② ▶ なぜ秀吉は海外に目を向けたのだろうか。次の文章の空欄に語句を入れながらまとめてみよう。

　秀吉は〔A　　　　　　　　　　〕を発しても〔B　　　　〕は認めたように，直接商品取引にかかわるほど〔B〕に関心を払っていた。また，琉球王国などに国書を送って〔C　　　　〕を求めたように，東アジアの権力者としての意識をもっていたため，海外に目を向けた。

Try 秀吉は，東アジアにおいてどのような秩序を構想していたのだろうか。130字程度で記述してみよう。

② 天下統一の完成

教科書 p.153～155

家康の天下掌握

● 〔①　　　　　　　　〕：三河の小大名→東海地方に勢力拡大→関東に移り江戸を本拠

・秀吉の死後，五大老筆頭として伏見で政務，政治的地位を高める

・1600年，〔②　　　　　　　　〕→〔①〕方の東軍が勝利

　→西軍（五奉行の〔③　　　　　　　〕を中心に結集した諸大名）敗北

　→西軍の諸大名を**改易**や**減封**処分とし，東軍の諸大名には論功行賞を実施

・大規模な**転封**により大名配置を大きく変更させる

・1603年，〔①〕が〔④　　　　　　　〕に就任，江戸幕府をひらく

・1604年，諸大名に国ごとの郷帳と国絵図の作成を命じる

・1605年，将軍職を子の〔⑤　　　　　　　〕にゆずる→〔①〕は**大御所**として実権掌握

・〔⑥　　　　　　　〕：**大坂冬の陣，大坂夏の陣**…**豊臣秀頼**を攻め滅ぼす→**元和偃武**

・1615年，〔⑦　　　　　　　〕：大名の居城以外の城を破壊

　　　　　〔⑧　　　　　　　〕（元和令）：大名が守るべき規範を示す

　　　　　→新たに城を築くことや，私的に婚姻を結ぶことなど禁止

家康の外交と貿易

● **オランダ・イギリスとの貿易**

・オランダ・イギリス台頭…両国とも東インド会社設立，東アジア海域での貿易参入

・1600年，オランダ船リーフデ号が豊後臼杵湾に漂着

　乗組員：イギリス人〔⑨　　　　　　　　　〕（三浦按針）┐
　　　　　　　　　　　　　　　　　　　　　　　　　　　├→家康の外交顧問
　　　　　オランダ人〔⑩　　　　　　　　〕　　　　　　┘

・オランダ・イギリスとの貿易開始：両国は**平戸**に商館設置

● **ポルトガルとの貿易**

・中国産生糸と日本産銀の交換により多大な利益

・1604年，〔⑪　　　　　〕**制度**：〔⑪〕**仲間**がポルトガル船からの生糸一括購入

● **対スペイン関係**

・1610年，通商を求めて京都商人田中勝介をノビスパン（メキシコ）に派遣

・1613年，〔⑫　　　　　　　　〕：仙台藩主〔⑬　　　　　　　〕はノビスパンとの通商希望

　家臣〔⑭　　　　　　　〕をノビスパン経由でスペイン国王とローマ教皇のもとに派遣

● **東アジア諸国**

・明：国交回復失敗→長崎・平戸来航の中国船と交易

・朝鮮：対馬の宗氏の尽力により，1607年に朝鮮使節来日，国交回復

・琉球：薩摩の島津氏による琉球出兵を許可→琉球出兵

・蝦夷地：松前氏にアイヌとの交易独占権を与える

朱印船貿易と日本町

・〔⑮　　　　　〕貿易：大名や豪商はアジア各地に〔⑮〕を派遣

　〔⑮〕：渡航免許の**朱印状**を所持する船

・[⑯　　　　　　]形成：ルソン・安南・シャム・カンボジアなどで自治制
　　山田長政：アユタヤ朝に重用される

MEMO

Point ▶ 家康はどのようにして，豊臣政権にかわる武家政権を築きあげたのだろうか。次の文章の空欄に語句を入れながらまとめてみよう。

　家康は，豊臣政権のもとで[A　　　　　　　　]筆頭として，秀吉の死後も伏見で政務をとり，政治的地位を高めた。1600年，[B　　　　　　]の一人[C　　　　　　　　]を中心とする西軍と[D　　　　　　]で勝利した。1603年，家康は[E　　　　　　　　]となって江戸幕府をひらき，2年後には子の秀忠に将軍職をゆずった。その後，堅固を誇る大坂城にて権威を保っていた[F　　　　　　　]を[G　　　　　　　]で滅ぼし，徳川政権をゆるぎないものとした。

Try 朱印船貿易は，それまでの南蛮貿易とはどのような共通点と相違点があるのだろうか。相手国や商品にも着目して考えてみよう。

（共通点）

（相違点）

③　近世成立期の文化

教科書　p.156～159

桃山文化

- ・織田信長・豊臣秀吉・徳川家康の時代：天下人とそれを支えた武将や初期豪商が担い手
- ・豪壮で雄大な内容が好まれ，民衆生活や芸能はめざましい発展
- ・国際的な性格：東アジア海域の人や物の交流，ヨーロッパによる南蛮文化

城郭建築と障屛画

●城郭建築

- ・天下人の統一事業を象徴，軍事技術の発達と領国支配の必要から著しい発達
- ・天守閣，巨大な石垣，濠で構成
- ・天下人の居城：安土城・聚楽第・大坂城・伏見城，大名の城郭：〔①　　　　　〕など

●絵画

- ・障屛画：〔②　　　　　〕＋屛風絵

  画題：花鳥・山水・賢人，龍虎・獅子・鷹，都市図や**南蛮屛風**など

  〔③　　　　　〕：金地に濃い色彩(金碧)の装飾風の画…〔④　　　　　〕**派**中心

  〔④〕派：〔⑤　　　　　〕…大和絵を母体に新しい画風を大成

  〔⑤〕門下の〔⑥　　　　　〕のほか，**海北友松・長谷川等伯**ら

- ・風俗画：〔⑤〕『〔⑦　　　　　〕』，狩野長信『**遊楽図屛風**』など

●工芸

- ・建造物の欄間彫刻や家具調度品の**蒔絵**などにすぐれたものがうまれる

町衆の生活・芸能

●茶の湯

- ・信長・秀吉らの武将や京都・堺・博多などの初期豪商に愛好されて流行
- ・〔⑧　　　　　〕：信長・秀吉に茶人として仕え，素朴な草庵の茶である〔⑨　　　　　〕大成
- ・茶器：中国の陶磁器珍重→楽焼などの日本陶器使用
- ・茶室建築：秀吉の黄金の茶室，妙喜庵待庵

●能楽

- ・〔⑩　　　　　〕(隆達節)：堺の高三隆達により流行
- ・**歌舞伎踊り**：〔⑪　　　　　〕が創始

●庶民衣服

- ・麻に加えて木綿使用，〔⑫　　　　　〕や辻ヶ花染などが流行

桃山文化の国際性

●南蛮文化

南蛮人が貿易やキリスト教布教などを通じてもたらしたヨーロッパ文化

- ・イエズス会：教会(南蛮寺)，学校(セミナリオ・コレジオ)，病院などを建設
- ・〔⑬　　　　　〕・**天草版**：金属活字と印刷機で日葡辞書・教義書・文学書の印刷・出版
- ・天文学・暦学・地理学・医学などの知識・技術，油絵や銅版画の技法，西洋音楽伝来

●唐人町

平戸・長崎などの西日本各地の港町にできる

中国・南蛮・琉球などさまざまな地域の人々でにぎわう，混血や多言語使用

● [⑭   ] ：琉球から伝来した三弦(三線)を改良
　→[⑮   ]をはじめ日本の庶民音楽・芸能に大きな影響

- -
MEMO
- -

- -

- -

- -

- -

- -

- -

- -

- -

- -

- -

Check p.156の図版**1**には，南蛮貿易に関係する，どのようなものが描かれているのだろうか。

[   ]

Point①▶ 天下人のつくり上げた文化とは，どのようなものだろうか。城郭建築に注目して考え
てみよう。

[   ]

Point②▶ 町衆の生活はどのように変わったのだろうか。衣料と町屋に注目して，次の文章の空
欄に入る語句を答えよう。
・衣料：[A   ]に加えて[B   ]が用いられるようになり，[C   ]が流行した。
・町屋：掘立柱から[D   ]構造に，藁葺きから[E   ]，[F   ]と変わ
　　　り，二階建てや三階蔵もあらわれた。

Try 東アジアの国際秩序の変化は，この時期の日本の文化にどのような影響を与えたのだろうか。
150字程度で記述してみよう。

[   ]

歴史資料と近世の展望

教科書　p.160〜161

1

武家諸法度元和令・寛永令

○教科書p.160の資料「武家諸法度」の元和令・寛永令を読み取りながら考えてみよう。

(1)元和令のなかには，建武式目や分国法の影響を受けた条文があるが，この点から江戸幕府がどのような考えをもっていたと考えられるだろうか。次の文章の空欄に適当な語句を入れてみよう。

　江戸幕府は，[①　　　　　　　]や戦国大名が制定した武家の世界の[②　　　]慣習や[②]秩序を引きつぐ政権であることを表明し，幕府の大名統制も，従来の武家慣習の延長上にあるものとしていた。

(2)元和令が出された1615年には次の出来事もおこっている。

　・大坂夏の陣（豊臣氏滅亡）　　・一国一城令の発布　　・禁中並公家諸法度の発布

　これらのできごとと政治状況もふまえ，この時期の幕府の政策意図はどのようなものだったのだろうか。次の文章の空欄に適当な語句を入れてみよう。

　豊臣氏滅亡を実質上の[①　　　　]時代の終了として，城郭を[②　　　　　　　]に限定し，それ以外の城を廃城としたうえで，諸大名を法によって統制しようとしていたのではないか。あわせて[③　　　　]に対しても天皇や公家への統制策もおこない，政治権力としての地位を築こうとしていた，と考えられる。

STEP1　諸大名の反乱や下剋上の防止のための工夫と考えられる条文について，空欄にあてはまる条数を入れてみよう。

・元和令

　第[A　　　　]条…幕府は大名に対し，主君への反逆や殺害を犯した者を家来として召しかかえることを禁じた。

　　　　　　　　　　→主への反逆・犯罪者は，どの大名家の家来になることも不可能になった。

　第[B　　　　]条…城の修理をする場合は幕府への報告が必須であり，新規の築城等は厳禁とした。

　第[C　　　　]条…大名間の私的な婚姻を禁じた。→大名間の関係構築に幕府の許可を必要とした。

・寛永令

　第[D　　　　]条…参勤交代を義務付けた。→将軍への奉公が徹底された。

　第[E　　　　]条…変事がおきても大名は，国元でも軽挙をつつしみ幕府の指示を待つよう命じた。

　第[F　　　　]条…新規に徒党を企て，大名間で結束をはかることを禁じた。

　第[G　　　　]条…何事も幕府の法を遵守し，領地でもそれに従うように指示した。

STEP2　織豊政権と比較して，江戸幕府はどのように大名を統制しようとしていたのだろうか。

[
　
]

STEP3　元和令と寛永令を比較して，幕府の大名支配がどのような変化がうかがえるのだろうか。

[
]

2 武家諸法度天和令と幕府の大名統制

○教科書p.161の資料「武家諸法度」の天和令を読み取り，次の文章の空欄に適当な語句を入れてみよう。

　天和令は，幕府草創から80年，元和令発布から70年近く経った，5代将軍綱吉の時代に出された。冒頭の「文武［①　　　　　］を励し」や「［②　　　　　］を正す」ということばから，幕府が重視していた［③　　　　　］の影響を大きく受けていることがわかる。平和な時代に移行していくなかで，幕府の大名統制は，儀礼や徳目を重視するようになったことがうかがえる。

STEP 1　天和令について，元和・寛永令の時代と異なる大名支配の特色として考えられるキーワードを，条文のなかからあげてみよう。

[　　]

STEP 2

1　幕府は，どのような方法で諸大名の序列化をはかったのだろうか。次のア～カのなかから該当するものをすべて選ぼう。　　　　　　　　　　　　　　　　　　　　　[　　　　　　　]

　ア　石高（領地の大きさ）

　イ　城の有無

　ウ　朝廷から得る官位（武家官位）

　エ　家臣団の総人数

　オ　大名家の歴史の古さ

　カ　江戸城内での控えの部屋

2　p.161資料①の「江戸城の大広間で諸大名が将軍に謁見している様子」からどんなことが読み取れるだろうか。

[　　]

Challenge　以上をふまえて，近世という時代について，あなたがたてた仮説を文章にしてみよう。　※以下のキーワードをいくつか組み合わせて論理を組み立てるとよい

キーワード：検地　刀狩　兵農分離　身分統制令（p.150～151）／元和偃武　武家諸法度元和令（p.154）／武家諸法度寛永令（p.162）／武家諸法度天和令（p.180）／幕府の組織　藩政（p.165）／朝廷・寺社への統制（p.166）／村請制　仁政　文書行政（p.174～175）／寛永文化（p.167）／元禄文化（p.190～193）／江戸中・後期の文化（p.212～217）

[　　]

1 幕藩体制の成立(1)

教科書　p.162～165

将軍と大名

●幕藩体制

- 2代将軍徳川秀忠→3代将軍[①　　　　　　]…秀忠は大御所として権力をにぎる

　→諸大名に領知宛行状を出して主従関係を確認

- 1635年，武家諸法度(寛永令)→将軍の代替わりごとに改定・発布

　[②　　　　　　]：大名が1年おきに国元(国許)から江戸に参勤

●大名

- 1万石以上の領地を将軍から与えられる→かわりにさまざまな負担が課される

- 領地の石高に応じた軍役を負担

- **手伝普請**…江戸城や大坂城などの普請や大河川の普請などに動員

- [③　　　　](親藩)・[④　　　　　]・[⑤　　　　　　]：将軍家との親疎の関係によって分けられる

家綱の政治

●4代将軍徳川家綱

- 保科正之・松平信綱ら補佐→大老酒井忠清が実権掌握

●牢人の増加と社会不安

- 牢人：幕府による大名の改易により多く発生→社会への不満増大

　「かぶき者」：異様な服装で徒党を組み，反社会的な行動に走る

- 1651年，[⑥　　　　　　]の乱(慶安事件)：軍学者[⑥]による幕府の転覆計画

　→末期養子の禁緩和，牢人増加に歯止めをかけ，牢人とかぶき者を取り締まる

- 1657年，明暦の大火→江戸城・江戸の町が大きな被害，復興も課題

●家綱の政治

- 1663年，日光社参の実施を経て武家諸法度寛文令発布…儒教徳目の一つである孝を強調

- **文治主義**的傾向…武力だけに頼らず，儒教をもとに徳をもっておさめる

- 1664年，全国の諸大名に領知宛行状をいっせいに発給

- 殉死・証人の制廃止→武士の奉公の対象を主人個人から主人の家へと変化

幕府の組織とその権力基盤

●軍事力：[⑦　　　　　]・[⑧　　　　　　]が幕府の軍事力の中核

●職制

家光のころにほぼ整備，[④]大名や[⑦]・[⑧]が就任

【中央組織】

各役職は**大老**をのぞき複数で構成，月番制を原則

- 大老…最高職として重要事項の審議にのみ加わる，常置ではない

- [⑨　　　　]…幕政統轄，[⑩　　　　　　　]…[⑨]補佐，[⑦]・[⑧]統制

- 三奉行：[⑪　　　　　　]・[⑫　　　　　](江戸町奉行)・**勘定奉行**

　重要事項は評定所で三奉行らの合議を経て決定，[⑨]が加わることもある

- [⑬　　　　　]…[⑨]のもとで大名の監察

- [⑭　　　　]…[⑩]のもとで[⑦]・[⑧]監察

- [⑮　　　　　]…将軍のそば近くに仕え，政務を取り次ぐ

【地方組織】

・[⑯　　　　　　　]…朝廷や西国大名の監視

・[⑰　　　　　]：大坂城・二条城(京都)・駿府城に配置

・[⑱　　　　　　　]：京都・大坂・伏見・奈良・堺・長崎・山田・佐渡などに配置

・郡代(関東・飛驒など)・代官：幕領統治

● **幕府の財政基盤**

・[⑲　　　　　]：畿内・関東などの要地に多く，400万石超…幕府収入の中心は[⑲]からの年貢

・直轄鉱山：佐渡相川・但馬生野・石見大森などの鉱山…貨幣鋳造権掌握

MEMO

Point ①▶ 将軍と大名，幕府と藩の関係とはどのようなものだったのだろうか。次のア〜エから，誤っているものを一つ選ぼう。　　　　　　　　　　　　　　　〔　　　〕

　ア　将軍は，諸大名に領知宛行状を出して主従関係を確認した。

　イ　大名は，将軍から領地を与えられるかわりに，さまざまな負担が課された。

　ウ　大名は，将軍との親疎関係によって，一門(親藩)・譜代・外様に分けられた。

　エ　大名の行動を規定した武家諸法度は，改元のたびに改定・発布された。

Point ②▶ 武家において，主人と従者との関係はどのように変わったのだろうか。

1 幕藩体制の成立(2)

教科書 p.165~167

藩政

●**藩**：大名家の領地とその支配機構，260~270家
  ・**名君**：陸奥会津保科正之，備前岡山池田光政，常陸水戸徳川光圀，加賀金沢前田綱紀ら
  ・**家臣団**：城下町集住，家老以下勘定奉行・町奉行・郡奉行などの役職につけて藩政を担当
    江戸藩邸には留守居などの家臣が常駐，幕府と国元との連絡にあたる
  ・[①]**制**：当初有力家臣に知行地を与え，その支配を承認→[②]**制**に移行
    [②]制：大名の直轄地から納入される年貢米(蔵米)を[②]として支給

●**藩政**
  ・年貢米や特産物の増収につとめ，これを上方・江戸の中央市場で販売，鉱山開発もさかん
  ・城下町に集住した商工業者に対して地子(土地税)免除や営業独占権を付与

朝廷・寺社の統制

●**朝廷統制**
  ・徳川家康：後陽成天皇の譲位への干渉→朝廷に対する統制を強める
  ・1615年，[③]：天皇・公家が守るべき心得や朝廷機構のあり方規定
  ・1620年，秀忠は娘和子(東福門院)を後水尾天皇のもとに入内させる
  ・[④]**事件**→幕府の法が天皇の勅許に優越することを示す
  ・[⑤]…幕府が公家のなかから任命，朝幕間の連絡にあたらせる
  ・朝廷：官位叙任・改元・改暦の権限は保持しつつも，幕府の承諾必要
  ・天皇：禁裏御料が与えられ，幕府が管理

●**寺院統制**
  ・[⑥]…各宗派それぞれに出し，本山・本寺に末寺を組織=**本末制度**
  ・[⑦]…いずれかの寺院の檀徒(檀家・檀那)となることを強制=**寺請制度**

●**神社統制**
  ・1665年，諸社禰宜神主法度…神社・神職を統制

●**修験道**
  ・修験者(山伏)…本末制度によって編成，陰陽師…公家の土御門家によって組織

寛永文化

●**特色**：桃山文化を受けつぎ，京都や大坂に加えて江戸も中心になっていく

●**建築**
  ・[⑧]**建築：日光東照宮**…権現造(本殿と拝殿を連結した構造)
  ・[⑨]**造：桂離宮・修学院離宮**

●**絵画**
  ・[⑩](土佐派)：朝廷の御用絵師
  ・[⑪](京都町人)…大和絵の画風を受けついだ新しい装飾画
  ・[⑫]…家康から洛北鷹ヶ峰の地を与えられて移り住む
    蒔絵・陶芸・書などですぐれた作品を残す

・〔⑬　　　　　　〕：江戸幕府御用絵師

●**宗教**

・〔⑭　　　　　　〕：明の禅僧**隠元隆琦**来日，山城宇治に中国様式の万福寺を建立

●**陶磁器**

・朝鮮侵略の際，朝鮮人陶工李参平らを連れ帰る→陶磁器生産はじまる

・〔⑮　　　　　　　　〕：**赤絵**の技法完成

MEMO

Point ▶ 藩主と藩士の関係とは，どのようなものだったのだろうか。次の文章の空欄に語句を入れながらまとめてみよう。

　藩士は〔A　　　　　　〕に集住し，さまざまな役職について〔B　　　　　〕を担い藩主に仕えた。これに対して，当初有力家臣には知行地を与えその支配を認めていた（〔C　　　　　　　　〕）が，しだいにほかの家臣同様，藩の直轄地から収納される蔵米を俸禄として支給する（〔D　　　　　　〕）ようになった。

Try 幕府は朝廷に何を求めたのだろうか。幕末までの幕府と朝廷の関係を視野に入れて，考えてみよう。

①禁中並公家諸法度などを参考に，幕府が朝廷に求めたことを考えてみよう。

[
　　
]

②尊王論や公武合体に注目して，幕末までの幕府と朝廷の関係を考えてみよう。

[
　　
]

2 貿易の統制と対外関係(1)

教科書 p.168~169

キリスト教の禁止と貿易の制限

●キリスト教の禁止

・徳川家康:貿易奨励のためキリスト教の布教活動を黙認

・イエズス会以外の修道会の宣教師も来日→信徒増大

・1612年, 直轄領に[①　　　　　]…キリシタン武士の改易, 直轄都市の教会破壊

・1613年, 全国に[①]

・1614年, キリシタン大名だった高山右近らをマニラに国外追放

・1622年, 元和の大殉教(長崎)…宣教師・信徒ら55名が処刑

●貿易の制限

・西国大名の独自貿易防止, 幕府の貿易での利益独占のため

・1616年, 中国船以外の外国船の入港を平戸・長崎2港に限る

・1635年, 中国船の入港を長崎に限る

・1636年, 長崎に建設した[②　　　　　]にポルトガル人を移す

島原の乱と鎖国の完成

●島原の乱(島原天草一揆, 1637~38年)

・九州の島原・天草地方の農民が, 領主のきびしい年貢の取りたてやキリスト教弾圧に反抗し蜂起

・[③　　　　　　　　　　　]を大将, 前領主の牢人が指導, 3万余りが原城跡に籠城

　この地方の前領主は, キリシタン大名有馬晴信・小西行長

・幕府は, 九州の諸大名など12万余りの大軍動員, 老中松平信綱派遣→1638年ようやく鎮圧

　→幕府や大名, キリスト教への警戒深まる

●鎖国の完成

・[④　　　　]:ドイツ人医師ケンペルの『日本誌』を[⑤　　　　　　]が『[④]論』と翻訳

　当時幕府に[④]との認識なし→幕末になって[④]と認識

・1624年, [⑥　　　　　　　]船の来航禁止

・1631年, [⑦　　　　　]制度開始

　[⑦]:老中が長崎奉行に発行した老中奉書によって渡航を許可された船

・1633年, [⑦]以外の日本船海外渡航, 海外在住5年以上の者の帰国禁止

・1635年, すべての日本人の海外渡航と, 在外日本人の帰国禁止

・1639年, [⑧　　　　　　　]船来航禁止

・1641年, 平戸のオランダ商館を長崎の[②]に移す

・1689年, 長崎の中国人は[⑨　　　　　　]に居住

　→[④]:このきわめて制限された外交体制…幕末まで続く外交の基本的枠組み

●キリシタン取り締まり

・[⑩　　　　　]:宗門改帳(宗旨人別帳)作成

・[⑪　　　　], 密告の奨励によってキリシタン摘発

MEMO

───

Point①▶ なぜ幕府はキリスト教を禁止したのだろうか。次の文章の空欄に語句を入れながらまとめてみよう。

　幕府は〔A　　　　　　　〕もあって，キリスト教の布教活動を黙認していたが，キリスト教は神仏信仰を否定していること，信徒が信仰によって団結する恐れがあること，〔B　　　　　　　〕・〔C　　　　　　　〕が布教を通じて日本を侵略する可能性があることなどにより，1613年には全国に禁教令を発した。

Point②▶ 島原の乱で，幕府の政策はどのように変わったのだろうか。次の語句を用いてまとめてみよう。　【　ポルトガル船　　鎖国　　絵踏　】

[

]

Check▶ p.169の図版2と図版3を読み取って，以下の問いに答えよう。
①p.169の図版2の真ん中で立っている人物は何をしているのだろうか。

[

]

②p.169の図版3では，なぜこのような絵が彫られているのだろうか。

[

]

2　貿易の統制と対外関係(2)

教科書　p.170〜171

琉球と蝦夷地

●琉球

・琉球王国：尚氏が支配…日明両国の影響下

・1609年，島津氏は琉球を征服([① 　　　　　])…明との冊封は継続

　島津氏は，琉球との朝貢貿易を支配して利益を得る，産物の砂糖の上納を強制

・琉球使節：[② 　　　　]…琉球国王の代替わりごと

　　　　　　 [③ 　　　　]…徳川将軍の代替わりごと

●蝦夷地

・蠣崎氏：秀吉から所領と蝦夷地渡来商船への課税の独占権が認められる

・1604年，徳川家康が[④ 　　　]氏(もと蠣崎氏)に蝦夷地交易の独占権を与える

・[⑤ 　　　]知行制：上級家臣への知行給付＝交易権の分与

　※[⑤]：アイヌとの交易がおこなわれる場所

・1669年，[⑥ 　　　　　　]の乱…松前藩によるアイヌに不利な取引実施

　→大首長[⑥]がアイヌをひきいて蜂起→松前藩が鎮圧

・18世紀初期，[⑤]知行制は[⑦ 　　　　]制に変質

　[⑦]制：交易を[⑦]人に請け負わせ，運上を取る

鎖国体制下の日本の対外関係

●四つの口の形成

・17世紀後半：[⑧ 　　]が明を滅ぼし，東アジアの動乱が安定化

・日本は鎖国体制のもと四つの口形成…日本と世界との交流はきわめて制限

・通信国(朝鮮・琉球)：国交を結んだ国

　通商国(中国・オランダ)：貿易のみで，正式な国交を結んでいない国

●対馬(宗氏)：対象国朝鮮

・朝鮮使節([⑨ 　　　　　])来日：1607年以来，12回にわたって使節来日

・回答兼刷還使(最初の3回まで)：文禄・慶長の役での朝鮮人捕虜返還が目的

・1609年，[⑩ 　　　　　]：毎年20隻の貿易船を朝鮮に派遣，釜山の[⑪ 　　　]で貿易

●薩摩(島津氏)：対象国琉球…幕藩体制のなかに組み込まれながらも異国としての位置づけ

●松前([④]氏)：対象地アイヌ…[④]氏がアイヌと貿易

●長崎(長崎奉行)：対象国中国・オランダ

・中国・オランダ：正式の国交を結ばなかったが，長崎において貿易

・中国：中国人居留地は唐人屋敷(長崎郊外)

・オランダ：長崎出島

　『[⑫ 　　　　　　]』：オランダ商館長が貿易船来航ごとに幕府に提出

　オランダ商館長は毎年江戸参府，将軍に謁見

Point ①▶ 近世の琉球と蝦夷地は、どのような状況におかれていたのだろうか。次の文章の空欄に語句を入れながらまとめてみよう。

琉球王国は尚氏が支配する国であるが、1609年の〔A 　　　　　　　〕後には島津氏に属しつつ、その一方で中国の冊封は受け続けるという〔B 　　　　　　　〕の状態であった。蝦夷地は大半が〔C 　　　　　〕の住む地域であるが、道南の地域をおさめていた〔D 　　　　　〕藩は、幕府から蝦夷地交易の独占権が与えられ、アイヌとの交易をおこなっていた。

Point ②▶ 幕府は、諸外国とどのようにかかわったのだろうか。次の語句を用いてまとめてみよう。
【　四つの口　　通信国　　通商国　】

[
　
　
　
]

Check▶ p.171の図版 **3** をみて、なぜ朝鮮通信使による行列がこの屏風に描かれているか考えてみよう。

[
　
　
]

Try なぜ幕府の対外政策は、鎖国ともよばれるのだろうか。150字以内で記述してみよう。

[
　
　
　
]

ACTIVE⑤ 近世のキリシタン取り締まりを読みとく 教科書　p.172〜173
歴史を資料から考える

○キリシタン取り締まりについて，教科書p.151〜152，168をみてまとめてみよう。

1　秀吉は，はじめ信長と同様にキリスト教を保護

2　秀吉のキリシタン取り締まり：1587年の [①　　　　　] 出兵の際

キリシタン大名大村純忠が長崎を教会に寄付していたため

・キリスト教の [②　　　　　] は本人の心しだい

・大名がキリシタンになるのは許可制

・[③　　　　　　　] は国外追放＝[③]追放令

・[④　　　　　] は引き続き許可

→その後も[③]の潜入は絶えることはなく，布教も黙認された形で統制不徹底

3　[⑤　　　　　　　　　] 事件

・[⑤]の船員が，スペインは布教ののち植民地化をすすめると進言

→フランシスコ会の宣教師・信徒が長崎で処刑された＝[⑥　　　　　　　　]

4　江戸幕府のキリシタン取り締まり

当初，秀吉の政策と同じ→キリシタンを危険視，スペイン・ポルトガルの脅威などから禁教

・1612年，キリシタン武士の改易や直轄都市での教会破壊

・1613年，全面的な禁教，[③]追放

・1622年，外国人宣教師ら [⑦　　　　] 人を [⑧　　　　　] で処刑＝元和の大殉教

1 元和大殉教図

(1)教科書p.172資料①上の囲み部分

ケン：火刑の者は宣教師（バテレン）が多い。一般の信徒ばかりではなかった。

ユウ：江戸幕府は1613年に禁教令を出していた。でも，たくさんの宣教師が日本にいた。

STEP1　なぜ禁教令が出されたあとも，宣教師が日本にいたのだろうか。

[
　
　
]

STEP2　このとき，江戸幕府は一般の信徒をどのように考えていたのだろうか。

[
　
　
]

(2)教科書p.172資料①下の囲み部分

ユウ：女性たちが祈りを捧げている。一般の信徒のようであるが処罰されなかったのだろうか。

先生：処刑された者の中にも一般の信徒はいた。ただ，多くは宣教師をかくまっていた家族。キリシタンの取り締まりは地域によって温度差があったようだ。

STEP ③　キリシタン取り締まりについて，あなたが住んでいる地域はどうだったのか，調べてみよう。

[

]

STEP ④　一般の信徒はふだんどのような生活をしていたのだろうか。

[

]

❷ 1711（正徳元）年に出された高札

ユウ：キリシタンを密告した者はほうび，隠した者は処罰。バテレンとイルマンは宣教師のこと。
先生：「立ち返り者」はふたたびキリスト教徒になった者，同宿は宣教師見習，宗門が一般の信徒。
ケン：高札から一般の信徒の取り締まりが強化されたことがわかる。きっかけは何だろう。
ユウ：キリスト教禁止の高札が撤去されるのは1873年。
先生：長い間キリスト教が禁止されていたが，その間国内には潜伏キリシタンがいた。

STEP ①　一般の信徒への取り締まりがきびしくなったきっかけは何だったのだろうか。

1　きっかけとなった事件は何だろうか。

[

]

2　一般の信徒への取り締まりがきびしくなったのはなぜだろうか。

[

]

STEP ②　幕府の取り締まりのなか，なぜ潜伏キリシタンは幕末までいたのだろうか。

[

]

Try　① 権力者は宣教師と一般の信徒をなぜ区別して取り締まったのか，考えてみよう。

[

]

② 権力者は，キリシタンのどのような点を危険視していたのだろうか。

[

]

③ 江戸時代の潜伏キリシタンとは，どのような人々だったのだろうか。

[

]

3　近世社会のしくみ(1)

教科書　p.174〜176

近世社会の成立

●**村**

- 〔①　　　　　〕：年貢などの諸負担を，村が村ごとに責任を負って領主におさめる
- 内済：地域での争いの解決は話し合いで解決→解決しない場合は領主の裁判に委ねる
- 百姓は年貢などの諸負担を負うかわりに，領主に仁政にもとづく生活保障を要求
　　→実現されない場合，訴願や一揆によって領主に要求

●**城下町**

- 武士が集住…幕府や大名の軍事・政治・経済の中心
- 幕府や大名は，地子免除などにより積極的に商工業者を都市に集める
- 武家地・寺社地・町人地など…身分ごと・同業者ごとに居住地が分けられる
- 〔②　　　　〕：都市を構成する基礎単位であり住民の共同体

●**文書行政**

- 村や〔②〕の支配のしくみを支えるため**文書行政**が社会に浸透→識字率も向上

百姓と村

●**村**

- 村ごとに検地，土地の所有関係や石高，村の範囲など決定
- 〔③　　　　　〕(高持百姓)…土地を所持し年貢をおさめる義務あり
　〔④　　　　　〕(無高百姓)…土地をもたず他人の土地を借りて耕作，日用(日雇い)に従事
- 1643年，幕領に〔⑤　　　　　　　　　〕…百姓の土地売買禁止
　1673年，〔⑥　　　　　　〕…分割相続による耕地の細分化防止

●**百姓の負担**：〔①〕によって納入

- 〔⑦　　　　　〕(**本途物成**)：田畑や屋敷地に課税，米納が原則だが一部貨幣納
　〔⑧　　　　　〕：収穫高に応じて年貢率を変える課税法
　〔⑨　　　　〕：一定年数，年貢率を固定化する課税法
- 〔⑩　　　　〕：石高に応じて課せられる付加税
- 〔⑪　　　　〕：山野河海の利用や副業に課税
- 国役：治水工事や朝鮮通信使送迎のため，一国または数か国にわたって課される**夫役**
- 〔⑫　　　　〕：街道筋近辺の村は宿駅に人馬を出す

●**村役人**

- 〔⑬　　　　〕(**地方三役**)：〔⑭　　　　〕(庄屋)・〔⑮　　　　　〕(年寄)・〔⑯　　　　　〕
- 〔⑦〕などの諸負担の納入，宗門改，法令の伝達，訴訟事務の取りまとめなど
- 五人組：諸負担の完納，犯罪防止などに連帯責任

●**村政**：〔③〕によって運営

- 村入用(経費)：それぞれの所持石高に応じて割りつけ
- 村掟(村法)：違反者は〔⑰　　　　　〕
- 〔⑱　　　　〕・**もやい**：相互扶助による村民の共同労働…農繁期や家の屋根の葺きかえなど

● 百姓の生活
　・一般的に貧しく，食事は米・麦に雑穀をまぜた飯や雑炊が中心

MEMO

Point①▶ 近世社会は，中世社会からどのように変わったのだろうか。次の文章の空欄に語句を入れながらまとめてみよう。

　兵農分離によって，武士は〔A　　　　　　〕に，百姓は村にと住み分けがなされた。村は中世の村の姿を残すものの，秀吉の〔B　　　　　〕令によって村の武力行使は否定され，地域での争いの解決は〔C　　　　〕(当事者間の示談)でなされることが多かった。〔A〕には武士が集住するとともに，商工業者が移り住み，〔D　　　　　〕地・〔E　　　　　〕地・〔F　　　　　　〕地など，身分ごと・同業者ごとに居住地が決められていた。

Point②▶ 近世の村とはどういったものだろうか。次の語句を用いてまとめてみよう。
【　本百姓　　村法　　村請制　】

[

]

Check▶ p.174の地図**1**を読み取って，以下の問いに答えよう。
①上級藩士と中級藩士，下級藩士の居住地がどのように配置されているか，堀に注目して考えてみよう。

[

]

②町人地は城下町のどこに配されたか考えてみよう。

[

]

3　近世社会のしくみ(2)

教科書　p.176〜178

町人と町

●町：〔①　　　　　　〕が一般的

・〔①〕…道路の両側に間口がせまく奥行きが長い屋敷がたち並ぶ

・道路・橋の修理，防火，衛生維持などを共同でおこなう自治組織

・町法(町掟・町式目)が定められ，町会所(町人の寄合の場)がおかれる

●町人

・〔②　　　　　　〕(**家持・地主**)：家屋と土地をもつ者

　借家・〔③　　　　　〕…家屋を借りている者

　〔④　　　　　〕…屋敷地を借りている者

・負担は百姓より軽く，生活水準も農村に比べ高く，娯楽の機会も多い

・棟割長屋に住む行商や日用仕事でその日を暮らす下層民も多数いた

・町役人

　江戸：都市全体(惣町)＝〔⑤　　　　　　〕，各町＝〔⑥　　　　　　〕・月行事

　大坂：都市全体(惣町)＝惣年寄，各町＝町年寄・月行事

●町の役負担

・〔⑦　　　　　〕：村の本年貢に相当，町ごとに課税，免除されることもあり

・〔⑧　　　　　　〕：都市機能を維持するために課される

・職人町(大工町・鍛冶町・畳町など)には職種に応じた技術労働が課された

●三都

・〔⑨　　　　　〕：最大の消費都市，幕府の諸機関や旗本・御家人屋敷，藩邸集中

・〔⑩　　　　　〕：天皇・公家が住み，著名な寺社が集中，高度な技術による手工業発達

・〔⑪　　　　　〕：「天下の台所」といわれた最大の物資集散地，加工業さかん

身分と家

●**支配身分**

・〔⑫　　　　　〕：多くが城下町に集住して政治を担う，〔⑬　　　　　　　〕や**切捨御免**などの特権

・天皇・公家・上層の僧侶・神職

●**被支配身分**

・〔⑭　　　　　〕：農業・漁業・林業にたずさわる

・〔⑮　　　　　〕：手工業者としての職人や商業に従事する商人

・一般の僧侶・神職・山伏・陰陽師など寺社構成員以外の宗教者，芸能人

・〔⑯　　　　　　　　〕や，その他の賤民

●**士農工商(四民)**：〔⑫〕・〔⑭〕・職人・商人

・士は農工商に優越する身分であったが，農工商の順は必ずしも身分序列ではなかった

●**家**

・各身分は家を単位に構成，家の存続が重視，家内部では〔⑰　　　　　〕の権限が強くなる

・相続：長子相続が一般化→女子や次・三男以下の地位は低くなる

・女性：一般的に男性の下位，活動の場も男性に比べて限定

　『〔⑱　　　　　　〕』などの女子教訓書が広く読まれる→男尊女卑の道徳が広まる

●**厳格な上下関係**
・上級武士と下級武士，本百姓と水呑百姓などの区別
・主君と家臣，武士と武家奉公人（若党・中間など），上層の百姓や町人とその奉公人
　→主従関係は絶対的なもの

MEMO

Point ▶ 近世の町とはどういったものだろうか。次の文章の空欄に語句を入れながらまとめてみよう。

　町は〔A　　　　　〕が一般的で，道路の両側に間口がせまく，奥行きが長い屋敷が，たち並んで向かいあっていた。出入り口には〔B　　　　〕が設けられ，夜にはとじられた。町は領主に対する役負担の単位であるとともに，道路・橋の修理などを共同でおこなう自治組織でもあった。町では〔C　　　　〕を定め，町人の寄合の場である〔D　　　　　〕を設けた。各町には町役人がおかれた。

Check ▶ p.178のグラフ **1**・**2** から，江戸時代の身分と人口の関係について考えてみよう。

[

]

Try さまざまな書物に親しむ人が村にも町にも多数存在したが，そのような行為が広がった理由について考えてみよう。
①文書行政に注目して考えてみよう。

[

]

②女性の識字率がなぜ高いかという点に注目して考えてみよう。

[

]

幕府政治の展開

教科書　p.180〜182

綱吉の政治

● **幕府の財政悪化**

・1657年，明暦の大火：江戸城と江戸市中に大きな被害，災害復興のため出費増大

・鉱山収入の減退：佐渡金山・石見銀山など代表的な金銀山で採掘量が減少

・年貢収入の限界：百姓からこれ以上の年貢率を上げることに限界

● **5代将軍徳川綱吉の就任と将軍権力の強化**

・4代将軍徳川家綱の死去により，弟の**綱吉**(上野国館林藩主)が将軍に就任

・綱紀の粛正，不正役人の処罰など賞罰の厳格化により，将軍権力の安定をめざす

　→支配の根幹に儒教倫理をすえ，学問重視の政治に→文治主義的な傾向さらにすすむ

・前半期は将軍擁立に尽力した大老堀田正俊が重用される

　→後半期は新設された**側用人**の〔①　　　　　　　〕が重用される

● **政治の特色**

・江戸の湯島に〔②　　　　　　　〕を創設

　→〔③　　　　　　〕(信篤)を大学頭に任じて儒教を振興

・天文方に〔④　　　　　　　〕(安井算哲)，歌学方に〔⑤　　　　　　　〕を登用

・生類にかかわる政治

　〔⑥　　　　　　　　　〕：捨子や捨牛馬の禁止，犬の愛護など

　→農村での鉄砲(害獣駆除に必備の道具)の所持・使用に規制を加え，全国的調査を実施

　〔⑦　　　　　　　〕の発布により，死の穢れなどにかかわる対処や服喪期間を定める

・〔⑧　　　　　　　〕を勘定吟味役に登用し財政改革を実施→銅の輸出で長崎貿易を増大

　→慶長金銀より金銀含有量をさげた〔⑨　　　　　　　〕へ改鋳することで差額(出目)を得る

・朝廷儀式の復興により朝廷と幕府の関係を融和

・寺社の建立と修築(護国寺の造営，東大寺大仏殿の再建)←綱吉の生母桂昌院の仏教帰依

正徳の政治

● **6代将軍家宣・7代将軍家継の時代**

・5代将軍綱吉の甥で甲府藩主の**徳川家宣**が綱吉の養子となり6代将軍に

　→ついで家宣の子**家継**が7代将軍となる

● **正徳の政治**

・側用人〔⑩　　　　　　　〕と儒者〔⑪　　　　　　　〕による改革政治が実施される

・〔⑫　　　　　　　〕を鋳造し，慶長金銀と同品位の金銀貨幣に戻す

・1715年，〔⑬　　　　　　　　〕(正徳新令・長崎新令)を発令して長崎貿易の額を制限

・朝鮮通信使の国書に，将軍を従来「日本国大君」と記していたのを「日本国王」と改める

　→将軍の権威を高めることがねらい

・朝幕関係では，新たな宮家として〔⑭　　　　　　　〕を創設

　→さらに家継と皇女の縁組を決めるなどの融和策をとる

MEMO

Point ①▶ なぜ徳川綱吉は生類憐みの令を出したのだろうか。

[

]

Point ②▶ なぜ新井白石は将軍の権威を高めたのだろうか。次の語句を用いてまとめてみよう。
【　朝鮮通信使　　日本国王　　財政　】

[

]

Check▶ 江戸時代を通じて，小判の重量と金貨の成分はどのように推移したのだろうか。次の文章の空欄に語句を入れながらまとめてみよう。

　〔A　　　　　　〕小判の重量や金の成分（品位）は，江戸時代を通じて一つの基準とみなされていた。〔B　　　　　　〕小判は，財政再建のため〔A〕小判と同じ重量だが金の成分を下げたものであった。

　その後〔C　　　　　〕小判は，成分はもとに戻したが重量はもとの半分となった。正徳・享保小判は，〔A〕小判の重量・成分に戻したが，その後の時代は，成分を維持しながらも重量を減らした改鋳がおこなわれた。幕末期は，〔D　　　　　　　〕による貿易で金の流出が問題となったため，金の成分はすえおいたものの，重量は著しく低い〔E　　　　　〕小判を鋳造した。

Try 都市の消費生活が発展したことと，幕府と藩の財政が悪化したこととの関連について，次の文を参考にしながら考えてみよう。
　ア　消費生活の発展は貨幣経済の進展をうみ，通貨発行量の増大をうながした。
　イ　大名や家臣らの江戸屋敷での生活は，都市の消費生活に大きく依存することになった。

[

]

5 経済の発展（1）

教科書 p.183〜186

新田開発の進展と農業の発展

●新田開発

・治水・灌漑技術の進展，幕府や諸藩による**新田開発**の実施により耕地面積や石高が増大

・17世紀末には，町人が開発を請け負う〔①　　　　　　　〕が多くひらかれる

●農業技術の改良

・農具の普及

深耕可能な〔②　　　　　〕，脱穀の能率を上げる〔③　　　　　〕，

籾などを選別する〔④　　　　　〕・**千石簁**，灌漑の道具である**竜骨車**・〔⑤　　　　　〕など

・購入肥料（〔⑥　　　　〕）の普及：〔⑦　　　　　〕や**油粕・〆粕**など

・野菜や綿，菜種，〔⑧　　　　　　　〕と総称される商品作物の栽培がさかんに

→米を基盤とする農村の自給自足経営を変化させ，農村に〔⑨　　　　〕（在方）**商人**が登場

→全国各地で風土・特色に応じ特産品が形成，地域ごとの分業もみられるように

（例）綿作…東海地方，畿内や瀬戸内海，北九州など

養蚕・製糸…信濃から北関東，陸奥南部など

→江戸時代中期には中国産生糸にかわり国産生糸が国内需要をまかなうように

諸産業の発達

●林業の発達

・木材の需要増大（都市建設），薪・炭の需要（生活必需品，諸産業での使用）から林業発達

→信濃木曽の檜，大和吉野・出羽秋田の杉はとくに有名

●漁業

・上方で発達した〔⑩　　　　　〕（**上方漁法**）が全国に伝播

→〔⑪　　　　　〕など大規模漁業が展開

（例）九十九里浜の鰯漁，土佐の鰹漁，蝦夷地の鮭・鰊・昆布漁，南海・西海の捕鯨漁

→江戸時代中期から，海産物の〔⑫　　　　〕が貿易品として注目→幕府は独占的管理へ

●塩業

・従来の揚浜法から〔⑬　　　　　〕へと発展→瀬戸内海などで生産がさかんに

●鉱山業

・金・銀：江戸初期は隆盛→やがて産出量縮小

・銅　　：金・銀にかわって生産が増大（下野の足尾，伊予の別子）

手工業の発展

●都市から農村への広がり

・城下町の職人による手工業が農村部でもさかんに

●織物業

・木綿織…河内・和泉など畿内や三河・尾張など東海地方のほか，小倉織・久留米絣が有名に

・絹織物…〔⑭　　　　〕の技術が京都西陣から北関東の上野桐生，下野足利などに広がる

・麻織物は，奈良の晒，近江の麻，越後の縮が著名

→織物業の発達により，染色の技術も発展

・その他，製紙・陶磁器・漆器・酒や醤油の醸造，売薬なども発達

MEMO

- -
- -
- -
- -
- -
- -
- -
- -
- -
- -
- -
- -
- -
- -

Point①▶ 新田開発と農具の改良は，何をもたらしたのだろうか。次のア～エから誤っているものを一つ選ぼう。　　　　　　　　　　　　　　　　　　　　　　　　　〔　　　〕

ア　耕地面積の拡大と農具の改良は，生産効率を高め，収穫量が高まった。

イ　農作業における省力化と労働効率が上昇したので，百姓は他の農作業にたずさわる余地がうまれた。

ウ　生産量の増大により，加工業・流通業が発達した。

エ　収穫量が増大したが，領主は年貢率や徴収の制度を変えなかったので，百姓の生活は向上した。

Point②▶ 地域の特産品は，どのようにしてうまれたのだろうか。

[　　　　　　　　　　　　　　　　　　　　　　　　　　　　　　　　　　　　]

Check▶ 見返し4の地図から，近世における全国各地の特産品を確認してみよう。

①菜種油や櫨の生産は，当時の生活文化にどのような影響を与えただろうか。考えてみよう。

[　　　　　　　　　　　　　　　　　　　　　　　　　　　　　　　　　　　　]

②服装の文化に影響を与えたと考えられる特産品をあげてみよう。

[　　　　　　　　　　　　　　　　　　　　　　　　　　　　　　　　　　　　]

5　経済の発展(2)

教科書　p.186〜189

交通の発達

●陸上交通

・幕府の街道・宿駅整備，参勤交代など諸大名の通行や商品流通により交通が発達

・江戸日本橋を起点とする[①　　　　　　]，

　山陽道・山陰道・北国街道など脇街道(脇往還)も整備

　→宿駅や1里ごとの一里塚，要所に関所が設置(「入鉄砲に出女」をきびしく取り締まる)

・文書や荷物の継送りのため[②　　　　　]の制度が整備

　→大名の通信手段である[③　　　　　]，町人に担われた[④　　　　　]，

　　江戸と京都・大坂を往復する三度飛脚が登場し，各地に飛脚問屋も成立

・幕府は宿駅に伝馬役を課し人馬を負担させ，不足すると周辺農村に[⑤　　　　　]を課す

・宿駅(宿場)の施設

　[⑥　　　　　]：人馬の継立業務をおこなう

　[⑦　　　　　]・脇本陣：大名・公家や幕府役人の宿泊施設，旅籠・木賃宿：一般旅人の宿泊施設

●水上交通

・河川・湖上交通：淀川(京−大坂)，利根川(北関東−江戸・銚子)，琵琶湖など

　※角倉了以：高瀬川の開削(京−伏見)や富士川・天竜川の水運開発をおこなう

・海上交通：南海路(江戸−大坂)で[⑧　　　　　]や**樽廻船**が活躍

　※**河村瑞賢**…[⑨　　　　　]**航路**・[⑩　　　　　]**航路**を整備

商業の発展

●流通する品物

・[⑪　　　　　]：各城下町から三都にある藩の[⑫　　　　　]に送られた年貢米や貢納物

・[⑬　　　　　]：産業の発展にともない増大してきた一般の流通品

●商人の分化

・諸藩の[⑫]がおかれた大坂には，[⑭　　　　　]・**掛屋**が[⑪]の販売に従事

・商人は[⑮　　　　　]・**仲買**・**小売**に分化し，営業独占のため同業者で[⑯　　　　　]を結成

　※大坂の二十四組問屋，江戸の十組問屋などが有名，のちにさかんに[⑯]が結成

貨幣制度と金融

●三貨制度

・金・銀・銭の三種の貨幣([⑰　　　　　])をそれぞれ**金座・銀座・銭座**で製造

　金貨…両・分・朱を単位とする4進法，大判・小判・一分金などが通用(計数貨幣)

　銀貨…匁を単位，丁銀・豆板銀などが通用(秤量貨幣)

　銭貨…文を単位(1000文=1貫)，[⑱　　　　　]などが発行

　その他，大名の藩内で通用する[⑲　　　　　]も発行

●金融の発達

・西日本は銀貨，東日本は金貨が通用→「西の[⑳　　　　　]，東の[㉑　　　　　]」

　→[㉒　　　　　]の登場，為替取引や貸し付け業務もおこなう

　→[㉓　　　　　]をおこなう者も登場

・江戸浅草蔵前には，幕府の年貢米や旗本・御家人の給料支給にたずさわる[㉔　　　　　]が登場

Point ①▶ 全国の流通網が完成したことで，何が変わったのだろうか。以下の文を参考に考えてみよう。

　　ア　城下町など地方都市と三都を人や物が活発に行きかうようになった。

　　イ　特産品など地方性のある物資が全国にもたらされるようになった。

　　ウ　蝦夷地の昆布は，大坂をはじめ全国にもたらされると，代表的な食材として定着した。

[
　　]

Point ②▶ なぜ幕府は仲間を認めるようになったのだろうか。

[
　　]

Check▶ p.188の図版2をみて，三井越後屋の新商法について，図版と説明文を参考にしながら列挙してみよう。

[
　　]

Try 江戸時代の貨幣制度を中世と比較して，共通点と相違点を考えてみよう。

[
　　

]

6　元禄文化と学芸の発展(1)

教科書　p.190〜191

元禄文化

●**特色と担い手**

・江戸時代前半期，泰平の世が続くなか，文芸・学問・芸術が発展した文化＝**元禄文化**

・商品経済や流通の発展を背景に経済を担う上方町人を中心に新しい文化を受容

・新しい文化は都市から農村へも拡大

・現世主義的な庶民の生活そのものが題材となる

町人文芸の発達

●**出版文化の盛行**

・版木による木版印刷で大量に出版

・上方(京都・大坂)を中心に出版，しだいに江戸にも及ぶ

・儒教や仏教関係，日本の古典のほかに平易で教訓的・娯楽的な〔①　　　　　　　〕も流行

●**小説**

・〔②　　　　　　　〕による，さまざまな人間の生きざまを描いた〔③　　　　　　〕が流行

　→好色物…『好色一代男』『好色一代女』

　→武家物…『武家義理物語』

　→町人物…『日本永代蔵』『世間胸算用』

●**演劇**

・浄瑠璃：〔④　　　　　　　　〕が大坂道頓堀に〔⑤　　　　　　　　　〕を公演する竹本座を創設

・歌舞伎

　17世紀はじめ：女歌舞伎…禁止→17世紀なかごろ：若衆歌舞伎…禁止

　→野郎歌舞伎(成人男性のみで演じる)の時代へ

　→物語性の重視と名優の輩出(荒事の市川団十郎，和事の坂田藤十郎，女形の芳沢あやめ)

・浄瑠璃・歌舞伎の台本作者の〔⑥　　　　　　　　〕が活躍

　→世話物…『曽根崎心中』『冥途の飛脚』『心中天網島』

　→時代物…『国性爺合戦』

●**俳諧**

・貞門派(松永貞徳)や談林派(西山宗因)が江戸初期から17世紀後期にさかん

　→〔⑦　　　　　　　〕による**蕉風**(正風)の「さび・しおり・軽み」を特徴とする俳諧の登場

　…文学性高まる

　→都市の町人だけでなく，地方・農村部の豪農層にも受容され，俳諧紀行文も登場

MEMO

MEMO

- -

- -

- -

- -

- -

- -

- -

- -

- -

- -

- -

- -

- -

- -

- -

- -

- -

- -

- -

- -

- -

- -

- -

Point ▶ なぜ井原西鶴と近松門左衛門は民衆に受け入れられたのだろうか，彼らの作品の内容に注目し，「浮世」という語句を用いて記述してみよう。

[

]

Check ▶ p.190の図版 **1** から，庶民の生きる町場ではどのような文化が展開していると考えられるか。次の語句を用いてまとめてみよう。 【 出版　　教育 】

[

]

⑥　元禄文化と学芸の発展(2)

儒学の発達

●儒学の重視

・幕府の文治的な政治：秩序維持と政治のあり方を示す学問として儒学が注目

・儒者が幕府や藩の政策を提案し，藩の子弟の教育にたずさわる

●朱子学派　規範を重視

・京学：〔①　　　　　〕を祖→弟子〔②　　　　　〕…徳川家康の侍講として仕える

　　　→〔②〕の孫林鳳岡(信篤)以降は大学頭に任ぜられて，幕府の文教政策にかかわる

・木下順庵：5代将軍綱吉の侍講

　　　→順庵の弟子：〔③　　　　　〕…6代将軍家宣・7代将軍家継の侍講

　　　　　　　　　〔④　　　　　〕…8代将軍吉宗の侍講

・南学：〔⑤　　　　　〕…土佐藩において藩政を主導

　　　　〔⑥　　　　　〕…神道と儒教を融合した**垂加神道**を唱える

●陽明学派　実践による認識を重視

・陽明学派の祖：〔⑦　　　　　〕→〔⑧　　　　　〕：岡山藩主池田光政に仕える

●古学派　孔子・孟子の原典への回帰を主張

・**山鹿素行**…『聖教要録』で朱子学を批判

・古義学：〔⑨　　　　　〕…京都堀川に私塾古義堂を設立

・古文辞学：〔⑩　　　　　〕…柳沢吉保・8代将軍吉宗に登用，『政談』で吉宗に政策提言

　　　→江戸に学塾蘐園をひらく，文献学的方法はのち国学にも影響

諸学問の発達

●実証的な歴史学

・〔②〕・鵞峰父子『本朝通鑑』：幕府の命令で六国史以降の時代について編纂

・徳川光圀が『〔⑪　　　　　〕』の編纂に着手

　　　→朱子学の大義名分論にもとづく歴史の編纂，水戸学が成立

・〔③〕『読史余論』：公家の世から武家の世への展開を正当化

●古典研究

・歌学の革新を唱えた**戸田茂睡**，幕府歌学方の〔⑫　　　　　〕，

　〔⑬　　　　　〕の万葉集研究

●その他の学問

・和算：吉田光由『**塵劫記**』や〔⑭　　　　　〕(円周率や行列式の研究)により発展

・天文学：**渋川春海**(安井算哲)が宣明暦の誤差を正して〔⑮　　　　　〕を作成

・医学：臨床を重んじる〔⑯　　　　　〕

・**本草学**：〔⑰　　　　　〕が『大和本草』を刊行

・農学：〔⑱　　　　　〕が『農業全書』を刊行

美術・工芸

● **絵画**
- ・住吉派：幕府の御用絵師〔⑲　　　　　　〕・**具慶**父子ら，土佐派から分派
- ・琳派：「燕子花図屏風」「紅白梅図屏風」などを残した〔⑳　　　　　　〕
- ・〔㉑　　　　　　〕：美人・役者を題材
  - →「見返り美人図」で知られる〔㉒　　　　　　〕は肉筆画から色刷りの木版画を制作

● **陶芸**　色絵の技法を完成した京焼の〔㉓　　　　　　〕，自由な作風の〔㉔　　　　　　〕が活躍

● **染色**　京都の**宮崎友禅**が〔㉕　　　　　　〕をうみだす

● **彫刻**　円空仏：遊歴の僧**円空**が素朴で力強い彫刻を残す

MEMO

Point①▶ なぜこの時代に儒学が発達したのだろうか。次の文章の空欄に語句を入れながらまとめてみよう。

　武力を背景とした支配がおこなわれた〔A　　　　　〕時代が終わり，戦いのない泰平の時代になると，幕府は，為政者の徳や，儀礼・法にのっとった政治をおこなうようになった。そのなかで，君臣の秩序を重んじる儒学（とくに〔B　　　　　〕学）は，政治支配の論理として，また武士たちの道徳として重視されるようになった。

Point②▶ 元禄美術の特徴とは何だろうか。次の語句を用いてまとめてみよう。
【　有力町人　　庶民　】

Try　都市のもつ文化的機能と朝廷や幕府の文化は，民衆が文化をつくりだすことにどのような影響を与えたのだろうか。170字程度で記述してみよう。

幕藩体制の動揺と幕政の改革(1)　　　　教科書　p.194〜196

幕藩体制の動揺

●**農村の変容**

・商品経済の進展により農民の階層分化が進行

…土地を失い賃稼ぎや小作人に転落する農民と，土地集積をおこない経営拡大する農民に二分化

※本百姓経営に基礎をおいていた幕藩領主は，安定的な年貢収入が不安定に

●**都市の変化**

・商品需要の増大で諸物価は上昇する一方，米価は他の商品ほど上昇せず

→年貢米を売却していた幕藩領主の財政は悪化→豪商らに借金をする藩が続出

→支給される蔵米で生活する旗本・御家人，藩士たちの生活は窮乏化

享保の改革

●**改革政治の開始**

・紀伊藩主の〔①　　　　　　　〕が将軍家を相続→財政再建のため**享保の改革**を開始

●**財政の再建**

・〔②　　　　　　　〕：出費の削減策

・〔③　　　　　　　　〕：人材登用と支出の抑制

・〔④　　　　　　　　〕：大名に石高に応じ米を上納させ，かわりに参勤交代を半減

・不正代官の処罰，定免法採用による年貢の増徴，積極的な新田開発などで収入増をめざす

●**農政**

・殖産興業：朝鮮人参・甘蔗(砂糖きび)・櫨などの栽培を奨励

・救荒対策：〔⑤　　　　　　　　〕を登用し，甘藷(サツマイモ)を普及させて飢饉に備える

・質流地禁止令(1722年)で農民の階層分化を防ごうとしたが，越後・出羽の騒動により撤回

●**物価統制**

・諸物価の値上がりに対して米価が安くなる事態が発生←米の供給増大

・貨幣の改鋳：享保金銀・元文金銀を鋳造，通貨の安定をはかる

・商工業者に株仲間をつくらせて物価の高騰を抑制

・大坂〔⑥　　　　〕の**米市場**の相場を公認し，米価を調整

●**都市政策**

・〔⑦　　　　　　　　〕を町奉行に任命し，消防制度の改善や小石川養生所設置などの救民対策を実施

・〔⑧　　　　　　　〕：民意反映のため，江戸の評定所，京・大坂の町奉行所に意見箱を設置

●**裁判・法制度の整備**

・〔⑨　　　　　　　　　〕：訴訟事務軽減のため，金銭貸借の訴訟を不受理とし当事者間で解決

・〔⑩　　　　　　　　〕：裁判や刑罰の基準を定める

●**対外政策**

・朝鮮通信使の国書に記載する将軍の称号を「日本国王」から「日本国大君」に戻す

・漢訳洋書輸入の禁を緩和し，オランダ語習得を〔⑪　　　　　　　〕・〔⑤〕に命じる

●**結果**

・財政再建には一定の成果，しかし物価高騰は解決せず

・1732年には西日本中心に〔⑫　　　　　　　　〕発生→江戸でもはじめて打ちこわしが発生

MEMO

Point ①▶ なぜ幕府や藩の財政悪化はおきたのだろうか。

Point ②▶ 徳川吉宗の改革政治は，どのような点に着目していたのだろうか。

Check ①▶ p.194の史料「大名の窮乏」には，財政難におちいった大名のとった対処のいくつかが記されている。内容を読み取りながら，列挙してみよう。

Check ②▶ p.195の図版②に描かれている町火消の様子から，当時の消防の方法はどのようなものだったか，考えてみよう。

1 幕藩体制の動揺と幕政の改革(2)

教科書　p.197〜199

田沼政治

●18世紀後半の農村

・〔①　　　　　　〕の成長：土地を集積し，村役人を兼ね生産・流通などにかかわる有力農民が台頭

　→小作人や小百姓たちと対立

●田沼意次の登場

・9代将軍家重・10代将軍家治の側用人から老中にすすんだ**田沼意次**が権勢をふるう

・幕府財政をもっぱら年貢に求める方法から，経済・流通政策にもとづく収入も重視するように

●経済・流通政策

・株仲間を積極的に認可→営業独占を認めるかわりに〔②　　　　　〕・〔③　　　　　〕を上納させる

・鉄座・真鍮座の設置：鉄・真鍮の流通統制と専売を実施

●貨幣政策

・〔④　　　　　　　　〕の鋳造：銀貨であるのに計数貨幣，〔⑤　　　　〕枚で金1両に相当

　→金銀通貨の一本化を企図

●貿易

・**俵物**(いりこ・ほしあわび・ふかのひれ)の輸出を奨励→中国向けの輸出品に

　→蝦夷地の開発，ロシア交易にも関心

・新田開発：印旛沼・手賀沼の干拓

●結果

・株仲間の営業独占と賄賂の横行←商人の経済力を利用した政策だったため

・〔⑥　　　　　　　　〕の発生：奥羽(東北)地方を中心に大きな被害

　→一揆・〔⑦　　　　　　　　〕が頻発

・若年寄田沼意知(意次の子)の殺害事件

　※殺害した旗本佐野政言は人々に「世直し大明神」とたたえられた

　→意次の権勢は衰え，失脚

百姓一揆と打ちこわし

●幕府・諸藩の財政悪化

・年貢増徴・専売制実施・家臣の俸禄削減など→加えて凶作や飢饉も発生し，農民の生活は困窮化

●民衆の訴え

・幕府や藩への訴え・主張

　→当初は合法的な訴願行為によって，年貢の軽減などを要求

　→受け入れられない場合，徒党(集団で結束)や強訴(大勢で訴え)など非合法な行為を実行

　＝百姓一揆

●百姓一揆

・17世紀はじめ：兵農分離の過程で村の土豪(村の有力者)が主導する武力蜂起

・17世紀末〜：〔⑧　　　　　　　　〕…農民が徒党して集団の力で領主に訴える

　→全藩一揆(藩の領域全体に及ぶ規模での領民闘争)も発生

　→18世紀以降，都市では〔⑦〕も頻発

　※領主と結んだ村役人や商人などに押しかけ家宅や商売道具を破壊

・19世紀：[⑨　　　　　　　　]…激しい[⑦]をともないながら，社会変革も唱える

　　※「一揆の作法」とよぶべきルールの存在…行動，出で立ちなど

MEMO

Point①▶ 田沼政治がもつ，政策上の新しい着眼点とは何だろうか。次の文章の空欄に語句を入れながらまとめてみよう。

　田沼意次は，[A　　　　　]生産に依存する幕府財政の限界を認識し，成長をとげてきた[B

　　　]資本や経済状況に着目し，商人を利用した経済政策や物価の統制策，さらには従来の

[C　　　　　]制度に大きな変更を与える幣制改革など，経済・金融・流通面にかかわる諸政策を打ち出した。

Point②▶ 社会の変化とともに，人々の主張の内容や方法はどのように変化していったのだろうか。

[

]

Check▶ p.198のグラフ**2**をみて，以下の問いに答えよう。

①百姓一揆の発生数が増大してくる時期はいつごろからといえるだろうか。

[

]

②1790年代以降で一揆の発生数がはなはだしくなるのは，どのような契機によるのだろうか。

[

]

1 幕藩体制の動揺と幕政の改革(3)

教科書　p.199～200

村方騒動と地域的自治

●村方騒動の発生

・百姓の階層分化：貧富の差の拡大により，小作人に転落する者や地主化する者が発生すること

→村役人の村政の不正行為や，村内特権をめぐる村内の紛争＝[①　　　　　　　]へ

●村の自治から地域の自治・連帯へ

・入札(投票)による村役人の選出や村人による自律的な決定方法がおこなわれる

・村をこえる経済的な問題などにも地域での会合を経て，議定とよばれる取り決めを作成

→畿内では**国訴**とよばれる数か国に及ぶ広域的な訴訟が展開することもあった

寛政の改革

・11代将軍[②　　　　　　　]時代の老中首座で，陸奥白河藩主[③　　　　　　　]が改革に着手

→**寛政の改革**…8代将軍吉宗の時代を理想とする政治

●旗本・御家人への対策

・[④　　　　　　　]：旗本・御家人の窮乏を救うために札差への債務を破棄

・[⑤　　　　　　　]：朱子学以外の学問を湯島聖堂で教授することを禁じる

●農村復興政策

・荒廃した農村から人々が江戸や都市に流入

→農村の復興のための米穀貯蔵用として[⑥　　　　　　　]をつくらせる

→[⑦　　　　　]：大名も1万石につき50石の米穀貯蔵

●江戸の都市政策

・旧里帰農令：江戸に流入した者を農村に戻るよう帰農をうながす

・[⑧　　　　　　　]：石川島に無宿人を収容して，授産・更生させる施設

・[⑨　　　　　　　](七分積金の法)

：町に対し町費節約分のうち7割を毎年積みたてさせ，貧民救済等に利用

●対外関係

・江戸湾警備体制の強化：相模・伊豆など江戸湾の警備・海防に留意

●出版の統制

・[⑩　　　　　　　]の『海国兵談』を幕政批判とみなして，処罰対象に

・黄表紙作者の恋川春町，洒落本作者の[⑪　　　　　　　]，版元の蔦屋重三郎らを処罰

→その他，政治批判や風紀の取り締まりを強化

●結果

・[⑫　　　　　　　]：光格天皇の実父の称号をめぐって幕府と朝廷間で確執発生

→[③]の失脚へ，ただし，改革政治はその後もほかの幕閣らによってしばらく継続

MEMO

Point① ▶ 人々は村や地域をよりどころに，どのような行動をとったのだろうか。

Point② ▶ 寛政の改革がめざしていたものは何だろうか。次の語句を用いてまとめてみよう。
【　享保の改革　　都市　　農村　】

Check ▶ p.200の史料「林子平『海国兵談』」では，日本の海防は長崎だけの警備では十分でないと主張しているが，それはなぜか。読み取ってみよう。

Try　この時代に生じた，幕藩制に大きくかかわる矛盾点（問題点）とは何だったのか考えてみよう。

2　欧米列強の接近と天保の改革(1)

教科書　p.201〜203

欧米列強の接近

●欧米諸国の動き

- ・18世紀：イギリス・フランスの植民地争奪　→19世紀にイギリスが覇権を確立
- ・18〜19世紀：ロシア・アメリカの領土拡大　→18世紀後半以降，欧米列強が日本に接近
  - →幕府は対外政策の見直しをせまられることに

●ロシアの接近と幕府の蝦夷地政策

- ・仙台藩医〔①　　　　　　　〕，林子平らがロシアに対する備えを主張
- ・〔②　　　　　　　　〕らを蝦夷地調査に派遣
- ・1792年，〔③　　　　　　　　〕が根室に来航
  - →漂流民大黒屋光太夫の送還とともに通商要求→幕府は拒否
  - →幕府は〔②〕や〔④　　　　　　〕らに蝦夷地調査を命じる
  - ※蝦夷地の直轄化
  - …松前藩管轄の東蝦夷地を仮直轄とし，蝦夷地奉行(のち箱館奉行→松前奉行)に支配させる
- ・1804年，ロシア使節〔⑤　　　　　　　〕が長崎に来航→幕府は拒否，両国の関係は悪化
  - ※西蝦夷地も幕府直轄とし，松前氏は陸奥梁川に転封→全蝦夷地が松前奉行の支配に
- ・〔⑥　　　　　　　　〕が樺太から黒竜江河口の探検→海峡を発見
- ・1811年，国後島でロシア艦長〔⑦　　　　　　　　　〕をとらえる事件(〔⑦〕事件)が発生
  - →日露関係の復旧により蝦夷地を松前藩支配に戻す

●イギリス船来航と異国船への対応

- ・1808年，〔⑧　　　　　　　　　　　〕：イギリス船がオランダ船を追って長崎港に侵入
  - →1825年，〔⑨　　　　　　　　〕(**無二念打払令**)を発令
  - ：沿岸に接近する外国船は打ち払うよう大名に指示

文化・文政時代

●大御所時代の社会と財政問題

- ・11代将軍徳川家斉の浪費と幕府の支出増大
  - …文政金銀改鋳による差益金と商人への御用金賦課で対応
- ・12代将軍〔⑩　　　　　〕に将軍職をゆずった家斉は大御所として依然実権をふるう
- ・関東農村では荒廃がすすみ，農民の生活環境の悪化，離村や階層分解がさらに進行
  - →博徒や無宿人となる農民が増え，治安も悪化
  - →1805年，〔⑪　　　　　　　　　　〕(八州廻り)を設置して関東全域の治安維持を担当
  - →1827年，幕領・私領を問わず数十か村を〔⑫　　　　　　　　〕(改革組合村)に編成

MEMO

MEMO

Point①▶ 列強の接近に対して，幕府はどのような対策をおこなったのだろうか。次のア～エから誤っているものを一つ選ぼう。　　　　　　　　　　　　　　〔　　　　〕

ア　「鎖国」が開幕以来の祖法として，外国の通商要求を拒否した。

イ　幕府は蝦夷地の探検・調査を実施するとともに，幕府直轄化をすすめた。

ウ　長崎口で対応し，江戸に報告しながら交渉を続けたが決裂した。

エ　江戸湾の防備を強化した。

Point②▶ 文化・文政時代の農村では，どのような状況がおきていたのだろうか。次の文章の空欄に語句を入れながらまとめてみよう。

　農村では[A　　　　　　　]がすすみ，地主・小作人関係が広く展開した。とくに関東地方では，農村荒廃がすすみ，離村する者があいつぎ，百姓の生活風紀も乱れ，博徒や[B　　　　　]になる者も多かった。江戸や地方都市などに人口が流入し，都市問題も引きおこされた。幕府は関東の広域的な警察機構として[C　　　　　　　]を新設し，1827年には領主にかかわらず数十か村を一単位とする[D　　　　　]を編成した。

Check▶ p.201の地図**1**をみて，18世紀以降，どこの国の船が日本のどこに来航（あるいは，どこで事件が発生）するようになったのだろうか。時代順に並べ，だれが幕府の政治を担当した時代かにも注目してまとめてみよう。

2　欧米列強の接近と天保の改革(2)

教科書　p.203〜205

流通の変化と手工業の発展

● 流通構造の変化

・西廻り航路の北前船，瀬戸内海から江戸の間を航行した尾州廻船(内海船)の活躍

・上記の廻船が買積方式で寄港地から消費地に直送したため，大坂を経由せず

　　→「天下の台所」大坂の商品集荷力の低下

　　→江戸への商品供給ルートの多様化

● 新たな経済圏成立と旧来の特権打破

・関東地方で生産され江戸向けに出荷された地廻り品が展開→[①　　　　　　　　　　]の成立

・都市の特権的商人の流通独占を打破する(＝流通の自由化を求める)動き

　　→[②　　　　　　]：数か国の村々が連合して合法的な訴願闘争を展開

　　※畿内3か国の村々が木綿の販売自由化を求めて結束し訴願した事例

● 手工業生産の新展開

・18世紀ごろ：[③　　　　　　　　　　]

　　…問屋が原料や資金を前貸しし，加工賃を払い製品を引き取る

・19世紀前半：[④　　　　　　　　　](工場制手工業)

　　…賃労働者を工場に集め，工程を分業させて生産する

政治・社会思想の発達

● 幕藩制社会への批判

・18世紀前半：武士土着論…荻生徂徠の『政談』

　　　　　　　　　藩専売制論…[⑤　　　　　　　]の『経済録』

・18世紀なかば：支配・被支配関係の否定…[⑥　　　　　　　]の『自然真営道』『統道真伝』

● 尊王論

・朱子学の尊王斥覇・大義名分論からの政治批判事件

　　[⑦　　　　　　　]：京都で公家に尊王論を説いた竹内式部が追放刑に

　　[⑧　　　　　　　]：江戸で尊王論を説いた山県大弐が処刑される

　　→尊王論は幕末には攘夷論と結びついて尊王攘夷論へ

● 重商主義・経世論

・[⑨　　　　　　　]：外国交易による富国論，『経世秘策』『西域物語』

・[⑩　　　　　　　]：藩専売制による財政再建策，『稽古談』

・[⑪　　　　　　　]：国家による産業と貿易の振興，『経済要録』『宇内混同秘策』

● 蘭学者からの鎖国批判

・渡辺崋山『慎機論』と高野長英『戊戌夢物語』：幕府の対外政策を批判

● 農村復興

・[⑫　　　　　　　]：『広益国産考』などの農書をあらわし，農業指導も実践

・[⑬　　　　　　　]：農村荒廃からの復興事業(報徳仕法)を実施

・[⑭　　　　　　　]：下総で農村の生活更生を指導，「性学」といわれる実践道徳を唱える

- -

- -

- -

- -

- -

- -

- -

- -

- -

- -

- -

- -

- -

- -

- -

- -

- -

- -

Point ①▶ 江戸中期以降，生産や流通のしくみはどのように変化したのだろうか。次の語句を用いてまとめてみよう。 【 大坂　　江戸　　経済圏 】

Point ②▶ 社会の変容のなかからうまれたこの時代の思想のうち，次の思想はどのようなものか，調べてまとめてみよう。

①p.205の史料「安藤昌益の『自然真営道』」の本文から，昌益の思想をまとめてみよう。

②二宮尊徳の思想を調べて簡単にまとめてみよう。

2　欧米列強の接近と天保の改革(3)

教科書　p.206～208

内憂外患の深まり

●天保期の社会問題と矛盾

・〔①　　　　　　　〕：全国的に被害，一揆や打ちこわしの発生

　→甲斐の郡内騒動，三河の加茂一揆など一国規模の広域闘争に拡大

・〔②　　　　　　　〕：もと大坂町奉行所与力で陽明学者の**大塩平八郎**が武装蜂起

　→窮民の救済に応じない役人や豪商に対して武力で蜂起

　→支配者身分からの幕府への批判と蜂起は幕府に衝撃を与えた

●対外関係

・1837年，〔③　　　　　　　　　〕：アメリカ船が日本人漂流民送還と通商を求めて来航

　→異国船打払令に従い，浦賀沖と山川沖で砲撃し撃退

・水戸藩主〔④　　　　　　〕が幕府に意見書『戊戌封事』を提出

　→「内憂外患」を指摘し，国内の一揆や乱への対応，海防の強化を主張

●幕府の異国船打払い政策への批判と弾圧

・〔⑤　　　　　　〕(『戊戌夢物語』)・〔⑥　　　　　　　　〕(『慎機論』)が〔③〕の幕府対応を批判

　→1839年，〔⑦　　　　　　〕で〔⑤〕・〔⑥〕を処罰

天保の改革

●政治改革の開始

・1841年，12代将軍徳川家慶のもと，老中首座〔⑧　　　　　　　〕が幕政改革に着手

　＝**天保の改革**の開始

●改革の内容

・芝居小屋の移転や，人気作家為永春水・柳亭種彦の処罰

・1841年，〔⑨　　　　　〕**の解散**：物価高騰の原因とされた〔⑨〕の流通独占を禁じる命令

　→しかし，在郷商人らの自由取引がさかんになり，物価引き下げの効果が上がらず

・〔⑩　　　　　　〕：農村から江戸への人口流入を制限，離村した百姓の帰村をうながす

・1840年，アヘン戦争が勃発，清がイギリスに大敗

　→砲術家高島秋帆に命じて，武蔵徳丸原で砲術演習を実施

　→1842年，天保の薪水給与令：異国船打払令を改める

●ゆらぐ幕府権威

・三方領知替えや，江戸・大坂周辺の幕領化を企図した〔⑪　　　　　〕が反対にあい撤回

　→〔⑧〕の失脚，改革政治の失敗

藩政改革

●「名君」の登場

・18世紀後半以降，多くの藩で財政再建のため改革政治を実施

　→倹約令，新田開発，特産物の奨励，藩校の設立，人材登用策など

　※熊本藩主細川重賢，米沢藩主上杉治憲，秋田藩主佐竹義和が著名

●西南諸藩の藩政改革

- ・長州藩：〔⑫　　　　　　　　〕が主導する財政改革

　…藩債整理・専売制の手直しを実施，下関に寄港する廻船を越荷方に管理させ収益増大

- ・薩摩藩：〔⑬　　　　　　　　〕を登用した藩政改革

　→藩債整理と黒砂糖専売制と琉球密貿易で藩の収入増に成功

- ・佐賀藩：藩主〔⑭　　　　　　　〕による均田制実施と殖産興業，〔⑮　　　　　　〕建設

- ・土佐藩：中層藩士らの「おこぜ組」が財政緊縮策

⇒これらの藩は幕末の政局に指導的役割をはたす雄藩へ

●その他の藩の改革

- ・水戸藩：藩主徳川斉昭が〔⑯　　　　　　　　〕・会沢安（正志斎）らを登用して改革

　→後期水戸学が形成

- ・福井藩：藩主松平慶永（春嶽）が橋本左内や横井小楠を抜擢し，財政を好転

MEMO
- -
- -
- -
- -
- -
- -
- -
- -

Point①▶ 幕政批判の動きとして，どのようなできごとがおきたのだろうか。

Point②▶ 天保の改革は，どのような結果に終わったのだろうか。

Try 当時幕藩体制という社会のしくみをゆるがしたいくつかのできごとのうち，最も重要だと考えるものは何か，理由も含めて考えてみよう。

ACTIVE ⑥ 百姓一揆と近世社会

歴史を資料から考える

教科書　p.210〜211

1 描かれた百姓一揆

○教科書p.210の資料①〜③を読み取りながら，百姓一揆とはどのようなものかを考えてみよう。

(1)教科書p.198を参考に，百姓一揆の基本事項を確かめよう。

・農民は幕藩領主にさまざまな要求をおこなった。通常は合法的な異議申し立ての訴願運動がおこなわれたが，要求が容れられないときには，[① 　　　　　　　　]をとった。これが百姓一揆である。

・幕府が定めた非合法な行為とは，「[② 　　　　]」と「[③ 　　　　]」と「逃散」である。

・17世紀末になると，広く農民が参加し集団の力で領主に強訴する[④ 　　　　　　]が主流となった。

・百姓一揆の出で立ちや携行する道具類・武器類の使用等については一定の[⑤ 　　　　]があり，統制も取れていた。百姓一揆では，蓑笠姿が基本的な出で立ちであった。また，刀や鉄砲が殺傷道具として使われることはまれであった。

(2)教科書p.210の資料①〜③から，百姓一揆の様子を具体的に読み取ろう。

STEP 1

1　資料①の百姓たちはどんな格好をしているのだろうか。

[　　　　　　　　　　　　　　　　　　　　　　　　　　　　　　　　　　　　　]

2　資料①の幟には何と書いてあるのだろうか。

・資料①のもっとも大きな幟

[　　　　　　　　　　　　　　　　　　　　　　　　　　　　　　　　　　　　　]

・色とりどりの小さな幟

[　　　　　　　　　　　　　　　　　　　　　　　　　　　　　　　　　　　　　]

STEP 2

1　資料②③の幟に記された文字や絵柄には，三方領地替えに反対する百姓らのアピールが隠されている。それはどんなものか，具体的にあげてみよう。

・「[A 　　　　]大明神」…庄内藩主は酒井氏であるが，「井」が「居」と書かれている。

・「雖為百姓不事二君」(百姓といえども二君に事(つか)えず)

　…たとえ百姓であっても[B 　　　　　　　　　　　　　　　　　　]という意味。

Check なぜ資料③にはスイカの絵が描かれているのだろうか。

ヒント：スイカが熟すことをこの地方では「すわる」という。

[　　　　　　　　　　　　　　　　　　　　　　　　　　　　　　　　　　　　　]

2　百姓たちは，なぜ藩主の領地替えに反対したのだろうか。教科書p.175, 198, 206を参考に理由を考えてみよう。

[　　]

❷ 訴訟社会としての近世

〇教科書p.211の資料④を参考にしながら，百姓一揆を可能にした近世社会の特徴を考えよう。

STEP 1

1 公事宿とは，現在のどのような職業（役割）に近いといえるだろうか。（空欄 **A** ）※複数回答

①弁護士　②司法書士　③税理士　④行政書士　⑤旅館

2 山形庄内地方の百姓が，江戸まで出て老中に駕籠訴をするうえで，必要となるものは何だろうか。具体的にあげてみよう。

STEP 2

1 百姓一揆において，なぜ百姓たちがみずから武器の使用を徹底的に律したのだろうか。右の資料もヒントにして考えてみよう。

> **資料**（1739年の鳥取元文一揆）
> 「百姓の得道具は鎌・鍬より外になし。田畑に出よふが，御城下に出よふが片時もはなせじ」
> 　　　　　　（『因伯民乱太平記』）

2 百姓一揆とは，現在のどのような行為に近いだろうか。理由も含めて説明しよう。（空欄 **B** ）

3 百姓一揆とはどのような考え方にもとづいておこなわれたのだろうか。下の資料と図を参考に，近世の領主と百姓との関係性から説明してみよう。

> **資料**（1712年の加賀大聖寺一揆）
> 「仕置があしくば年貢はせぬぞ，御公領とても望なし，仕置次第につく我々ぞ，京の王様の御百姓にならふと儘じやもの」
> 　　　　　　（『那谷寺通夜物語』）

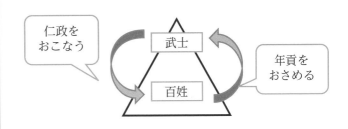

仁政をおこなう　武士　年貢をおさめる　百姓

Try 百姓一揆を可能にした知識や実行力は，近世社会においてどのように培われたのだろうか。第3部のページから関連する事柄をみつけて，話しあってみよう。
※以下のキーワードをいくつか組み合わせて論理を組み立てるとよい
キーワード：村請制　文書行政　識字率　書物　村役人(p.174〜175)／新田開発　入会地農業技術　交通の発達(p.183〜186)／村方騒動　入札（投票）　地域的自治　議定(p.199)

3　近世文化の成熟と変容(1)

教科書　p.212～214

江戸中・後期の文化

- 田沼政治期(宝暦～天明年代)から文化・文政期(文化・文政年代)の文化(**化政文化**)
- 都市の富裕な町人に加え,下層町人や下級武士,農村の中堅農民層まで担い手が拡大
  ※背景:商品流通の発展,物流・情報・通信など人と物の移動の活発さ
- 文化が全国的な規模で拡大し,地域に根ざした独自の文化も芽ばえる
- 社会の風刺や政治批判を含む

文芸の成熟

●宝暦～天明期

- 江戸の遊里を舞台にした〔①　　　　　〕,時事を風刺した〔②　　　　　〕が流行
  →寛政の改革期に〔①〕作家**山東京伝**が処罰

●文化・文政期

- 庶民生活のなかの笑いと滑稽さを扱う〔③　　　　〕が人気
  →〔④　　　　　　〕の『東海道中膝栗毛』,〔⑤　　　　　　〕の『浮世風呂』など
- 長編の絵入り物語である**合巻**では,〔⑥　　　　　〕『偐紫田舎源氏』が代表作
- 男女の情愛を描く**人情本**では,〔⑦　　　　〕の『春色梅児誉美』が代表作
  →〔⑥〕・〔⑦〕ともに天保の改革で処罰
- 物語主体の**読本**では,怪奇小説の〔⑧　　　　　〕,長編歴史小説の〔⑨　　　　　　〕

●川柳と狂歌

- **柄井川柳**にはじまる**川柳**と〔⑩　　　　　〕(蜀山人)や**石川雅望**(宿屋飯盛)で知られる**狂歌**
  →ともに機知に富み,世相や社会風刺・人情をよみ込んで町人の間で流行

●演劇

- 人形浄瑠璃:〔⑪　　　　　〕と弟子**近松半二**
- 歌舞伎:舞台の仕掛けが発達し,芝居小屋が成立
  →庶民生活を写実的に描く〔⑫　　　　　〕や白浪物の**河竹黙阿弥**が脚本作家として著名
- 唄い物や三味線を習う人々が増加
- 講談や落語の話芸が発達し,演芸場として寄席が登場

●地方文芸

- 俳諧:宝暦～天明期の〔⑬　　　　〕は写実的な句を残す
  化政期の〔⑭　　　　〕や**良寛**は人間感情をよむ
- 東北の農民生活を記録した菅江真澄,雪国の自然と生活を『北越雪譜』に描いた**鈴木牧之**

浮世絵と文人画

●浮世絵

- 宝暦～天明期の**鈴木春信**は多色刷り木版画の〔⑮　　　　〕を開始
- 〔⑯　　　　　〕は美人画,〔⑰　　　　　〕は役者絵や相撲絵を多く残す
- 〔⑱　　　　〕の『富嶽三十六景』,〔⑲　　　　　〕の『東海道五十三次』
  →風景版画の代表

● **伝統的絵画**
- ・狩野派に学んだ［⑳　　　　　　　　］は，西洋画・中国画の技法も取り入れ独自の画風を確立
- ・円山派から出た**呉春**(松村月渓)は日本画壇の流れを形成

● **文人画**
- ・明清の影響を受け文人・学者が描く
- ・［㉑　　　　　　　］や［⑬］が大成
- ・化政期には，［㉒　　　　　　　　］やその門下の**田能村竹田・渡辺崋山**が活躍

● **洋画**
- ・洋学の影響を受けて，［㉓　　　　　　　　　］の油絵，［㉔　　　　　　　　　］の銅版画が知られる

MEMO

Point①▶ 町人が担った文芸にはどのような特質があるのだろうか。

[

]

Point②▶ この時代に流行した絵画の特徴とは何だろうか。次の語句を用いてまとめてみよう。
【 木版画　役者絵　都市文化 】

[

]

Check❶▶ p.212の図版❷「オランダ正月」で大槻玄沢宅に集まった人々とはどのような人々だったのだろうか。

[

]

Check❷▶ p.212の図版❹にあるような，女児専門の寺子屋があったのはなぜだろうか。

[

]

3　近世文化の成熟と変容（2）

教科書　p.214〜217

国学の発達

- 国学：日本古典の研究から日本古来の道を探究しようとする学問
- 荷田春満・〔①　　　　　　　〕によって発展し，〔②　　　　　　　　〕により大成
- 〔③　　　　　　　　〕：和学講談所を創設，古典や史料の収集校訂をおこない『群書類従』を集成
- 〔④　　　　　　　　〕：復古神道を唱え，幕末期の尊王攘夷運動に影響を与える

洋学の発達

●西洋学問の吸収

- 元禄期：〔⑤　　　　　　　　〕・新井白石→漢訳洋書輸入制限の緩和により蘭学が発達
- 田沼期：前野良沢・杉田玄白らがオランダ語の解剖書を和訳し『〔⑥　　　　　　　〕』の刊行

  〔⑦　　　　　　　　〕が芝蘭堂をひらき，蘭学入門書『蘭学階梯』をあらわして門人育成

  〔⑧　　　　　　　　〕は西洋内科を紹介

  稲村三伯は初の蘭日辞書『〔⑨　　　　　　　〕』を刊行
- 文政期：オランダ商館つきのドイツ人医師〔⑩　　　　　　　　〕が鳴滝塾で門人を教育
- 幕末期：〔⑪　　　　　　　　〕が適塾（適々斎塾）で蘭学を教授し，多彩な人材を育成

●諸科学の研究

- 平賀源内：物理学・化学を研究，エレキテル・寒暖計を製作し多彩な才能を発揮
- 寛政暦を作成した幕府天文方〔⑫　　　　　　　〕は西洋天文学・暦学を研究
- 〔⑫〕の門人〔⑬　　　　　　　〕は測量を学び，日本各地を踏破し『大日本沿海輿地全図』を作成
- 幕府は〔⑭　　　　　　　〕を設置し，蘭書の翻訳作業をおこなう

教育の普及と政治参加の要求

●藩の教育機関

- 〔⑮　　　　　　〕の設立：藩政改革にともない家臣の子弟教育に関心

  →下級藩士の政治への自覚が高まる

●庶民教育の普及

- 初等教育機関：〔⑯　　　　　　〕，中等教育機関：郷学・私塾が成立

  ※郷学の先駆は17世紀後半の岡山藩の閑谷学校

●私塾の設立

- 〔⑰　　　　　　〕：大坂町人ら出資

  代表的門人…『出定後語』の富永仲基，『夢の代』の山片蟠桃ら
- 〔⑱　　　　　　〕：豊後日田で広瀬淡窓がひらく
- 幕末期：長門萩の松下村塾…〔⑲　　　　　　　〕により，尊王攘夷の志士が輩出される

生活文化と民衆思想の展開

●書物と通俗道徳の広まり

- 本屋・貸本屋の普及で庶民も書物に親しむ機会が増加，知的な欲求も高まる

- **石田梅岩**：儒仏神の思想を折衷し，商人道徳などを説く〔⑳　　　　　〕を京都でおこす
  ※門下の〔㉑　　　　　〕・**中沢道二**により江戸など各地に普及

● **行楽と旅をめぐる文化**
- ・富くじや開帳，勧化など宗教的行為に人々が参加
- ・巡礼や寺社参詣など信仰の旅に加え，娯楽・観光の要素も強まる旅行を楽しむ風潮
- ・〔㉒　　　　　　　〕：ほぼ60年周期でおこる伊勢神宮の参詣ブーム

● **民衆宗教の創始**
- ・**黒住教**：備前（現岡山県）の黒住宗忠 ⎫
- ・〔㉓　　　　　　〕：大和（現奈良県）の中山みき ⎬ がそれぞれ創始
- ・**金光教**：備中（現岡山県）の川手文治郎 ⎭

MEMO

● p.248 をひらいて，第3部で学んだことをふりかえってみよう。

Point ①▶ 国学が明らかにしようとしたものについて正しいものを，次のア～エから一つ選ぼう。

〔　　　〕

ア　外来思想が伝来する以前の日本古来の姿　　イ　仏教や儒教が伝来した時代の姿
ウ　日本古来の姿が外来思想と融合する姿　　エ　外来思想の融合からうまれた日本独特の姿

Point ②▶ 洋学は，どのような分野の研究を深めたのだろうか。

〔

〕

Check▶ p.217の図版2の地図を，p.159の図版5の「世界図屏風」や現在の日本地図と比較してみよう。

〔

〕

Try 中央から地方へ，都市から農村へと文化が広がっていった背景には，当時のどのような社会状況が関係しているのだろうか。100字以内で記述してみよう。

〔

〕

まとめと展望　　　　　近世の民衆たち　　　　　教科書　p.218〜219

●近世を生きた百姓や町人に目を向けて，近世の移り変わりを考えていきたい。ここでは，百姓たちの生活から，近世のいつごろに画期がみられるのか考えていこう。教科書p.219にあるケン・ミキ・ユウの意見を参考にしながら，あなたの意見をまとめてみよう。

①ケンの意見

(1)ケンの意見のまとめ

> ○太閤検地が画期で，それ以降は大きく変わらない。
>
> ・太閤検地によって，百姓は〔A　　　　　〕に，武士や町人は〔B　　　　　〕に住むといった住み分けがなされ，〔C　　　　　　〕がすすんだ。
>
> ・太閤検地以降，百姓は〔A〕で耕作し，毎年領主に〔D　　　　　　〕をおさめた。この点は，江戸時代通じてほとんど変わらなかった。

(2)ケンの意見の根拠を，教科書の記述からさがしてみよう。

> ○1章1節(p.144〜152)　キーワード：太閤検地・兵農分離・百姓・武士・年貢
>
>
>
> ○2章3節(p.174〜178)　キーワード：村請制・村方三役・年貢

②ミキの意見

(1)ミキの意見のまとめ

> ○画期はなく徐々に変化した。農業技術の改良や金肥の登場などがきっかけで変化した。
>
> ・画期という明確な線引きは難しく，近世を通じて徐々に変わっていった。
>
> ・〔A　　　　　　　〕によって耕地が増え，治水工事によって田畑の被害が少なくなった。
>
> ・〔B　　　　　〕の登場や〔C　　　　　〕の改良などの農業技術の進展で〔D　　　　　〕の生産性が向上したことにより，百姓にゆとりができた。

(2)ミキの意見の根拠を，教科書の記述からさがしてみよう。

> ○2章5節(p.183〜189)　キーワード：新田開発・金肥・農具の改良

③ユウの意見

(1)ユウの意見のまとめ

○貨幣経済の浸透が画期で，商品作物の栽培やマニュファクチュアの形成がきっかけ

　・商業的農業が本格化し，村に [A　　　　　　　] が入ってきたことが画期

　・百姓は [B　　　　　　　] を栽培したり，手工業品をつくったりすることで貨幣を得た

　・一方で，百姓は購入肥料である [C　　　　　] などを購入

　・[A]が村に浸透したことによって，[D　　　　　　　　　　] が形成され，地域の特産品が
　　つくられていった。

(2)ユウの意見の根拠を，教科書の記述からさがしてみよう。

○2章5節(p.183～189)　キーワード：特産品・商品作物

○3章2節(p.201～208)　キーワード：手工業・マニュファクチュア

Try

①ケン・ミキ・ユウの意見を参考にしながら，民衆にとって，近世のどの時期が画期だったのか，考えてみよう。

②民衆の生活が近代に入るとどのように変わっていくのか，ケン・ミキ・ユウの意見を参考にしながら考えてみよう。

ケン：地租改正に注目。身分も平民になり，農村に住む百姓，都市に住む町人という区別はなくなる。
　　地租改正で金納になったため，農村で農作業することにしばられる必要がなくなった点に注目。

ミキ：百姓一揆などにみられる百姓の結束力に注目。近代に入っても，地租改正反対一揆や血税一揆，
　　自由民権運動などがあった。民衆の結束力は近代に入ってどうなっていくか注目。

ユウ：明治時代になって，社会が大きく変わったようにいわれている。しかし，江戸時代の農村の進
　　展をみると，土台はすでに近世社会の中でできていたのではないか。この視点で近代をみるべき。

1 開国から倒幕へ（1）

教科書 p.222～225

欧米の東アジア進出

- ・19世紀，産業革命を経て欧米諸国の経済的・軍事的優位性は圧倒的に
- ・同時に欧米諸国の〔①　　　　　〕化が進展
  - →19世紀なかば以降，欧米諸国は東アジアに進出，貿易の自由化と東アジアの植民地化へ
- ・イギリスは〔②　　　　　〕密輸をめぐって清と対立，〔②〕戦争がおこる（1840～42年）
  - →幕府は異国船打払令を改め，1842年〔③　　　　　　　〕を発令
- ・欧米諸国の来航と開国要求あいつぐ→いずれも幕府は拒否
  1844年，オランダ国王の開国勧告
  1846年，〔④　　　　　　〕（アメリカ）が浦賀に来航

日本の開国

●ペリーの来航

- ・1853年，アメリカ東インド艦隊司令長官ペリーが浦賀に来航
  - →幕府老中首座〔⑤　　　　　　〕は翌年の返答を約束
- ・同年，ロシアの〔⑥　　　　　　　〕が長崎に来航
- ・1854年，ペリー再来航，幕府は〔⑦　　　　　　　〕に調印

●和親条約の内容

- ・アメリカ船への薪水・食料の提供
- ・難破船の救助
- ・〔⑧　　　　〕と箱館の開港と領事の駐在
- ・一方的な〔⑨　　　　〕待遇の付与

●開国にともなう動向

- ・〔⑧〕に赴任したアメリカ総領事〔⑩　　　　　〕はさらに通商条約締結を要求
- ・幕府：老中首座〔⑪　　　　　〕は条約調印を決意
- ・朝廷：〔⑫　　　　〕天皇はこれに反対，勅許を与えず
- ・1858年，勅許を得ないまま幕府の大老〔⑬　　　　　　　〕は日米修好通商条約を締結

●日米修好通商条約の内容

- ・神奈川・長崎・〔⑭　　　　〕・兵庫の開港と江戸・大坂の開市
- ・自由貿易の原則，外国人居留地の設定
- ・領事裁判権（治外法権）の承認
- ・協定関税（関税自主権の欠如）
- ・オランダ・ロシア・イギリス・フランスとも同様の条約を締結（安政の五か国条約）

貿易の開始

●貿易品

- ・取引額が圧倒的に多かったのは〔⑮　　　　〕港
- ・輸出品：生糸・茶・蚕卵紙・海産物など
- ・輸入品：毛織物・綿織物・武器・艦船など

●貿易開始による影響

・1860年，〔⑯　　　　　　　　　　　〕

：生糸・雑穀・水油・蠟・呉服を産地から江戸に送ることを命じる

→在郷商人の活動や諸外国の反対のため効果なし

・金の大量流出はじまる→幕府は金貨の質を大きく下げる改鋳を実施（万延改鋳）

→急激な物価上昇，農村での一揆や都市の打ちこわし，幕政批判や攘夷運動の経済的背景に

MEMO ●板書事項のほか，気づいたこと，わからなかったこと，調べてみたいことを自由に書いてみよう。

Point① ▶ 欧米の来航に幕府はどのように対応したのだろうか。次の文章の空欄に語句を入れながらまとめてみよう。

貿易や外交をきびしく制限する〔A　　　　　〕体制を維持する姿勢を堅持しつつも，〔B　　　　　　〕戦争による清の敗北を受けて〔C　　　　　　　　〕を改め天保の薪水給与令を発し，外国船の来航にはすみやかな薪水の提供をおこない穏便に退去させる方針をとるようになった。

Point② ▶ 開国により，国内の経済はどのような影響を受けたのだろうか。輸出の影響・輸入の影響それぞれに分けて考えてみよう。

輸出の影響：

輸入の影響：

Check ▶ p.224のグラフ１・２から，開港後の横浜港の位置づけや，貿易のあり方について考えてみよう。

1　開国から倒幕へ(2)

教科書　p.225〜227

安政の政局

- ・開国にともなう幕府の対応
  - ：(1)諸大名・幕臣や朝廷に意見を求める，(2)国内体制の強化(**安政の改革**)
  - →前水戸藩主[①　　　　　　　]の幕政参加，江戸湾に台場，大船建造の解禁
  - 江戸に[②　　　　　　　]，長崎に海軍伝習所を設立し洋式兵制の導入
- ・将軍継嗣問題：13代将軍**徳川**[③　　　　　]の後継をめぐる問題
  - →越前藩主松平慶永や薩摩藩主島津斉彬がおす[④　　　　　　　]VS紀伊藩主**徳川**[⑤　　　　　]
  - 結果，大老となった井伊直弼により[⑤]が14代将軍**徳川**[⑥　　　　　]となる
- ・井伊直弼は批判勢力を弾圧(**安政の大獄**)
  - →これに憤慨した水戸藩浪士らにより1860年，[⑦　　　　　　　　]がおき井伊は暗殺

公武合体

●桜田門外の変以後の対立構図

- ・**公武合体路線**：孝明天皇の妹[⑧　　　　]を[⑥]夫人とし幕府と朝廷との融和をめざす
- ・**尊王攘夷路線**：欧米との条約を破棄し鎖国に復帰
  - →1862年，**坂下門外の変**：公武合体派の老中[⑨　　　　　　　　]が水戸藩浪士らに襲撃される

●文久の改革

- ・薩摩藩の[⑩　　　　　　　]が上京→**寺田屋事件**で藩内の急進的な尊攘派を弾圧
  - →勅使大原重徳とともに江戸へおもむき幕政改革を要求
- ・[④]を将軍後見職に，松平慶永を政事総裁職に，会津藩主**松平容保**を[⑪　　　　　　　]に
  - →一方で参勤交代制の緩和をおこなう

尊攘運動の全盛と挫折

- ・1862年ごろの京都は[⑫　　　　]藩を中心に尊王攘夷派が主導権にぎる
  - →朝廷は幕府に対し攘夷実行を命じる
- ・[⑫]藩による下関での攘夷決行(1863年5月)
- ・外国人殺傷事件の頻発：ヒュースケンの殺害，東禅寺事件，[⑬　　　　　　　]公使館焼討ち事件
  - →1863年8月，**八月十八日の政変**
  - ：尊攘派の急進化に危機感をもった薩摩藩・会津藩は，[⑫]藩や尊攘派公卿の[⑭　　　　　　　]らを京都から追放
- ・[⑮　　　　　　　](**蛤御門の変**)
  - ：追放された[⑫]藩は京都奪還をめざし挙兵(**池田屋事件**がきっかけ)
  - →しかし薩摩・会津・桑名など諸藩に敗戦
- ・**四国連合艦隊下関砲撃事件**
  - ：[⑫]藩は攘夷決行の報復としてイギリス・フランス・アメリカ・オランダの四か国から攻撃
  - →[⑫]藩は尊攘派にかわり保守派が主導権をにぎる
  - **第1次**[⑫]**征討**(**第1次幕長戦争**)：幕府軍による征討に屈服

MEMO

Point①▶ 黒船来航に対する幕府の対応は，国内の政治にどのような影響を与えたのだろうか。

[

]

Point②▶ この時期の薩摩藩の立場とは，どのようなものだろうか。次の文章の空欄に語句を入れながらまとめてみよう。

薩摩藩は〔A　　　　　　　〕路線をとり，〔B　　　　　〕と将軍徳川家茂の結婚を主導して幕府内の立場を強めるとともに，朝廷と結びついて政治的発言力を得ようとした。一方，藩内の〔C　　　　　　〕派を寺田屋事件で弾圧し，〔C〕路線をとり京都で主導権をにぎっていた〔D　　　　〕藩と敵対した。

1　開国から倒幕へ(3)

教科書　p.227〜229

薩長同盟と幕府

- 1863年7月，薩摩藩は［①　　　　　　　］の報復としてイギリスから攻撃を受ける(薩英戦争)
  - →欧米諸国の軍事力を痛感，西郷隆盛や大久保利通を中心に軍備の洋式化がすすむ
- 1864年12月，長州藩では高杉晋作の［②　　　　　　］が挙兵し藩内の保守派を倒す
  - →高杉や桂小五郎(木戸孝允)らは洋式軍備をととのえ軍制改革にのりだす(大村益次郎登用)
- 幕府による長州征討の決定
  - →［③　　　　　　　　］
  - ：薩長両藩，坂本龍馬と中岡慎太郎の仲介もあり1866年に幕府に対抗する同盟を結ぶ
  - →第2次長州征討(第2次幕長戦争)：幕府軍は長州軍に敗北
- 欧米諸国は大きな影響力を日本の政治に対してふるう
  - →1866年，幕府は［④　　　　　　］に調印…欧米諸国が貿易に際して有利となる
- イギリス公使パークスは薩長両藩に接近⇔フランス公使ロッシュは幕府支援
- 政争の激化は百姓一揆(世直し一揆)や［⑤　　　　　　　　］の頻発をまねく
  - →1867年の後半には「ええじゃないか」の乱舞発生

大政奉還と王政復古

- 幕府：15代将軍徳川(一橋)［⑥　　　　　　］を中心に軍制の西洋化など大胆な幕政改革
- 薩長：天皇を頂点とする公議政体を模索するなか，［⑦　　　　　　］を必要とする考えに
  - →孝明天皇の急死後，公家の［⑧　　　　　　］が朝廷内で動き討幕の密勅が出される
- 土佐：後藤象二郎は前土佐藩主山内豊信(容堂)を通じ［⑨　　　　　　　］論を［⑥］に提示
  - →1867年10月14日(討幕の密勅と同日)，［⑥］は自主的に政権を朝廷に返上(［⑨］)
- 同年12月9日，薩長が京都御所を軍事的に制圧のうえ，［⑩　　　　　　　　］の大号令を発する
  - →徳川抜きの新政権樹立を宣言，幕府や摂政・関白の廃止，総裁・議定・参与の三職設置
- 同日夜の三職会議(小御所会議)にて［⑥］の内大臣辞退と領地のさしだし=辞官納地決定

戊辰戦争

- 大政奉還後の［⑥］の動き：京都から大坂に移り新政府との衝突を避ける
- 1868年1月，［⑪　　　　　　　］の戦い：新政府軍と旧幕府軍が京都郊外で衝突
  - →新政府の勝利，［⑥］は江戸へ逃亡
- 新政府は征東軍を派遣
  - →1868年4月，江戸城無血開城→開城後も幕臣の一部は抵抗(上野の［⑫　　　　　　］など)
  - →東北諸藩は［⑬　　　　　　　］を結成して抗戦
- 幕臣の榎本武揚らは箱館の［⑭　　　　　　］にたてこもる→1869年5月降伏
- これら一連の内戦を戊辰戦争とよぶ

Point①▶ なぜ薩摩藩と長州藩は手を結んだのだろうか。薩摩藩と長州藩のそれぞれの立場をふまえ，次の文章の空欄に入る語句を答えよう。

　尊攘派を一掃したあと，幕府内で主導権をにぎろうとした薩摩藩と権力再強化をはかる幕府の関係は悪化していった。そうしたなかで，生麦事件の報復としてイギリス艦隊が薩摩を攻撃する〔A　　　　　　　　〕がおき，欧米諸国の軍事力の強大さを痛感した薩摩藩は，〔B　　　　　　　　〕や大久保利通などを中心に洋式軍備をととのえる方向へとすすんだ。

　〔C　　　　　　　　　　　　　〕事件で同様に欧米の軍事力を痛感した長州藩でも，〔D　　　　　　〕や桂小五郎（木戸孝允）ら改革派が主導権をにぎり，幕府の長州征討に対抗しようとした。

　薩長両藩に共通の志向性がうまれつつあるなかで，〔E　　　　　　　〕・中岡慎太郎の仲介もあり同盟が結ばれた。

Point②▶ 大政奉還をおこなった徳川慶喜のねらいとは，何だったのだろうか。次の語句を用いてまとめてみよう。【　討幕の密勅　武力倒幕　公議政体　】

Try 幕末の混乱は民衆にどのような影響を与えたのだろうか。100字程度で記述してみよう。

歴史資料と近代の展望

教科書　p.230〜231

① 明治初期の学校

○教科書p.230の資料①〜④を読み取りながら，明治初期の学校について考えてみよう。

STEP 1

1　資料①の建物の特徴をあげてみよう。

[　　　　　　　　　　　　　　　　　　　　　　　　　　　　　　]

2　資料③から読み取れる，資料①の学校との違いをまとめてみよう。

[　　　　　　　　　　　　　　　　　　　　　　　　　　　　　　]

3　資料①・③から，明治初期の学校についてどういうことがいえるだろうか。p.244も参考にして説明してみよう。

[　　　　　　　　　　　　　　　　　　　　　　　　　　　　　　]

STEP 2

1　資料②から，新しい学校を象徴するものをあげてみよう。

[　　　　　　　　　　　　　　　　　　　　　　　　　　　　　　]

2　資料④から何が読み取れるか，答えてみよう。

[　　　　　　　　　　　　　　　　　　　　　　　　　　　　　　]

3　江戸時代の寺子屋と比べて，明治時代の学校はどこが大きく変わったのだろう。p.212の図版4を参考にしたり，寺子屋について調べたりして，異なる点をあげてみよう。

[　　　　　　　　　　　　　　　　　　　　　　　　　　　　　　]

② 明治時代における小学校の就学率と卒業率

○教科書p.231の資料⑤を読み取りながら，明治時代の小学校就学の実態について考えよう。

STEP 1　資料⑤を読み取り，　A 〜 D に入る数値を埋めてみよう。※CとDは小数点以下四捨五入

A [　　] B [　　] C [　　] D [　　]

1　なぜ男女で就学率と卒業率に差があったのだろうか。考えられる理由をあげてみよう。

[　　]

2　資料⑤で男子，女子の卒業率がはじめて90％をこえるのは，それぞれ何年のことだろうか（卒業時の年を答える）。

男子〔　　　　　　〕年　女子〔　　　　　　〕年

3　資料⑤で男女ともに卒業率が90％をこえるのは何年のことだろうか（卒業時の年を答える）。

〔　　　　　　〕年

STEP③　男女ともに小学校就学率と卒業率に差がなくなったのはいつごろのことで，その背景には何があったのだろうか。教科書を参考にしながら，次の空欄に語句を入れてまとめてみよう。

　就学率と卒業率の差がなくなるのは〔A　　　　　　　　　　　〕である。〔B　　　　　　　〕によって人々の〔C　　　　　　　　〕が向上して高等教育への関心も高まるなか，小学校義務教育が完全に浸透したといえる。そして，高等小学校卒業が一般的な学歴となっていった。

③ 明治時代の教科書

○教科書p.231の資料⑥と⑦を参考にしながら，近代の教育について考えよう。

STEP①

1　資料⑥と資料⑦の内容の比較から何がいえるか，答えてみよう。

[　　]

2　なぜ北海道と沖縄県では，ほかの府県と区別して教科書がつくられたのだろうか。教科書p.237，239〜240，254〜255を参考にしてまとめてみよう。

[　　　
　　　]

STEP②　教科書以外に，北海道と沖縄県でほかの地域とは異なる政策の例を調べてみよう。

[　　　
　　　]

Challenge　以上をふまえて，近代という時代について，あなたがたてた仮説を文章にしてみよう。　※以下のキーワードを組み合わせて論理を組み立てるとよい

キーワード：西洋化　立身出世　国民

明治維新 (1)

教科書　p.232〜236

新政府の樹立

・1868年1月，**五箇条の誓文**公布…列国に新政権樹立を通告，方針を示す

　→それと同時に〔①　　　　　　　　〕を出す…民衆に対し幕府支配の継続示す

・アメリカの制度を参考に〔②　　　　　〕を公布

　→太政官への権力集中，立法・司法・行政の三権分立，官吏公選制

・1868年9月，明治に改元

　→天皇一代につき元号を一つとする〔③　　　　　　　　　〕が定められる

・1869年，**明治天皇**が京都から東京へ(事実上の首都)

廃藩置県

・当初は府藩県三治制

　→1869年1月，薩長土肥の4藩主に〔④　　　　　　〕を上表させる

　→全国の土地(版図)と人民(戸籍)を支配下におき，旧藩主は〔⑤　　　　　〕に任命

・1871年，薩長土3藩の兵を親兵としたうえで，〔⑥　　　　　　〕を断行

　→〔⑤〕は罷免，中央から**府知事・県令**を派遣，当初は3府302県が設置

・中央官制：太政官は正院・左院・右院の3院制

　→薩長土肥出身の士族が中枢の実権をにぎる…彼らを〔⑦　　　　　　〕とよぶ

・軍制の整備：全国に〔⑧　　　　〕を設置

　　　　　　　「国民皆兵」の考えにもとづき1872年，**徴兵告諭**を出す

　→1873年，〔⑨　　　　　〕を公布：満20歳の男子に兵役義務，ただし多くの免役規定あり

四民平等

・公家・大名を**華族**，旧武士を**士族**と卒，農工商を〔⑩　　　　　〕とする**四民平等**政策を実施

・士族には，身分的特権である帯刀を禁じる〔⑪　　　　　〕が出される

・〔⑫　　　　　　〕処分：華族・士族に支給されていた家禄も全廃し，**金禄公債証書**を交付

　→多くの下級武士が没落，「**士族の商法**」も多くは失敗，政府は**士族授産**政策を実施も効果なし

・〔⑩〕には，苗字の使用，居住・職業・通婚の自由を認める

・1871年，解放令により，えた・非人の呼称を廃止

・同年，戸籍法を公布，1872年には**壬申戸籍**を作成

地租改正

・1872年，田畑永代売買禁止令の撤廃→年貢負担者に〔⑬　　　　〕を交付

・1873年，〔⑭　　　　　　　〕**条例**の公布，地価の〔⑮　　　〕％を地租として金納

　→政府：税収の安定，地券所有者：土地の私有財産化

・村が共同利用してきた山林などの〔⑯　　　　　　〕は官有

・多くの地域では地価は高く設定され，江戸時代の年貢より負担大

　→各地で**地租改正反対一揆**がおきる

MEMO

- -

Point①▶ なぜ明治新政府は士族（武士）の特権を奪っていったのだろうか。次の語句を用いてまとめてみよう。　【　身分制の解体　　廃刀令　　秩禄　】

Point②▶ 江戸時代の土地制度と明治時代の土地制度は，何がどのようにちがうのだろうか。

江戸時代…

明治時代…

Check▶ p.236のグラフ**1**を読み取って，以下の問いに答えよう。

①地租改正を受けて，生産米の配分はどのように変化したのだろうか。

②このような変化がおこった理由について考えてみよう。

明治維新(2)

教科書　p.236〜239

貨幣・金融制度の整備

・戊辰戦争の戦費不足→政府は太政官札・民部省札の発行(不換紙幣)

・1871年，〔①　　　　　　　〕を公布→**円・銭・厘**の十進法

・**国立銀行条例**の制定：〔②　　　　　　　〕が中心，事実上の銀本位制

　→当初は第一国立銀行以下4銀行(兌換紙幣発行)，兌換義務がなくなり153銀行に増加

殖産興業

・〔③　　　　　　　　〕を実現するため，政府主導による近代産業育成＝**殖産興業**政策

　→株仲間・関所の廃止，居住・職業選択の自由の承認

・〔④　　　　　　　　〕(群馬)をはじめとする**官営模範工場**の設立

・1869年，蝦夷地に〔⑤　　　　　〕設置，蝦夷地を**北海道**と改称

　→アメリカの機械制大農法の移植をはかり〔⑥　　　　　　　〕を開設

　開拓と防衛を兼ねる〔⑦　　　　　〕をおく

・1872年，新橋−横浜間に鉄道の敷設

・**政商**の一人**岩崎弥太郎**の三菱会社を中心に海運業発展

・1871年，**郵便事業**の開始：〔⑧　　　　　　〕の建議による

・〔⑨　　　　〕省：鉄道・鉱山・製鉄・電信などを所管し殖産興業政策の中心を担う

　→新たに設立された〔⑩　　　　〕省：軽工業や農牧業を担当

岩倉使節団と留守政府

・1871年，岩倉使節団の派遣

　：大使…**岩倉具視**，副使…〔⑪　　　　　　　〕・〔⑫　　　　　　　　　〕・伊藤博文・山口尚芳

　→目的は条約改正の予備交渉と欧米諸国の実情視察

・国内の**西郷隆盛**や**板垣退助**ら留守政府は，岩倉らの渡欧中に近代化政策に着手

朝鮮問題と台湾問題

● **対朝鮮**

・朝鮮との国交問題＋国内の近代化政策にともなう緊張

　→留守政府の西郷らは〔⑬　　　　　〕を唱える

・岩倉ら使節団は内治優先⇔留守政府と対立

　→〔⑭　　　　　　　〕の政変(〔⑬〕**政変**)：西郷らは辞職し政府は分裂

・政変後，政府の中心は〔⑫〕に(〔⑩〕省を基盤とする)

・1875年，**江華島事件**：日本の軍艦雲揚が江華島に接近，朝鮮側と交戦

　→1876年，〔⑮　　　　　　　　　〕(江華条約)締結により朝鮮の開国

● **対清**

・1871年，**日清修好条規**の締結：日清の国交樹立，対等の関係を確認

・士族の政府への不満をそらすため1874年，琉球漂流民の殺害を理由に〔⑯　　　　　　　〕へ出兵

　→清が賠償金を支払い，日本は撤兵

Point①▶ 急速な産業育成を可能にしたものは，何だったのだろうか。次の語句を用いてまとめ
てみよう。　【　殖産興業　　官営　　交通・通信機関　】

[

]

Point②▶ 使節団の派遣は，その後の国内の政治にどのような影響を与えたのだろうか。次の文
章の空欄に語句を入れながらまとめてみよう。

　使節団は当初，〔A　　　　　　　　〕の予備交渉をおもな目的としていたが成果をあげられず，欧米の
近代国家・社会の具体的な姿を視察することに専念した。明治初期に政府の主要人物の半数が海外で
の長期にわたる視察をおこなったことは，日本の遅れを直接的に感じ取る契機となり，近代化のため
には〔B　　　　　〕を優先すべきであるとの方針で明治日本がすすんでいくこととなった。

　これは外征を重んじる〔C　　　　　　　〕と，使節団との間で対立をうむことにもつながっていき，
〔D　　　　　　〕の政変により西郷隆盛らが政府を去る一方，大久保利通ら使節団から帰国した者が
政府の主導権をにぎることになった。

Point③▶ なぜ西郷隆盛らは征韓論を唱えたのだろうか。150字以内で記述してみよう。

[

]

1 明治維新（3）

教科書　p.239〜241

国境の画定

- 幕末締結の日露和親条約：樺太は日露両国の雑居，千島列島は択捉島まで日本領
    - →1875年，〔①　　　　　　　〕条約
    - ：日本は樺太を放棄，現在の北方領土に加えて千島全島が日本領に
- 1876年，小笠原諸島の領有宣言
- 琉球王国は江戸時代，薩摩藩の属領でありつつ清国にも朝貢
    - →1872年，**琉球藩**の設置：琉球国王の〔②　　　　〕は藩王とする
- さらに琉球に1879年に軍を派遣し，〔③　　　　　〕県を設置（**琉球処分**）

民権運動の出発

●政社の結成

- 1874年，明治六年の政変で政府を去った**板垣退助・後藤象二郎・江藤新平・副島種臣**ら
    - →愛国公党を結成し，政府左院に〔④　　　　　　　　　〕を提出
- 板垣・片岡健吉らの**立志社**（高知），河野広中らの石陽社（福島）など各地に政社の設立
    - →1875年，大阪で全国的連合組織として〔⑤　　　　　〕が設立

●政府の動き

- 政府の大久保利通は，木戸孝允・板垣退助と〔⑥　　　　　　　〕をひらく
- →立憲政治樹立を約束
- →〔⑦　　　　　　　　　　〕の詔：**大審院**と**元老院**を設置，地方官会議もひらかれる
- 政府は言論統制を強化し，〔⑧　　　　　　〕と**新聞紙条例**を制定
- →民権運動は一時沈滞

農民一揆と士族反乱

- 近代化政策の一方で，新政反対一揆が頻発…**血税一揆**，解放令反対一揆，地租改正反対一揆など
- 特権を奪われた士族による政府への不満
    - →各地で不平士族の挙兵
    - 1874年，江藤新平による〔⑨　　　　〕の乱
    - 1876年，熊本でおきた〔⑩　　　　〕（敬神党）の乱　など
- 1877年，鹿児島の私学校派が〔⑪　　　　　　〕を擁して挙兵（**西南戦争**）
    - →これを政府が鎮圧し士族の反乱は収束

MEMO

MEMO

- -
- -
- -
- -
- -
- -
- -
- -
- -
- -
- -

Point①▶ 琉球にとって明治維新とは，何だったのだろうか。

Point②▶ 民権運動を担ったのはどのような人々だったのだろうか。次の文章の空欄に語句を入れながらまとめてみよう。

　当初の民権運動は，薩長による〔A　　　　〕政府を批判する〔B　　　　〕たちによる政治参加を求める運動としての性格が強かった（〔B〕民権）。

　しかしその後，〔C　　　　〕開設を求める動きは支持を広げ，〔D　　　　〕らの経済的余裕と政治的関心を背景として各地の〔D〕層に拡大し，各地の結社や私擬憲法作成につながっていった（〔D〕民権）。

Point③▶ なぜ士族の反乱は西国を中心におきたのだろうか。次の語句を用いてまとめてみよう。
【　明治維新　　明治六年の政変　　不平士族　】

Try 明治維新後，民衆の生活は江戸時代から何が変わり，何が変わらなかったのだろうか。170字程度で記述してみよう。

2 文明開化

教科書　p.242〜245

西洋文明の受容

● 幕末

- すでに蘭方医による西洋医学受容

  →全国各地に〔①　　　　　〕も普及しつつあった

- 開国後，幕府や諸藩による西洋文明の受容がすすむ

- 幕府：〔②　　　　　　　　　〕の設置…天文学や化学・物理学，兵学などが学ばれる

  →**福沢諭吉**『西洋事情』，西周『万国公法』などの刊行

  　西洋の議会制度や〔③　　　　　　　　　　〕の紹介

● 明治維新後

- 洋学者の多くは新政府の官僚に

- 民間での啓蒙書の出版

  →**福沢諭吉**『学問のすゝめ』『文明論之概略』，〔④　　　　　　　　〕『西国立志編』など

- 啓蒙思想の普及をめざす組織

  →森有礼・加藤弘之らにより〔⑤　　　　　〕が結成…『明六雑誌』の発行

神道・仏教・キリスト教

- 神道国教化政策

  →祭政一致と神祇官再興の布告，〔⑥　　　　　　　　〕(神仏判然)**令**の公布，**大教宣布の詔**

  →伊勢神宮を頂点とした神社制度や，皇室行事を中心とする国家の**祝祭日**を制定

- **廃仏毀釈**の運動

  →神道国教化を契機に仏教を排撃する風潮，貴重な文化財も損失

- 〔⑦　　　　　　　　〕による仏教の近代化・革新運動の展開

- 維新当初，キリスト教は依然として禁止

  →欧米諸国からの抗議を受け，1873年，キリシタン禁制の高札を撤去

- 外国人宣教師の来日(ヘボン，フルベッキなど)

  →キリスト教布教以外に教育や医療などの貢献

教育の普及

- 1871年，〔⑧　　　　　〕の設置

  →国民皆学を理念とし，教育を国民の義務とする〔⑨　　　　〕の公布

  →当初は小学校の就学率は低調

- 1877年，高等教育機関として〔⑩　　　　　　　〕設置，そのほか師範学校などもおかれる

- 民間でも学校設立あいつぐ…福沢諭吉の〔⑪　　　　　　　〕，**新島襄**の〔⑫　　　　　〕など

文明開化の世情

- 明治維新後，制度・思想のみならず生活様式や風俗の西洋化すすむ(**文明開化**)

  →**洋服・散切頭**の普及，帯刀の禁止，牛鍋，洋風建築，ガス灯など

- 1872年，太陰太陽暦(旧暦)から〔⑬　　　　　　〕(新暦)へ

Point① ▶ なぜ西洋の学問・思想の普及が急速にすすんだのだろうか。

[
]

Point② ▶ 江戸時代と明治時代の教育は，何がどのようにちがうのだろうか。次の文章の空欄に語句を入れながらまとめてみよう。

江戸時代：武士は藩校，庶民は[A　　　　　　]で学ぶ。武士は[B　　　　]を中心に文武の教養を学び，庶民は[A]にて「読み・書き・そろばん」を学んだ。

明治時代：[C　　　　　　]の考え方のもと，小学校は義務教育。国定[D　　　　　]を用いて画一的な内容とし，一斉教授型の授業がおこなわれるようになった。

Check ▶ 明治維新に定められた祝日と現在の祝日とは，どのような関係にあるだろうか。

[
]

Try 日本の文明開化政策は，国内の人々や諸外国の人々にどのようにみられていたのだろうか。それぞれ考え，110字程度で記述してみよう。

[
]

1 立憲国家への道(1)

教科書　p.246〜250

民権運動の高揚

●民権運動の広がり

・1877年，立志社の[①　　　　　　　]らによる国会開設要求(**立志社建白**)

　→1878年，愛国社再建，一時沈滞していた自由民権運動のもり上がり

・1880年，大阪で[②　　　　　　　]結成…8万7000人分の国会開設請願書を政府に提出

・士族のみではなく[③　　　　]や商工業者の運動の広がり

　→1878年，**三新法**の制定(府県会・町村会設置)により[③]らが政治参加

・ジャーナリズム発達による天賦人権論や立憲君主制論の流布

　→各地で[④　　　　　　]とよばれるさまざまな憲法案が自主的につくられる

　　[④]：現在約50種類発見，[⑤　　　　　　]の「東洋大日本国国憲按」など

●政府の動き

・政府は1880年，[⑥　　　　　　]を公布するなどして弾圧

・政府内で国会開設をめぐる対立

　イギリス流議院内閣制をモデルに早期開設を主張する[⑦　　　　　]VS慎重な伊藤博文

・1881年，北海道開拓使の官有物払い下げをめぐり汚職事件発生(**開拓使官有物払い下げ事件**)

　→伊藤は[⑦]を政府から追放，官有物払い下げの中止

　　国会開設の勅諭(1890年の国会開設を約束)…一連の政変＝[⑧　　　　　]の政変

松方財政

・西南戦争後の急速な[⑨　　　　　　]→貿易赤字の増大と国家財政圧迫

・大蔵卿[⑩　　　　　]による緊縮財政でインフレ抑制

　→1882年，中央銀行として[⑪　　　　　]を設立，日本銀行券(銀兌換券)を発行

　→その一方で物価が急激に下がり深刻な不況へ(**松方デフレ**)

・農村不況下ですすんだ社会構造の変化

　(1)多くの農民が土地を失い[⑫　　　　]に転落，一部の[⑬　　　　]への土地の集中

　(2)農村子女の工場労働者化，農村から都市への人口流入(都市下層社会の形成)

・政府は**官営事業払い下げ**実施→三井・三菱など政商の[⑭　　　　]への成長

民権運動の激化

・[⑧]の政変後，**板垣退助**の[⑮　　　　]，[⑦]の[⑯　　　　　　]結成

・政府の弾圧の強まり

　(1)[⑥]改正，新聞紙条例改正

　(2)**福島事件**：会津三方道路工事をめぐり，福島県令の[⑰　　　　　]による自由党員逮捕

・[⑮]と[⑯]の対立，松方デフレにともなう[③]の経済的苦境により，民権運動衰退

・衰退の一方で，一部の民権派が挙兵や要人襲撃などの急進論を唱える

　→[⑱　　　　]事件(茨城)，飯田事件(長野)，静岡事件(静岡)など

・1884年，[⑲　　]**事件**

　：[⑲]困民党と[⑮]員の一部による負債破棄要求の蜂起，軍隊により鎮圧

・1885年，[⑳　　]**事件**：大井憲太郎や景山(福田)英子ら旧[⑮]の急進派が

　朝鮮の政権転覆をきっかけに日本国内の革命をもくろむ

MEMO

Point①▶ なぜこの時期に，民権運動は広がりをみせたのだろうか。次の語句を用いてまとめてみよう。【 インフレ　　地主　　天賦人権論 】

Point②▶ なぜ激化事件がおこったのだろうか。150字以内で記述してみよう。

Check▶ 松方財政期におこったできごとについて誤っているものを，次のア～エから一つ選ぼう。

〔　　　　　〕

ア　松方正義は，軍事費をのぞいて徹底した緊縮財政を実行した。

イ　1882年に，中央銀行として日本銀行が設立され，兌換券である日本銀行券が発行された。

ウ　地租が実質的に減税となった結果，多くの農民が土地を失って小作人に転落した。

エ　政府は，軍事工場以外の官営工場や鉱山の民間への払い下げをすすめた。

1 ## 立憲国家への道(2)

教科書　p.250〜252

大同団結運動

- 激化事件を経て民権運動が停滞
  - →1886年，近づく国会開設に向けて再結集を訴える〔①　　　　　　　〕**運動**開始(中心は星亨ら)
- 言論の自由・地租軽減・外交の挽回を求める〔②　　　　　　　〕**運動**もはじまる
  - →政府(第1次伊藤博文内閣)は1887年，〔③　　　　　　　〕を出して民権派を首都から追放
  - →一方で大隈重信や後藤象二郎など民権派を入閣させ懐柔

難航する条約改正交渉

- 岩倉使節団の予備交渉失敗後，条約改正交渉は停滞
  - →1876年，外務卿〔④　　　　　　　〕による関税自主権(税権)の回復交渉開始
- 1882年，外務卿〔⑤　　　　　〕による交渉：領事裁判権(法権)回復を目標
  - →社会・風俗のヨーロッパ化を積極的にすすめる〔⑥　　　　　〕**政策**をとる
  　　鹿鳴館での舞踏会開催…〔⑥〕政策の象徴
- 外相となった〔⑤〕は正式交渉を開始
  　内地開放のかわりに領事裁判権が撤廃されることになる
  - →義務づけられた〔⑦　　　　　　　　　〕の任用などをめぐり反発が高まり，〔⑤〕は辞任
- 1888年，外相〔⑧　　　　　　　〕による交渉：領事裁判権回復を目標
  - →大審院に限り〔⑦〕の任用を認め，アメリカ・ドイツ・ロシアと条約調印に成功
  - →〔⑦〕の任用が明らかにされ反対論高まる→国家主義団体に〔⑧〕が襲撃され交渉中止

国家機構の整備

●立法と行政

- 明治十四年の政変後→1890年の立憲制(憲法・国会)導入に向け国家機構の整備すすむ
- 1881年，皇室財産の設定：皇室の経済的基盤強化
- 1884年，〔⑨　　　　　〕**令**公布
  　：藩閥官僚や軍人，実業家まで〔⑨〕を拡大，将来の〔⑩　　　　　〕院設置を想定
- 1885年，〔⑪　　　　　　〕**制度**の導入
  　：太政官制を廃止，首相を中心に各省大臣が協調，行政の強化，初代首相**伊藤博文**
  - →宮内大臣・内大臣は内閣の構成員とはならない(宮中・府中の別)

●軍隊

- 1878年，参謀本部の天皇直属化
- 1882年，**軍人勅諭**：軍人の天皇への絶対的忠誠を強調
  - ←1878年におこった，近衛砲兵による反乱(〔⑫　　　　　〕事件)が背景
- 海軍の本格的な建設がはじまる
- 陸軍は〔⑬　　　　　　〕**制**から〔⑭　　　　　　〕**制**へ移行…対外戦争への対応を想定

MEMO

Point ① ▶ なぜこの時期に，条約改正がめざされたのだろうか。次の語句を用いてまとめてみよう。 【 不平等条約 　殖産興業 　関税自主権 】

Point ② ▶ なぜこの時期に，内閣制度が導入されたのだろうか。150字以内で記述してみよう。

Check ▶ 条約改正をめぐる次のできごとア～エを，年代の古いものから順に並びかえよう。

ア 外務大臣の大隈重信が，国家主義団体の玄洋社員に襲撃され，交渉は中止された。

イ 条約改正の予備交渉を目的として，岩倉具視を大使とする使節団が派遣された。

ウ ヨーロッパ風の社交場として，鹿鳴館が建設された。

エ ノルマントン号事件が発生し，領事裁判権撤廃を求める世論が高まった。

[　]→[　]→[　]→[　]

1　立憲国家への道(3)

教科書　p.252～255

大日本帝国憲法

・1882年，伊藤博文が憲法調査のため渡欧

　→ドイツのグナイストやオーストリアの[① 　　　　　　　]らからドイツ流憲法を学ぶ

・帰国後，井上毅・伊東巳代治・金子堅太郎らと政府顧問[② 　　　　　　]とで憲法草案作成

　→1888年の[③ 　　　　]での審議

　→1889年2月11日，**大日本帝国憲法(明治憲法)** の公布

・憲法は天皇が定める[④ 　　　　]**憲法**として公布

・皇室にかかわることは，同時に制定された[⑤ 　　　　　　]で定められる

・天皇：統治権の総攬者(4条)

　→大きな権限(**天皇大権**)

　…外交権，緊急勅令制定(8条)，陸海軍[⑥ 　　　　]**権**(11条)など

・議会：制限選挙ながら国民が選んだ議員からなる[⑦ 　　　　]**院**

　　　　皇族・華族，勅任議員および多額納税者議員からなる[⑧ 　　　　]**院**の二院制

　→総じて君主権が強く，[⑦]院の権限は限定，軍や[③]など天皇直属の機関あり

法典の編纂と家制度

・1880年，**刑法**の公布

・1890年，刑事訴訟法・民事訴訟法・民法・商法の公布

・フランスの法学者[⑨ 　　　　　　]を顧問に編纂

　→民法・商法が日本の家族制度や商習慣にあわないとして論争に(**民法典論争**)

　…穂積八束ら，「民法出テテ[⑩ 　　　]亡ブ」と批判

・民法の再編纂：家長である[⑪ 　　　　]の権限が強い家父長制的内容に

地方制度と北海道・沖縄

●**地方制度**

・1878年，三新法の制定

　→[⑫ 　　　　　]設置…住民の意向を反映する地方自治のはじまり

・1888年，**市制・町村制**，1890年，**府県制・郡制**の制定

　：[⑬ 　　　　　]内相のもとで，政府顧問モッセの助言を得つつ改革

●**北海道**

・1869年，開拓使設置，蝦夷地を北海道と改称

・開拓使廃止後，1886年に[⑭ 　　　　　]設置

　→ただし衆議院議員選挙法施行は1900年，[⑮ 　　　　　]開設は1901年とおくれる

・屯田兵，囚人労働などにより開発がすすむ一方，先住民族[⑯ 　　　　　]の生活・文化圧迫

・1899年，[⑰ 　　　　　　]による一方的な同化政策→貧困と差別

●**沖縄**

・1879年の沖縄県設置後，しばらくは琉球時代の制度を維持する[⑱ 　　　　　]策を実施

　→[⑲ 　　　　]を中心に，県会設置や衆議院議員選挙実施を求める運動の展開

MEMO

Point ① ▶ なぜドイツ流の憲法が導入されたのだろうか。

[   ]

Point ② ▶ 民法典論争からみえる，近代日本の家・家族の特徴とは何だろうか。次の文章の空欄
に語句を入れながらまとめてみよう。

　フランスに範をとりボアソナードによって起草された民法は，その〔A　　　　　〕主義的な内容により伝統的な家族制度が破壊されるとして批判が出た。民法が新しく規定した家制度は，戸主(家父長)を〔B　　　　〕相続で〔C　　　　〕に継承し，〔D　　　　〕の地位を従属的なものとするものであった。

Point ③ ▶ なぜ北海道と沖縄は地方自治の導入が遅れたのだろうか。次の語句を用いてまとめてみよう。　【　蝦夷地　　琉球王国　　近代国家　】

[   ]

Try 明治政府による近代国家建設はどの点がうまくいき，どの点がうまくいかなかったのだろうか。150字程度で記述してみよう。

[   ]

② 議会政治の展開と日清・日露戦争(1)

教科書　p.256〜258

初期議会

- 衆議院議員選挙法：直接国税[①　　　　]円以上おさめた満[②　　　　]歳以上の男性に選挙権
- 1890年の第1回総選挙：有権者数45万人(総人口の[③　　　　]%)，多くは地主層
  →結果，300議席中，立憲自由党や立憲改進党の民権派政党＝[④　　　　]が過半数占める
  [④]⇔政府支持の会派([⑤　　　　])
- 議会に対する政府は，政党に左右されず政治をおこなう[⑥　　　　]の方針
- 政党政治をめざす[④]：「政費節減・[⑦　　　　]」を唱え予算削減を求める
- 第1議会(**第1次山県有朋内閣**)：対立する[④]の一部が妥協し予算成立
- 第2議会(第1次松方正義内閣)：同様の対立，松方内閣は議会解散
  →政府による激しい[⑧　　　　]がおこなわれるも，[④]優位崩れず
- 第4議会：伊藤博文が藩閥首脳で[⑨　　　　]内閣(**第2次伊藤内閣**)を組織
  →和協の詔勅を天皇に出させて予算を成立
- 第5議会(第2次伊藤内閣)
  ：立憲改進党が「[⑩　　　　]」論を主張し，内閣は議会解散

条約改正の実現

- 大隈重信外相辞任→[⑪　　　　]外相(第1次山県内閣)による条約改正交渉(1890年〜)
  →イギリスが交渉に応じるも，1891年に**大津事件**が発生し交渉中止
- 大津事件
  ：来日したロシア皇太子[⑫　　　　]が大津市内で警護の巡査津田三蔵に切りつけられる
  →ロシアとの関係悪化を恐れた政府は大逆罪を用いて津田を死刑にしようと圧力をかける
  →大審院長[⑬　　　　]は津田を無期徒刑とし，司法の独立を守る
- 1893年，[⑭　　　　]外相(第2次伊藤内閣)は[⑪]を公使としてイギリスに派遣
  →1894年，**日英通商航海条約**を調印し領事裁判権撤廃，最恵国待遇の双務化などに成功
  　一方，外国人への内地開放(内地雑居)を認める
- 1911年，[⑮　　　　]外相(第2次桂太郎内閣)により関税自主権の回復実現

朝鮮問題

- 江華島事件・日朝修好条規による朝鮮の開国→朝鮮国内の混乱と対立
- 開化路線：王妃の[⑯　　　　]一族を中心とし，欧米諸国と条約を結ぼうとする路線
  →朝鮮への勢力拡大をすすめる日本による支援
- 保守路線：国王高宗の父[⑰　　　　]を中心とし，開化に反対
  →1882年，**壬午軍乱(壬午事変)**：日本と閔氏一族に不満をもつ兵士・民衆による日本公使館襲撃
- 日本はこれを機に首都漢城に公使館警備の軍隊駐留を認めさせる(済物浦条約)
  →朝鮮をめぐる日清の対立の表面化へ
- 1884年，**甲申事変**：独立党の[⑱　　　　]らによる朝鮮でのクーデタ
  →日本はこれを支援，しかし清国軍により鎮圧され失敗
- 朝鮮への日本の影響力が失われるなか，福沢諭吉が「[⑲　　　　]」をあらわす
- 日清の緊張が高まるなか，1885年に伊藤博文と清の**李鴻章**との間で[⑳　　　　]締結
  →日清両軍の朝鮮からの撤退，再派兵の際の事前通告を取り決め，妥協が成立

・1880年代後半，世界的な英露対立の影響が東アジアにも及ぶ

　→日本ではロシアの朝鮮進出への不安が高まり，ロシアに対抗するため清と協調しようという考
　　えが強まる

・1893年，日本と朝鮮の間で穀物輸出をめぐる事件（〔㉑　　　　　　　　　〕）発生

　→日本政府は清に調停を依頼し事件を解決

MEMO

Point①▶ なぜ政府は超然主義の姿勢をとったのだろうか。次の文章の空欄に語句を入れながら
まとめてみよう。

　明治維新以来，薩長の勢力によりつくり上げられてきた政府にとって，〔A　　　　　　〕運動の成
果としてつくられた各政党とそれによって構成される議会（〔B　　　　〕院）は信用に値せず，議会の
意向によって政府の方針が一定しないことに対する懸念も大きかった。そのため政府は「常に一定の
方向」をとり「〔C　　　　〕」として政党の外にたつ，とすべての政党から一定の距離をとることを宣
言した。

Point②▶ なぜこの時期に，条約改正交渉が好転したのだろうか。100字以内で記述してみよう。

Point③▶ なぜ日本は朝鮮の内政に介入していったのだろうか。次の語句を用いてまとめてみよ
う。　【　利益線　　主権線　　清　】

② 議会政治の展開と日清・日露戦争(2)

教科書　p.258〜262

日清戦争と三国干渉

- 1894年，〔①　　　　　　　〕戦争の発生
  ：朝鮮で西学(キリスト教)に対抗する〔②　　　　　　〕の流行
  →日本や欧米の侵略非難，朝鮮王朝の支配への抵抗から大規模な蜂起となる
  →清は朝鮮からの依頼により出兵，日本は公使館警備を名目に出兵
- 1894年7月，日本軍による朝鮮王宮の占領，〔③　　　　　　　〕沖での清の海軍への奇襲攻撃
  →8月，日清両国が宣戦布告し日清戦争開始
- 平壌会戦や黄海海戦などで日本軍の勝利→戦局は優位に展開
- 1895年4月，下関条約(日清講和条約)
  ：下関で伊藤博文・陸奥宗光と〔④　　　　　　　〕を全権とし，結ばれる
- 下関条約のおもな内容
  (1)朝鮮の独立
  (2)〔⑤　　　　　　　〕・台湾・澎湖諸島の割譲
  (3)賠償金2億両
  (4)沙市・重慶・蘇州・杭州の開港
- 三国干渉：〔⑤〕の割譲に対し，〔⑥　　　　　　　〕はフランス・ドイツとともに，日本に返還勧告
- 台湾を得た日本は1895年，〔⑦　　　　　　　　　　〕を設置…初代総督は海軍軍人の樺山資紀
  →台湾では台湾民主国の独立宣言，抗日抵抗運動の展開

藩閥官僚と政党

- 日清戦争後，藩閥政府と政党が提携…戦後の軍拡に議会の支持必要
- 第2次伊藤内閣：自由党と提携し〔⑧　　　　　　　〕が内務大臣に
- 第2次松方内閣：進歩党と提携し〔⑨　　　　　　　〕が外務大臣に(松隈内閣)
  →しかし地租増徴案に自由・進歩両党は反対→〔⑩　　　　　　〕結成
- 第1次〔⑨〕内閣(隈板内閣)＝初の政党内閣として〔⑩〕内閣成立
  →〔⑪　　　　　　　〕文相の共和演説事件をきっかけに総辞職
- 第2次山県内閣：一時は〔⑩〕と提携するも藩閥的傾向・反政党の立場
  →文官任用令の改正(1899年)，軍部大臣現役武官制・〔⑫　　　　　　　　〕法の制定(1900年)
  →これに対し，〔⑩〕と結んだ伊藤博文により1900年，〔⑬　　　　　　　　　〕の結成
- 第4次伊藤内閣：〔⑬〕を基盤とする内閣
  →政党政治を志向する伊藤系勢力と，それに反発する官僚勢力の拮抗→桂園時代へ

極東情勢と日英同盟

- 日清戦争後の賠償金をきっかけに，列強による清の分割すすむ(中国分割)
  →主要な港湾の租借，内陸部への鉄道敷設，沿線の鉱山採掘
- 1900年，〔⑭　　　　　　　〕戦争：列強の侵略に対し，清国内で「扶清滅洋」を唱える〔⑭〕が蜂起
  →列国の連合軍による鎮圧(北清事変)，列国と清の間で〔⑮　　　　　　　　〕を締結
- 三国干渉や閔妃殺害事件により朝鮮での日本の勢力は後退
  →〔⑭〕戦争終結後，ロシアによる満洲占領
  →大韓帝国に影響が及ぶことを恐れた日本は1902年，〔⑯　　　　　　　　〕を結びロシアを牽制

MEMO

_____

_____

_____

_____

_____

_____

_____

_____

_____

_____

_____

_____

_____

_____

_____

Point①▶ 日清戦争はどこが戦場になったのだろうか。150字以内で説明してみよう。

[ ]

Point②▶ なぜ藩閥政府と政党は接近したのだろうか。次の文章の空欄に語句を入れながらまとめてみよう。

　日清戦争前の初期議会では〔A　　　　　〕主義の立場をとる藩閥政府と民権派の政党が激しく対立したが，近代化を背景に成長した〔B　　　　　〕層・資本家は政党を支持するようになり，政府もしだいに政党を無視することが難しくなってきた。日清戦争後も〔C　　　　　〕をおこなうべく予算を成立させたい政府は，議会の支持を取りつけるために政党と提携する姿勢をみせ，〔D　　　　　　〕や大隈重信など政党の党首の入閣があいついだ。

Point③▶ 日清戦争は東アジアに何をもたらしたのだろうか。次の語句を用いてまとめてみよう。
【　賠償金　　鉄道敷設権　　中国分割　】

[ ]

2 議会政治の展開と日清・日露戦争(3)

教科書　p.262〜265

日露戦争

- ・1903年，満洲・韓国をめぐる日露交渉のゆきづまり

  →ロシアに対する強硬論を唱える対露同志会が結成，東京帝国大学など7人の博士が開戦論主張

- ・1904年2月，日本はロシアに交渉決裂を通告，仁川と旅順のロシア艦隊を攻撃(**日露戦争**開戦)

  →奉天会戦，日本海海戦などで日本勝利，一方で戦費や兵力の限界

- ・アメリカ大統領〔① 　　　　　　　　　　　〕の調停により講和へ

  →1905年9月，〔② 　　　　　　　　〕とウィッテを全権として〔③ 　　　　　　　　〕**条約**調印

- ・〔③〕条約のおもな内容

  ロシアは日本に対し，(1)〔④ 　　　　　〕における優越権を認める

  　　　　　　　　　　　(2)旅順・大連の租借権，東清鉄道の〔⑤ 　　　　　　〕以南の権利譲渡

  　　　　　　　　　　　(3)北緯50度以南の〔⑥ 　　　　　〕の領有権譲渡

  　　　　　　　　　　　(4)沿海州・カムチャツカ半島沿岸の漁業権譲渡

  →多くの負担にもかかわらず，賠償金が得られなかったことに国民は不満をもつ

  →東京で講和反対の集会が暴動に発展(**日比谷焼打ち事件**)

大陸への膨張

●韓国・朝鮮の支配

- ・1904年，日露開戦直後に〔⑦ 　　　　　　　　〕締結：韓国内における日本軍の軍事行動の自由確保
- ・同年，第1次日韓協約：日本政府推薦の外交・財政顧問を韓国政府に採用させる
- ・1905年，第2次日韓協約：韓国政府の外交権を奪い，〔⑧ 　　　　　〕**府**を設置
- ・同年，アメリカと〔⑨ 　　　　　〕**協定**締結

  ：アメリカのフィリピン統治と日本の韓国保護権を認める

  →イギリスとは**第2次日英同盟**締結：イギリスのインド支配と日本の韓国保護権を認める

- ・1907年，韓国皇帝高宗が万国平和会議へ密使を派遣し日本を非難(**ハーグ密使事件**)
- ・同年，第3次日韓協約：高宗を退位させ，日本が韓国の〔⑩ 　　　　〕権掌握，韓国軍の解散

  →日本の支配進行に対し，反日武装闘争である〔⑪ 　　　　〕**運動**が各地で激化

- ・1909年，初代〔⑧〕〔⑫ 　　　　　〕がハルビンで〔⑬ 　　　　　〕に暗殺される
- ・1910年，**韓国併合条約**：韓国を日本の領土とし，〔⑧〕府を〔⑭ 　　　　　　〕に改組
- ・日本の朝鮮統治：軍事的性格が強い〔⑮ 　　　　　〕**政治**

  →〔⑯ 　　　　　〕**事業**により多くの農地が国有地に編入され，日本人地主に払い下げられる

●満洲の支配

- ・日露戦争で旅順・大連や東清鉄道の一部の利権を獲得

  →鉄道をアメリカと合弁で経営する案浮上

  →しかし日本単独経営に切り替え〔⑰ 　　　　　　　　　　〕(**満鉄**)を設立

- ・旅順・大連を含む遼東半島先端部を〔⑱ 　　　　　　〕とし，**関東都督府**を設置

  →満洲の門戸開放を主張するアメリカとの緊張関係へ

- ・南満洲での権益強化を望む日本と，北満洲で同じ利害を有するロシアが接近

  →1907年，**日露協約**を締結(その後4次にわたり締結)

桂園時代

・日露戦争後，山県有朋系藩閥官僚勢力をひきいる[⑲　　　　　]と，衆議院多数勢力の立憲政友
　会の総裁[⑳　　　　　]による対抗と協調の時代（**桂園時代**）に入る
・[⑲]と[⑳]は交互に政権を担当→ただし[⑫]や山県は**元老**とよばれ，政界に大きな影響力
・第1次[⑲]，第1次[⑳]内閣は大規模な軍備拡張をすすめる
・1908年，第2次[⑲]内閣は**戊申詔書**を出すとともに，地方改良運動をすすめる

MEMO

Point① ▶　なぜアメリカは日露間の調停を引き受けたのだろうか。次の文章の空欄に語句を入れ
ながらまとめてみよう。

　日清戦争後，列強による[A　　　　　]分割に出遅れたアメリカは，[B　　　　　]主義を唱えイ
ギリス・フランス・ドイツ・ロシアなどによる[A]利権の独占に反対していた。[C　　　　]の鉄道
利権獲得をめざすアメリカは日露の仲介をすることで日露双方に恩を売り，[C]進出の足がかりとす
るべく調停を引き受けた。

Point② ▶　日本は，併合した韓国をどのように統治していったのだろうか。次の語句を用いてま
とめてみよう。　【　寺内正毅　　武断政治　】

Try　日清・日露戦争が，日本国内や諸外国に与えた影響を，国内・国外的な観点からそれぞれ考
えてみよう。

●国内…

●国外…

3　産業革命と社会の変化(1)

教科書　p.267〜270

産業革命の展開

- 松方財政で貨幣・金融制度が整備される
  - →1886年から鉄道業・紡績業などで多くの会社が設立される＝〔①　　　　　　〕
- **産業革命**の開始→工場での機械制生産拡大，工業化の進展
- 欧米各国が次々と〔②　　　　　　〕を採用するなか，日本でも幣制改革が議論となる
  - →日清戦争で得た賠償金を一部準備金として，1897年，〔③　　　　　〕を制定
  - →〔②〕に移行し，通貨価値が安定，欧米からの外資導入が容易となる

繊維工業の発展

●紡績業

- 1870年代，臥雲辰致が発明した〔④　　　　　〕が普及
- 渋沢栄一らが中心となり，〔⑤　　　　　　　　〕設立（1883年開業）
  - →イギリス製機械の導入，中国産の安い原料綿花，低賃金労働者の昼夜二交替制などで成功
- 1890年，綿糸生産高が輸入高をこえる→1897年，綿糸輸出高が輸入高をこえる

●綿織物業

- 1900年代，〔⑥　　　　　〕らが開発した国産〔⑦　　　　　〕が普及

●製糸業

- 最大の輸出産業として成長し，外貨獲得に貢献
- 1894年，〔⑧　　　　**〕製糸**による生産高が〔⑨　　　　**〕製糸**による生産高を上回る

重工業の確立

- 1901年，官営〔⑩　　　　　　　〕が操業開始
  - →日露戦争後，軍需や鉄道業の需要などに支えられて軌道にのる
- 〔⑪　　　　　　　〕など民間の製鋼会社も設立された
- 造船業は，〔⑫　　　　　　　　〕（官営事業払い下げを受けて設立）など日清戦争前は少数にとどまる
  - →1896年制定の〔⑬　　　　　　　〕による保護もあり，造船技術が世界的水準に追いつく
- 1905年，〔⑭　　　　　　〕が工作機械製作の基本技術である標準旋盤の開発に成功

社会資本の発達

●鉄道

- 1889年，官営の〔⑮　　　　　　〕が全通（新橋−神戸間）
- 民営鉄道では1881年設立の〔⑯　　　　　　　〕が成功
  - →1889年に民営の営業距離が官営の営業距離を追い抜く
- 1906年，第1次西園寺公望内閣のもとで〔⑰　　　　　　　〕制定→主要な民営鉄道を買収

●海運

- 1885年，三菱会社と共同運輸会社が合併し，半官半民の〔⑱　　　　　　　〕が成立
  - →1896年制定の〔⑲　　　　　　　〕による海運保護政策もあり，遠洋航路にのりだす

●電話・電力
・1890年から電話事業開始→日清戦争後には大都市間の市外通話が広まる
・1880年代から火力発電を利用した電力事業開始→日清戦争前から水力発電導入
・日露戦争後，工業用電力としての電力利用が急増

MEMO

Point① 産業革命を可能にした要因は，何だったのだろうか。次の文章の空欄に語句を入れながらまとめてみよう。

　松方財政により，中央銀行として〔A　　　　　　　〕が創立され，〔B　　　　〕本位制が確立していた。これにより近代的な貨幣制度・〔C　　　　　　〕制度が整備され，資本主義的成長の基礎が固まっていたことが産業革命につながった。

Point② なぜ繊維工業が急速に伸長したのだろうか。次の文章の空欄に語句を入れながらまとめてみよう。

　1880年代後半以降，大阪などの都市部を中心に大規模な民間紡績会社があいついで設立され，〔A　　　　〕制生産を拡大していったことにより，紡績業がさかんになった。また，幕末以来の輸出産業であった製糸業では，〔B　　　　〕製糸による生産高が〔C　　　　〕製糸による生産高を上回るようになり，原料繭が国産であったことから〔D　　　　　〕獲得に貢献する産業として成長した。

Point③ なぜ日露戦争後に，鉄道は国有化されたのだろうか。次の語句を用いてまとめてみよう。　【　軍事輸送　国際競争力　担保資産　】

[

]

Check 日本の産業革命期の説明として誤っているものを，次のア～エから一つ選ぼう。〔　　　〕
ア　会社設立ブームがおこり，多数の株式会社が設立された。
イ　日清戦争の賠償金の一部を準備金として用いることで，金本位制を確立させた。
ウ　三菱会社と共同運輸会社が1885年に合併して，半官半民の日本郵船会社が成立した。
エ　日本鉄道会社が政府の保護にもかかわらず経営不振におちいったため，鉄道建設は官営鉄道を中心に進行した。

3　産業革命と社会の変化(2)

教科書　p.270〜273

財閥と貿易

●財閥

・三井・三菱・住友・安田などの政商が銀行・商社・鉱工業などさまざまな分野に進出

→日本経済を独占的に支配するようになり，〔①　　　　　　〕とよばれるようになる

・〔①〕一族と幹部社員がもつ株式を管理する〔②　　　　　　　　〕が〔①〕の中核を担う

→株式所有を通して多様な産業分野にまたがり企業を支配するコンツェルン形態をとる

●貿易

・欧米との貿易…半製品を輸出し，鉄・機械・兵器などの重工業製品を輸入する構造

・対アジア貿易…工業製品などを輸出し，紡績業の原料である綿花や食料品などを輸入

・日露戦争の戦費，その後の軍備拡張にともなう外債の利子負担→日本の国際収支は危機的状況

農業と寄生地主

●農業社会の変化

・生糸輸出の増大により桑栽培や養蚕が急成長→1909年，日本は世界第1位の生糸輸出国

・米の生産量は増えたが，需要の増加をすべて満たすことはできなかった

●寄生地主制

・小作地率が上昇し，土地を集積した大地主が小作料収入に依存する〔③　　　　　　　〕へと変化

・地主層はその収益を企業に投資し，みずから企業をおこすなどして資本主義経済と結びつく

・小作農は重い現物小作料の負担に苦しみ，子女を工場に出稼ぎに出すなどした

社会運動の開始

●都市下層社会と労働者の貧困

・大都市に流入した日雇い人夫などの居住地域が「貧民窟」(スラム)といわれる

・繊維産業では〔④　　　　　〕とよばれる女性労働者が中心…小作農家の子女が多かった

・重工業や鉱山・運輸産業は男性労働者が中心

・労働条件は過酷であり，労働者は低賃金と長時間労働を強いられた

●社会運動

・1897年，〔⑤　　　　　　　　　〕が職工義友会を結成

→同年，〔⑥　　　　　　〕らも加わって〔⑦　　　　　　　　　　　　〕に改組

→〔⑦〕の指導により，鉄工組合や〔⑧　　　　　　　　　　〕などが組織された

・足尾銅山の鉱毒事件での反公害運動，廃娼運動など，さまざまな社会運動がおこなわれた

●政府の対応

・1900年，〔⑨　　　　　　　　　〕を公布し，労働者の団結権・争議権に制限を加える

・1911年，第2次桂内閣は労働者保護法である〔⑩　　　　　　　〕を制定

→12歳未満の就労禁止，女性・年少者の深夜業禁止，12時間労働制などを規定

→資本家の反対により，施行は1916年まで遅れた

社会主義運動の展開

- 1898年，[⑪   ]・**安部磯雄**・[⑥]らが[⑫   ]を組織
  - →1900年に社会主義協会と改称
  - →1901年，社会主義協会員を中心に日本最初の社会主義政党である[⑬   ]を結成
  - →結成直後，[⑨]により解散を命じられる
- [⑪]・堺利彦らが[⑭   ]を創立し，『[⑮   ]』を刊行
  - →日露反戦論を唱える
- 1906年，堺らが[⑯   ]を結成
  - →第1次西園寺内閣はこれを認めたが，党内の直接行動派が優勢になると1907年に解散命令
- [⑰   ]：1910年，社会主義者の大量検挙→翌年，[⑪]らが冤罪にもかかわらず死刑
  - →社会主義運動は「冬の時代」をむかえる

- -
MEMO
- -

- -

- -

- -

- -

- -

- -

Point ▶ 寄生地主制は，その後の社会にどのような影響を及ぼしたのだろうか。次の語句を用いてまとめてみよう。 【 投資　　現物小作料　　出稼ぎ 】

[

]

Check ▶ 社会運動・社会主義運動と政府の対応に関する説明として誤っているものを，次のア〜エから一つ選ぼう。　　　　　　　　　　　　　　　　　　　　　　　　　　　〔　　　〕
- ア　8時間労働制などを主張した社会民主党は，結成直後に治安警察法により解散を命じられた。
- イ　労働者保護のために制定された工場法には，年少者の深夜労働禁止が盛り込まれている。
- ウ　工場法は制定に反対する紡績資本家の反対を押し切って，制定と同時に施行された。
- エ　幸徳秋水など，社会主義者たちは，天皇暗殺計画に加わったとされ死刑になった。

Try 産業革命が日本社会にもたらしたものとは何だったのだろうか。地域社会への影響にも留意して，150字程度で記述してみよう。

[

]

4　近代文化の形成と展開(1)

教科書　p.274〜276

教育の展開

●近代的学校教育

・1879年，〔①　　　　　　　〕(自由教育令)公布：アメリカの制度を参考とし，地方の自主性重視

→教育現場の混乱，就学率低下により，翌年には全面改定(改正教育令)

・1886年，文相〔②　　　　　　〕が〔③　　　　　　〕を公布

→小学校は尋常科と高等科に分けられ，尋常科4年を義務教育とする

●教育への国家統制強化

・1890年，〔④　　　　　　　　〕公布：忠君愛国思想を説く

→国民教育の大原則となり，思想や宗教の自由を制約する

→内村鑑三不敬事件(1891年)：〔④〕奉拝式で拝礼が十分でなかったことで教壇を追われる

・1903年，小学校の教科書が〔⑤　　　　　　　〕となる→国家による教育への統制強化

・1907年，義務教育を6年に延長

●近代化の拠点として機能する小学校

・小学校の就学率の高まり：1911年には約98％に達する

・時計にもとづく規則正しい生活，国語科による標準語の指導，西洋音階による唱歌など

●高等教育の拡充

・東京大学→官吏養成のための帝国大学へ，教員養成のための師範学校整備，京都帝国大学創設

・〔⑥　　　　　　〕の**東京専門学校**(1882年創設)など私立学校の創設

明治の思想とジャーナリズム

●新聞

・1870年，最初の日刊紙『〔⑦　　　　　　　　〕』創刊→金属活字による印刷技術向上で新聞普及

・大新聞：おもに政治を扱い，独自な政論の主張にも大きな比重をおく

・小新聞：娯楽や雑報を重視し庶民に広がる

●欧化主義への批判と国家主義の高まり

・〔⑧　　　　　　　〕が1887年に民友社を設立し，雑誌『〔⑨　　　　　　〕』を発行

→政府の欧化政策を貴族的欧化主義と批判し，平民中心の欧化を主張

→日清戦争を機に大陸への膨張を主張する帝国主義者となる

・〔⑩　　　　　　〕・志賀重昂らが1888年に政教社を設立し，雑誌『〔⑪　　　　〕』を発行

→国民の伝統・美質の擁護を説く国粋主義を唱え，政府の欧化主義を批判

・〔⑫　　　　　　〕が1889年に新聞『〔⑬　　　　〕』を創刊

→日本の自主独立と国民固有の思想の回復を説く国民主義を提唱

・日露戦争の勝利→個人を重視する思潮の高まり

→政府は**戊申詔書**を出して明治天皇の権威でおさえようとした

明治の宗教

・神道…国家の保護を受ける一方，民衆の宗教として浸透した教派神道も存在

・仏教…島地黙雷・清沢満之らによる革新運動

・キリスト教…教育や廃娼運動，足尾鉱毒事件における支援運動などの社会活動に取り組む

→海老名弾正や植村正久，内村鑑三らの指導で青年層・知識人層に広まる

Point ①▶ 小学校教育は，日本社会においてどのような役割をはたしたのだろうか。次の文章の空欄に語句を入れながらまとめてみよう。

　机と椅子による教育がおこなわれ，時計にもとづく規則正しい生活を送るとともに，〔A　　　　〕科が設けられて標準語の指導がはじまり，西洋音階による〔B　　　　〕が取り入れられるなど，社会の近代化の拠点として機能した。

Point ②▶ なぜジャーナリズムは，民権的なものから国権的なものに変化したのだろうか。次の語句を用いてまとめてみよう。　【　日清戦争　　対外膨張主義　　国権主義　】

Check p.274のグラフ**2**，p.275の図版**3**をみて，以下の問いに答えよう。
①p.274のグラフ**2**をみて，男女の就学率についてわかることをまとめてみよう。

②p.275の図版**3**をみて，活版印刷がどのようにおこなわれるのかをまとめてみよう。

4　近代文化の形成と展開(2)

教科書　p.277〜279

近代科学の成立

● 人文・社会科学

- ・ドイツモデルの憲法制定方針決定後，ドイツ系の学問が中心

  →哲学ではドイツ観念論の紹介，法学では穂積陳重によるドイツ法導入

- ・経済学…田口卯吉の自由主義経済学に対し，金井延らの歴史主義経済学が主流

- ・歴史学…明治中期に〔①　　　　　　〕らを先駆者とするドイツ系の実証史学が広がる

● 自然科学

- ・天然痘やコレラなどの伝染病に対処するため，種痘の実施や衛生を重視

- ・〔②　　　　　　　　〕(のちに伝染病研究所を創立)らがヨーロッパに留学し，研究成果を残す

- ・〔③　　　　　　　　〕が脚気の研究からオリザニンの抽出に成功しビタミンB_1を発見

近代文学の形成

- ・近代的文学は，文明開化の世相を描いた戯作文学や，民権運動家による政治小説からはじまる

- ・〔④　　　　　　　　〕の『小説神髄』が，文学に芸術としての独自の価値を認める文学論を展開

  →〔⑤　　　　　　　〕が『浮雲』を〔⑥　　　　　　　　〕で書き，文学論を具体化

- ・硯友社を創立した尾崎紅葉の写実的作風，漢学の素養をいかした幸田露伴の活躍も目立つ

- ・個人の内面を説く〔⑦　　　　　〕主義…雑誌『〔⑧　　　　　〕』を創刊した北村透谷らが中心

  →小説では樋口一葉・森鷗外ら，詩歌では島崎藤村や与謝野晶子らが作品を残す

- ・人間の本能や現実社会をありのままに描こうとする〔⑨　　　　〕主義が日露戦争前後に定着

  →島崎藤村や田山花袋らが代表的な作品を発表

- ・正岡子規が俳句・短歌の革新を訴える

- ・未熟な近代化に憂慮を示した夏目漱石，ロマン派詩人だが明治国家を批判した石川啄木らも活躍

芸術の近代化

● 日本画の復興

- ・アメリカ人の〔⑩　　　　　　〕と日本の〔⑪　　　　　　〕らによる日本の伝統美再評価

  →1887年に〔⑫　　　　　　　〕創設，活躍の場を得た狩野芳崖・橋本雅邦による復興

  →1898年に〔⑬　　　　　　〕が設立され，横山大観・下村観山・菱田春草らが集まる

● 洋画

- ・高橋由一の活躍，工部省が開設した〔⑭　　　　　　　　〕による西洋美術の導入

  →浅井忠らは〔⑮　　　　　　〕を設立

- ・黒田清輝が印象派の明るい画風をもたらし，〔⑯　　　　　　　〕を組織→藤島武二らの活躍

● 彫刻・建築

- ・伝統的な木彫の復興，西洋の彫塑の導入，本格的な洋風建築の設計開始

● 演劇

- ・**歌舞伎**が「〔⑰　　　　　〕時代」をむかえて再興

- ・壮士芝居から〔⑱　　　　　　〕が発展，西洋近代演劇を紹介する〔⑲　　　　〕も受容される

●音楽

- ・軍楽隊で西洋音楽を採用，小学校の〔⑳　　　　　〕教育で洋風歌謡を取り入れる
- ・東京音楽学校で西洋音楽の専門教育がはじまる→〔㉑　　　　　　　〕ら独創的な作曲家の誕生

MEMO

Point ▶ 日本の近代文学にみられた動向はどのようなものであったのだろうか。次の語句を用いてまとめてみよう。　【　社会の変化　　人間心理　　批判　】

Check ▶ 明治期の文化に関する説明として正しいものを，次のア～エから一つ選ぼう。　〔　　　〕

- ア　西洋音楽はまず軍楽隊で採用され，ついで唱歌が小学校教育に取り入れられた。
- イ　民権思想の普及のため，坪内逍遥や二葉亭四迷が政治小説を数多く残した。
- ウ　日露戦争前後には自然主義文学が文壇の主流となり，代表例として樋口一葉の作品があげられる。
- エ　オッペケペー節で知られる市川左団次らは，自由民権運動の宣伝のために壮士芝居をたちあげ，新劇の草分けの一人となった。

Try 明治時代の思想・宗教・科学・文学に共通する特徴とは何だったのだろうか。次の語句を用いて150字程度でまとめてみよう。　【　国家主義　　個人　】

ACTIVE ⑦ 感染症と衛生
歴史を資料から考える

教科書 p.280～281

1 公衆衛生の成立

○教科書p.280の資料①②を読み取りながら、衛生について考えてみよう。

STEP 1

1 資料①はある感染症を3つの動物が合体したものとして表現している。3つの動物とは何だろうか。 [   ]

2 資料①の感染症は何だろうか。

[   ]

3 資料②の（ A ）～（ C ）には何があてはまるのだろうか。なぜそう考えたかもまとめてみよう。　　　　　　　　　　　A [   ] B [   ] C [   ]

[   ]

STEP 2

1 次の資料を参考にして、江戸時代からみられた「養生」という考え方の特徴をまとめてみよう。

> 1713年（正徳3）には、一大ベストセラーとなる貝原益軒の『養生訓』が発行され、「養生」の語とともに、その要諦が示される。貝原は、中国の医書から養生のエッセンスを抽出し、それに自らの経験を加味するかたちで「内欲」を抑え、「外邪」を防ぐことを旨とする具体的な生活方法を示した。そこでは、人びとの生を脅かす外的な要因たる「外邪」は、暑さと寒さであり、それらを避け、禁欲的な生活をおこなうことが、「生をまもる」ことにつながるとされている。　　　　　　　　（石居人也「衛生観の生成と医学・医療の近代化」）

[   ]

2 江戸時代の「養生」と明治時代以降の「衛生」はどこがちがうのだろうか。次の資料は、長与専斎が「衛生」について記した一節である。（ a ）,（ b ）に入ることばを考えてみよう。

> 英米を視察中、sanitary, healthの語をたびたび聞き……だんだん調査を進めていると、単に健康保護という単純な意味ではないことに気づいた。すなわち、諸外国には、（ a ）一般の健康保護を担当する特殊の（ b ）組織があることを発見した。……流行病・伝染病の予防はもちろん、貧民の救済、土地の清潔、上下水の引用・排除、市街家屋の建築方式から薬品・染料・飲食物の用捨・取締りに至るまで、およそ人間生活の利害にかかわるものは細大となく網羅して一国の（b）部とし、衛生制度、公衆衛生法などと称して国家（b）の重要な機関となっているのを知った。
> 　　（長与専斎「松香私志」（1902年）、訳文は梅渓昇「長与専斎と衛生」（『生活衛生』1992年9月）を参考にした）

a [   ] b [   ]

❷ 「伝染病予防」と人々の意識

○教科書p.281の資料③〜⑤を参考にして，「伝染病予防」をめぐる人々の意識について考えてみよう。

STEP 1

1　資料③は何を描いた絵だろうか。絵から読み取れることをあげてみよう。

2　資料④からコレラ対策としてどのようなことがおこなわれていたことがわかるだろうか。

STEP 2

1　資料⑤と次の年表と資料を参考にして，「コレラ騒動」で西洋医や警察，役所などが襲撃された理由を考えてみよう。

1817〜23年	インドでおこったコレラ流行はアジア全域からアフリカに達した
1826年以降	コレラ流行がヨーロッパと南北アメリカにも広がった
1854年	イギリスのジョン＝スノウがコレラ感染源を都市の飲料水と井戸と特定した
	イタリアのフィリッポ＝パチーニがコレラ菌を発見したが，広く知られなかった
1883年	ドイツのロベルト＝コッホがコレラ菌を検出し，翌年「発見」を発表した

資料
・1932年のパリコレラ騒動　酒屋の前にいた「挙動不審」の男がリンチにあって殺された。ある男は井戸を覗きこんでいたところを見咎められて殺された。コレラの予防薬として樟脳を携帯していたユダヤ人が毒薬ではないかと疑われ，殺害された。
・医師の証言　コレラとは，パリから「不穏分子」をパージするためにでっち上げられた病気であり，病院はこの邪悪な政治的弾圧計画が実行されている実験所であるという偏見に彼らはとらわれていた。

(見市雅俊『コレラの世界史』晶文社，1994・2020年)

2　日本に限らず「コレラ騒動」がおこったのはなぜだろうか。考えられることをまとめてみよう。

Try　明治時代と比べて，現代における感染症への予防・対策はどのように変わってきているのだろうか。また，それが人々の生活や意識にどのような変化をもたらしているだろうか。それぞれ考えてまとめてみよう。
※明治時代に関しては，自分の住む地域におけるコレラ対策やコレラ騒動について調べてみよう。

1　第一次世界大戦(1)

教科書　p.282〜285

第1次護憲運動

●第2次西園寺公望内閣

・〔①　　　　　　　　　　〕問題で首相と陸軍が対立

　→陸相上原勇作が単独辞任，〔②　　　　　　　　　　　〕により内閣を総辞職に追い込む

●第3次桂太郎内閣

・立憲政友会の〔③　　　　　　　〕，立憲国民党の〔④　　　　　　　〕らの**憲政擁護運動**

　→「閥族打破，憲政擁護」をスローガンに運動が民衆にも広がる＝**第1次**〔⑤　　　　　　　　〕

・1913年，桂内閣が組閣から50日余りで倒れる＝〔⑥　　　　　　　　〕

・〔⑤〕と対抗するために桂も新党(〔⑦　　　　　　　〕)結成

●第1次山本権兵衛内閣

・首相は薩摩閥の海軍大将，〔⑧　　　　　　　　〕を与党に組閣

・〔②〕改正→現役規定を削除し，予備役・後備役の軍人も認めた

・〔⑨　　　　　　　　　　〕：軍需品の購入をめぐる海軍高官の贈収賄事件

　→国民の批判を浴び，1914年，内閣総辞職

●第2次大隈重信内閣

・〔⑦〕を与党に組閣

・第一次世界大戦に参加

・〔①〕を実現

日本の大戦参加と二十一か条の要求

●中国の革命

・〔⑩　　　　　〕が三民主義(民族・民権・民生)を唱える

　→1911年，〔⑪　　　　　　　〕開始→〔⑩〕が臨時大総統になり，〔⑫　　　　　　　　〕建国宣言

・清朝は軍閥の〔⑬　　　　　　〕を起用→宣統帝(溥儀)を退位させたことで清朝は崩壊

　→〔⑩〕にかわって〔⑬〕が臨時大総統に就任

●ヨーロッパの対立激化

・〔⑭　　　　　　　〕：イギリス・ロシア・フランス

・〔⑮　　　　　　　〕：ドイツ・オーストリア・イタリア

●第一次世界大戦の勃発

・サライェヴォ事件：オーストリアの皇位継承者夫妻がセルビア人青年に暗殺される

　→1914年，オーストリアがセルビアに宣戦布告→〔⑭〕〔⑮〕の両陣営が参戦(**第一次世界大戦**)

・第2次大隈内閣は〔⑯　　　　　　〕を理由に〔⑭〕側で参戦

　→赤道以北のドイツ領〔⑰　　　　　　　〕と，ドイツの中国での租借地〔⑱　　　　　　〕を占領

●日本の中国進出

・〔⑬〕政権に対する**二十一か条の要求**を，最後通牒により大半を承諾させる

・1916年，寺内正毅内閣の成立

　→〔⑲　　　　　　〕に対し，西原亀三を通じて借款を与える(**西原借款**)

・1917年，日本とアメリカとの間で〔⑳　　　　　　　　　　　〕を結ぶ

　→中国における日本の「特殊権益」，中国の領土保全・門戸開放を確認

MEMO

Point ▶ なぜ井上馨は第一次世界大戦を「天祐」ととらえたのだろうか。次の語句を用いてまとめてみよう。 【 外債　国際収支　アジア 】

[
]

Check ❶ ▶ p.284の地図 **1** をみて，第一次世界大戦中の日本の軍事行動について，次の文章の空欄に語句を入れながらまとめてみよう。

　1914年10月に赤道以北のドイツ領〔A　　　　　　　〕を占領し，11月にはドイツ権益山東半島の〔B　　　　　〕を占領した。また，1917年には〔C　　　　　　〕へ軍艦を派遣し，ドイツ潜水艦と戦っている。

Check ❷ ▶ 二十一か条の要求の内容として適当でないものを，次のア〜エから一つ選ぼう。

〔　　　〕

ア　山東省のドイツ権益の継承
イ　南満洲と東部内蒙古の権益の承認
ウ　漢冶萍公司の日中共同経営
エ　澎湖諸島の割譲

1 第一次世界大戦 (2)

ロシア革命とシベリア出兵

●ロシア革命

・1916年，第4次[①　　　　　　　]を結ぶ→極東における日露の軍事同盟化

・戦争の長期化とともに国民の疲弊が激しくなり，食料と平和を求める

　→1917年3月，帝政ロシア崩壊

　→11月には世界初の社会主義政権（[②　　　　　　　　　]）樹立

　→無償金・無併合・民族自決を唱えてドイツと単独講和条約を結ぶ

●シベリア出兵

・革命の拡大を恐れる連合国が反革命政権を援助して武力干渉→[③　　　　　]出兵

・[④　　　　　　]内閣が出兵を決断→他の列強より多くの兵を出兵させ，1922年まで駐留

大戦景気

●大戦景気

・戦争でヨーロッパ列強がアジア市場から撤退→日本の経済発展につながる

・工業生産額が農業生産額を上回る

　→重化学工業の発展にともなう男性労働者の増加，第2次・第3次産業従事者の増加

・国際収支の大幅な黒字，三井・三菱など財閥コンツェルンの成長

●大戦景気の時期の分野別の特色

・薬品・染料・肥料などのヨーロッパからの輸入が途絶える→国内重化学工業の発展

・アジア市場向け輸出の拡大にともない，繊維産業が飛躍的に発展

・世界的船舶不足により，造船業・海運業が発展→「[⑤　　　　　　]」が輩出される

・猪苗代(福島県)−東京間の長距離送電に成功

　→工業動力が蒸気力から[⑥　　　　]へ

・中国への資本輸出：[⑦　　　　　](中国に進出した日本の紡績工場)や，鞍山製鉄所の設立

●農業の変容

・商品的農産物に対する需要拡大，農業技術の進歩

　→農村人口の都市への流出や，農産物と工業生産物との価格差拡大などの問題も発生

MEMO

MEMO

Point①▶ なぜ日本はシベリアへ出兵したのだろうか。次の文章の空欄に語句を入れながらまとめてみよう。

　東部シベリアに日本の勢力を拡大して〔A　　　　　　〕への脅威を低減し，同時に〔B　　　　　　　〕の影響をおさえるため。

Point②▶ なぜこの時期に，成金が多くうまれたのだろうか。次の語句を用いてまとめてみよう。
【　ヨーロッパ列強　　アジア市場　　軍需品　】

[　　]

Check▶ 大戦景気に関する説明として誤っているものを，次のア～エから一つ選ぼう。

〔　　　〕

ア　船舶の需要が高まり，海運業・造船業は活況を呈し，多くの「船成金」がうまれた。

イ　日本は農業国から工業国へと変わり，重化学工業が工業生産額の50％をこえるに至った。

ウ　日本からの輸出額が輸入額を大幅に上回り，多額の債務国だった日本は債権国となった。

エ　大規模な水力発電事業が展開され，長距離走電にも成功したことで，工業原動力の中心が蒸気力から電力に転換していった。

1　第一次世界大戦(3)

社会運動の発展

●米騒動

・物価の高騰による労働者の実質賃金低下→生活苦に対する不満をかきたてる

・都市人口の増加がもたらす食糧需要の増大に米の生産が追いつかず，米価が高騰

・1918年，〔①　　　　　　　　　〕のための米の買い付けが米価高騰に拍車をかける

　→富山県魚津町で「越中女房一揆」とよばれる騒擾がおきたとの報道

　→米の安売りを求める騒擾が全国に拡大＝〔②　　　　　　〕→政府は軍隊を出動させて鎮圧

●労働運動

・1912年，鈴木文治が労働者の修養団体として〔③　　　　　〕を結成

　→1921年に〔④　　　　　　　　　〕となり，労使協調主義から階級闘争主義に転換

・1920年，国際的な労働者の祭典である〔⑤　　　　　　〕がはじまる

・1920年，社会主義団体の統一組織として日本社会主義同盟結成→翌年禁止

・1922年，堺利彦・山川均らがコミンテルン日本支部として〔⑥　　　　　　　〕結成

●社会運動の発展

・小作料の減免を要求する〔⑦　　　　　　〕の急増

　→1922年，杉山元治郎・賀川豊彦らが〔⑧　　　　　　　　〕を結成

・1922年，西光万吉らが被差別部落の解放をめざす〔⑨　　　　　　〕を結成

・東京帝国大学助教授の森戸辰男が無政府主義を研究

　→右翼の攻撃にあい，起訴されて有罪となり失職＝〔⑩　　　　　〕**事件**

・歴史学の分野ではマルクス主義の影響を受けて，日本資本主義論争が展開される

・社会運動に対抗し，1919年に大川周明・北一輝らが猶存社を結成

女性の解放

●女性解放運動

・1911年，〔⑪　　　　　　　　〕らが文学団体の〔⑫　　　　　　〕を結成

　→家庭の束縛から脱しようとする女性らが集まる

・1918年，〔⑪〕と〔⑬　　　　　　　　〕を中心とする**母性保護論争**

　→女性の自立には国家による母性保護か，経済的自立が必要かをめぐる論争

・1920年，〔⑪〕・**市川房枝**らが〔⑭　　　　　　　〕を結成

　→婦人参政権や，女性の政治集会への参加を禁じた治安警察法第5条の撤廃を求める

　→1924年には婦人参政権獲得期成同盟会を結成

・社会主義者山川菊栄らが女性運動団体として赤瀾会を組織

デモクラシーの思想

●大正デモクラシー

・中・下層の人々の社会的平等要求を組み入れた新しい民主主義の拡大

・憲法学者〔⑮　　　　　　　〕の国家法人説＝〔⑯　　　　　　〕

　→統治権の主体を国家におき天皇をその最高の執行者とみなし，君主権の制限を合理化

・政治学者〔⑰　　　　　　〕の〔⑱　　　　　　　〕

　→大日本帝国憲法の枠内で，政治の目的を民衆の利福とし，民衆の意向を重視すべきと主張

● 民主主義を促進する言論の展開

・総合雑誌『**中央公論**』や『〔⑲　　　　　　〕』などが新しい民主主義を促進する言論を展開

・〔⑰〕らの黎明会や，東京帝国大学の新人会などの啓蒙団体がうまれる

・**石橋湛山**らの『〔⑳　　　　　　　　　〕』が反帝国主義的主張を貫く

MEMO

Point ①▶ なぜ第一次世界大戦後に社会運動がさかんになったのだろうか。次の語句を用いてまとめてみよう。　【　産業発展　　物価高騰　　米騒動　】

[
]

Point ②▶ なぜ女性参政権は認められなかったのだろうか。次の文章の空欄に語句を入れながらまとめてみよう。

女性は〔A　　　　　　〕として生き，〔B　　　　　〕を守ることに専念するべきであるという固定観念が強く，政治の場から排除されていた。

Check▶ 米騒動に関する説明として誤っているものを，次のア～エから一つ選ぼう。

〔　　　〕

ア　当時の首相は寺内正毅であった。

イ　富山県の漁村で米の移出中止などを求めて人々が集まった事件がきっかけとなった。

ウ　騒動の中心は農村・漁村で，大都市にはほとんど波及しなかった。

エ　騒動の鎮圧のため，警察ばかりではなく軍隊も動員された。

Try 日本が第一次世界大戦に参加した目的と，その結果おこった国際的な影響について，100字程度で記述してみよう。

[
]

2 政党政治の展開(1)

教科書　p.292〜295

政党政治の確立

●原敬内閣

・「〔①　　　　　　　〕」とよばれた〔②　　　　　　　　〕総裁の**原敬**が首相

・陸・海軍大臣，外務大臣以外のすべての閣僚を〔②〕員で占める，本格的な政党内閣

・普通選挙要求運動に対しては抑圧的態度でのぞむ

・1919年，衆議院議員選挙法改正→選挙権拡張，〔③　　　　　　　〕の導入

・党勢拡大に専念する姿勢が，露骨な利益誘導政策との批判が高まる→1921年，原暗殺

●非政党内閣の復活

・〔④　　　　　　　〕が〔②〕内閣を引きつぐが，〔⑤　　　　　　　　〕内閣成立で非政党内閣復活

　→その後も第2次山本権兵衛内閣，**清浦奎吾**内閣と非政党内閣が続く

ヴェルサイユ体制とワシントン体制

●ヴェルサイユ条約

・1919年，〔⑥　　　　　　　　　〕がひらかれる→日本は全権〔⑦　　　　　　　〕らを派遣

・1919年，〔⑧　　　　　　　　〕の締結

　→ドイツに巨額の賠償金が課され，一部の領土の割譲と軍備制限が求められる

・アメリカ大統領〔⑨　　　　　　　〕の提唱した14か条の原則が東欧諸国家の独立に寄与

●国際連盟の発足

・1920年，国際平和の維持と国際協力の促進を目的に〔⑩　　　　　　〕を設立

　→日本はイギリス・フランス・イタリアとともに常任理事国となる

●講和会議による日本の権益拡大

・赤道以北のドイツ領南洋諸島を〔⑪　　　　　　〕領とする

・山東省の旧ドイツ権益を継承する

●反帝国主義・民族独立運動

・1919年，京城(現ソウル)で朝鮮の独立を宣言する集会とデモ

　→運動が全土に広がる＝〔⑫　　　　　〕**運動**

・パリ講和会議が山東省の旧ドイツ権益を日本に継承させることを決定

　→中国で抗議のデモがおこる＝〔⑬　　　　　〕**運動**

●ワシントン会議

・アメリカ大統領〔⑭　　　　　　　　〕のよびかけ

・日本からは海軍大臣〔⑤〕が全権として参加

・〔⑮　　　　　　　　〕

　→主力艦(戦艦・巡洋戦艦)と航空母艦の保有比率を米・英5に対し日本を3に制限

・〔⑯　　　　　　〕：太平洋地域の領土保全を相互に約束→日英同盟が廃棄となった

・〔⑰　　　　　　〕：中国の主権の尊重，領土の保全と門戸開放・機会均等を定める

　→石井・ランシング協定が廃棄，山東半島の旧ドイツ権益を中国に返還することが決定

関東大震災

●関東大震災後の事件

- ・自警団を組織した民衆や，軍隊・警察の手による朝鮮人・中国人の虐殺
- ・**甘粕事件**：無政府主義者〔⑱　　　　　　　〕・伊藤野枝らを甘粕正彦憲兵大尉が殺害
- ・〔⑲　　　　　　　　　〕：労働運動家10名が警察署で軍隊により殺害される

●第2次山本権兵衛内閣

- ・関東大震災後の復興に着手
- ・〔⑳　　　　　　　　　〕：無政府主義者が摂政宮裕仁親王を狙撃→内閣総辞職

MEMO

Point①▶ 第一次世界大戦後，国内政治はどのように変化したのだろうか。次の語句を用いてまとめてみよう。　【　超然主義　　政党内閣　　普通選挙　】

Point②▶ 第一次世界大戦後，国際社会はどのように変化したのだろうか。次の語句を用いてまとめてみよう。　【　民族自決　　独立国家　　アジア・アフリカ　】

Check▶ 関東大震災の説明として正しいものを，次のア～エから一つ選ぼう。　　　　〔　　　〕

- ア　朝鮮人が暴動をおこしたとの流言が広がり，住民が組織する隣組により虐殺事件がおきた。
- イ　東京の亀戸で無産政党に所属する山本宣治らが警察と軍隊により殺された。
- ウ　無政府主義者の幸徳秋水が憲兵大尉の甘粕正彦によって殺された。
- エ　この震災のあとで，第2次山本権兵衛内閣が復興に着手した。

2　政党政治の展開(2)

教科書　p.295〜297

第2次護憲運動

● 護憲運動

・1924年，貴族院に基礎をおく[①　　　　　　　　]内閣の成立

→護憲三派(憲政会・立憲政友会・革新倶楽部)が第2次[②　　　　　　　　]で[①]内閣退陣要求

→政友会脱党者が政友本党を結成して[①]内閣を支持するが，総選挙で護憲三派が圧勝

● 護憲三派内閣

・首相は憲政会の[③　　　　　　　]

・政友会の[④　　　　　　　]，革新倶楽部の[⑤　　　　　　　]が内閣に加わる

・衆議院に多数の議席を占める政党が交互に政権を担当する政党政治の慣行が成立

＝「[⑥　　　　　　　]」

・1925年，[⑦　　　　　　　]制定：納税資格を撤廃し，25歳以上の男性に選挙権

・1925年，[⑧　　　　　　　]制定：「国体」の変革や私有財産制の否定をめざす者を処分

・陸相の宇垣一成による陸軍軍縮(宇垣軍縮)

● 協調外交(幣原外交)

・[③]内閣・[⑨　　　　　　　]内閣で[⑩　　　　　　　]が外務大臣をつとめる

→列国との協調方針，中国での軍閥間抗争や民族運動に対する不干渉を維持

・1925年，[⑪　　　　　　　]締結：ソ連との間に国交を樹立

● 本格的な政党政治への移行

・普通選挙法制定後，憲政会単独内閣がつづく→[③]の病死後は[⑨]が組閣

・金融恐慌後は政友会の[⑫　　　　　　　]が組閣

・憲政会は政友本党と合同して[⑬　　　　　　　]を結成

戦後恐慌から金融恐慌へ

● 戦後恐慌

・第一次世界大戦の終結後→ヨーロッパ諸国の復興により国際競争が復活

→日本では，生産能力が需要を上回る過剰生産恐慌＝[⑭　　　　]恐慌

● 震災恐慌

・1923年の関東大震災→多くの企業が手形の決済ができない事態＝[⑮　　　]恐慌

● 金融恐慌

・1927年，震災時に生じた未決済手形(震災手形)を多くかかえる一部銀行の経営悪化が伝わる

→預金者が預金の引き出しのために銀行におしかける＝「[⑯　　　　　　　]騒ぎ」

・大戦景気で急成長した[⑰　　　　　　]が破綻

→巨額の融資をおこなっていた[⑱　　　　　　　]も経営危機におちいる

・憲政会の第1次[⑨]内閣が緊急勅令により[⑱]の救済をはかる

→幣原外交に不満をもつ[⑲　　　　　　]が勅令案に反対→内閣総辞職

・恐慌が本格化し，多くの銀行が破綻に追い込まれて中小銀行の信用失墜＝**金融恐慌**

・政友会の[⑫]内閣が[⑳　　　　　　　](支払猶予令)を発令

・預金が大銀行に集中し，三井・三菱・住友・安田・第一の5大銀行の金融界支配が強まる

MEMO

_____
_____
_____
_____
_____
_____
_____
_____
_____
_____
_____
_____
_____
_____
_____
_____
_____
_____

Point ①▶ 第１次護憲運動と第２次護憲運動の違いは何だろうか。次の語句を用いてまとめてみよう。 【 政党内閣　超然内閣　憲政の常道 】

Point ②▶ なぜ鈴木商店は倒産してしまったのだろうか。次の語句を用いてまとめてみよう。
【 台湾銀行　戦後恐慌　とりつけ騒ぎ 】

Check▶ 金融恐慌終息後の経済動向に関する説明として正しいものを，次のア〜エから一つ選ぼう。

〔　　　〕

ア　深刻な不振におちいった農業を再建するため，農工銀行が設立された。

イ　船舶が世界的に不足し，海運業や造船業を中心として景気が回復していった。

ウ　５大銀行が金融界で支配的な地位を占めるようになった。

エ　ドイツなどから輸入が止まり，染料・薬品・肥料などの化学工業が国内で発達した。

2 政党政治の展開(3)

教科書　p.298〜301

田中内閣と中国への干渉

● 無産政党の結成と共産党弾圧

・1926年，合法的無産政党として労働農民党が結成される

・1928年，第1回普通選挙実施→無産政党があわせて8議席を獲得

・1928年，田中内閣が選挙後活動をはじめた共産党を検挙＝[① 　　　　　]事件

・治安維持法を緊急勅令によって改正し，最高刑を死刑とする

・社会運動の取り締まりにあたる[② 　　　　　](特高)を全国へ配置

・1929年，多数の共産主義者を検挙＝[③ 　　　　]事件

● 田中内閣の中国への内政干渉

・1924年，中国国民党と中国共産党が提携＝第1次[④ 　　　　　]

・1926年，[⑤ 　　　　]が国民革命軍をひきいて[⑥ 　　　]を開始

・[⑦ 　　　　　]の開催：田中内閣が中国関係の外交官や陸海軍代表者などを召集

　→[⑥]干渉のための出兵＝[⑧ 　　　　]

・1928年，満洲軍閥の[⑨ 　　　]を独断で関東軍が爆殺

　＝[⑨]爆殺事件(満洲某重大事件)

● 田中内閣の対英米協調外交

・1928年，国際紛争解決のための戦争を否定する[⑩ 　　　　]に調印

　→翌年，日本は「各自ノ人民ノ名ニ於テ」の部分は適用されないとしたうえで批准

昭和恐慌

● 浜口内閣と金解禁

・1929年，立憲民政党を与党とする[⑪ 　　　　　]内閣の成立

・[⑪]内閣が前日本銀行総裁の[⑫ 　　　　　]を大蔵大臣とする

・1930年，[⑬ 　　　　　　　]の断行→為替相場の安定，貿易促進などをはかる

・物価引き下げのため，徹底した緊縮財政(デフレ政策)をとる

・1931年，[⑭ 　　　　　　]の制定→基幹産業におけるカルテル結成をうながす

● 世界恐慌と昭和恐慌

・1929年10月，ニューヨーク株式市場における株価の大暴落→世界恐慌に突入

・日本経済は深刻な不況におちいる＝[⑮ 　　　]恐慌

・農村の困窮が深刻化＝[⑯ 　　　]恐慌

ロンドン海軍軍縮会議

● 浜口内閣の協調外交

・外務大臣[⑰ 　　　　　]による協調外交を展開

● ロンドン海軍軍縮条約

・1930年，ロンドンで補助艦制限のための軍縮会議が開催される

・日本は元首相の若槻礼次郎と海軍大臣財部彪を派遣

・日本の補助艦保有トン数を対英米6.97割(大型巡洋艦6割)に制限する

→海軍大臣が容認し，〔⑪〕内閣も受け入れ，〔⑱   〕に調印

● **統帥権干犯問題と軍部・右翼への影響**

・軍部・政友会・枢密院・右翼らが，〔⑪〕内閣の決定を〔⑲   〕と非難

→1930年，〔⑪〕首相が東京駅で右翼青年に狙撃される

・1931年，桜会の青年将校と大川周明ら右翼によるクーデタ計画（〔⑳   〕**事件**）

MEMO
- -
- -
- -
- -
- -
- -
- -
- -
- -
- -

Point ①▶ なぜ金解禁からまもなく，経済は深刻な不況におちいってしまったのだろうか。次の文章の空欄に語句を入れながらまとめてみよう。

ニューヨークの株式市場における株価の大暴落をきっかけに〔A   〕に突入しており，景気対策を優先しなければならない状況であったが，物価引き下げのための〔B   〕政策をとってしまったため日本経済が深刻な不況におちいり，輸出不振のために〔C   〕流出が止まらなくなってしまったため。

Point ②▶ ロンドン海軍軍縮条約の批准をめぐっては，どのような問題がおきたのだろうか。次の文章の空欄に語句を入れながらまとめてみよう。

軍部・〔A   〕・枢密院・右翼などが，軍令部の同意を得ずに内閣が兵力量を決定することは大日本帝国憲法第11条に違反しており，〔B   〕を干犯していると批判した。内閣は憲法12条の「陸海軍ノ編制」については〔C   〕の輔弼事項という解釈をとり，兵力量の決定は海軍大臣・海軍省の権限であるとし，反対をおしきって条約批准にこぎつけた。

Try 第一次世界大戦は，世界のなかでの日本の立場をどのように変えたのだろうか。前後の時期を比較しながら，170字程度で記述してみよう。

3 市民文化の展開

教科書　p.302〜305

都市文化とメディアの発達

●都市化の進展

- [①　　　　　　　]とよばれる郊外住宅に移り住む人が増加
- 都市計画法の制定，モータリゼーションの開始，ターミナル駅のデパート
- 俸給生活者(サラリーマン)，タイピスト・電話交換手などの職業婦人の増加
- 生活の洋風化(洋服・洋食など)，都会の生活文化が次々と地方の農村にも浸透

●教育

- 中学校や高等女学校への進学者増加，高等教育を受ける者も増える
- 1918年，[②　　　　　　]の制定：公立・私立・単科大学を認める→大学数の増加

●メディアの発達と文化の大衆化(大衆文化)

- 『大阪毎日新聞』『大阪朝日新聞』『東京日日新聞』などが発行部数を増やす
- 『[③　　　　　]』などの大衆雑誌，[④　　　　　]などの低価格本
- 1925年，[⑤　　　　　]放送の開始，翌年，日本放送協会(NHK)の設立
- 弁士による無声映画の解説→[⑥　　　　　](有声映画)

社会の「改造」と個の見直し

●社会の格差への対応

- [⑦　　　　　]が『貧乏物語』をあらわし，マルクス経済学の確立に取り組む

●プロレタリア文学

- 雑誌：『種蒔く人』(1921年創刊)，『戦旗』(1928年創刊)
- 徳永直の『太陽のない街』，[⑧　　　　　　]の『蟹工船』

●個や人生のあり方を問う文学

- 武者小路実篤や志賀直哉ら[⑨　　　　]派：人道主義にたち自我・生命の肯定などを標榜
- 永井荷風や谷崎潤一郎ら[⑩　　　]派：美の享受と創造をめざす
- 『[⑪　　　　]』につどった菊池寛や芥川龍之介らの新現実主義
- 横光利一や川端康成ら[⑫　　　　]派：作家個人の直感的・主観的な感覚を重んじる

●哲学

- 『善の研究』で脚光を浴びた[⑬　　　　　　]が東洋思想と西洋思想の統一をはかる

文化の大衆化と受容の多様化

●文化における民衆的な視点の導入

- [⑭　　　　　]が民俗学を確立し，柳宗悦は民芸運動を推進

●大衆小説と児童文学

- 中里介山の『大菩薩峠』をはじめとする時代小説
- [⑮　　　　　]が『赤い鳥』を創刊して児童文学を開拓

●絵画

- 洋画：文展から離れた[⑯　　　　]や春陽会の結成
  →安井曽太郎・梅原龍三郎・岸田劉生らの活躍

・日本画：日本美術院の再興→新日本画の樹立をめざす

● **演劇と音楽**

　・島村抱月・松井須磨子らが〔⑰　　　　　　　〕，小山内薫が〔⑱　　　　　　　　　　〕を結成

　・音楽では山田耕筰らが活躍

● **学術研究の進展**

　・〔⑲　　　　　　　　　　　〕が『古事記』や『日本書紀』の文献的研究をすすめる

　・本多光太郎がKS磁石鋼を発明，〔⑳　　　　　　　　　〕が伝染病研究に貢献

　・理化学研究所など多くの研究機関がうまれる

MEMO

Point ▶ 大衆が文化の担い手となった背景には，どのようなことがあったのだろうか。次の語句を用いてまとめてみよう。　【　都市化　　交通　　メディア　】

[

]

Check ▶ p.303のグラフ**5**から読み取れる内容について，次の文章の空欄に語句を入れながらまとめてみよう。

　大正期に入って〔A　　　　　〕が発行部数をのばしていることがわかる。〔B　　　　　　　〕も開始され，受信契約数は1930年代に入ってから急激にのびていることがわかる。

Try 大正時代の思想・宗教・科学・文学に共通する特徴とは何だったのだろうか。100字以内で記述してみよう。

[

]

1 満洲事変(1)

教科書　p.306〜308

満洲事変

●満洲事変の背景

・1928年，張作霖の子[①　　　　　]が中国東北部(満洲)での勢力回復をめざす

　→「満蒙の危機」が叫ばれ，強硬論が高まる

・関東軍参謀[②　　　　　]は日米「世界最終戦」を想定し，満洲武力占領政策を推進

●満洲事変の勃発と経過

・[③　　　　　]：1931年，関東軍が奉天付近の満鉄線路を爆破

　→これを中国軍の行為であると偽って攻撃を開始→中国は国際連盟に提訴

・**第2次若槻礼次郎内閣**は米英との協調を重視し，[④　　　　　]を唱える

　→関東軍は内閣の意向を無視し，次々と戦線を拡大

・[⑤　　　]**事件**：桜会の青年将校と右翼らが荒木貞夫を首班とする軍部内閣の樹立をはかる

　→失敗に終わるが，第2次若槻内閣は大きな衝撃を受けた

・閣内の不統一もあり，第2次若槻内閣は総辞職

・立憲政友会の[⑥　　　]内閣が成立

・1932年，中国の要請で，国際連盟が[⑦　　　　　]調査団を中国へ派遣→報告書を作成

・アメリカは，不戦条約に反する方法で生じた事態・条約・協定を承認しないと通告

政党政治の崩壊と国際連盟脱退

●「満洲国」建国

・第1次[⑧　　　　　]：「満洲国」樹立から列国の目をそらすための日本軍の謀略が発端

・1932年，「**満洲国**」建国宣言：清朝の廃帝[⑨　　　]を執政とする

●政党政治の崩壊

・日本の金輸出再禁止をみこした財閥などがドル買いで巨利を得る→民衆の憤りが強まる

・[⑩　　　　　]：井上日召が指導する団員が一人一殺主義で政財界の要人を多数ねらう

　→前大蔵大臣[⑪　　　　　]，三井合名理事長団琢磨が暗殺される

・急進派将校や右翼が，元老・政党・財閥などを打倒し，軍部独裁政権の樹立をめざす

　→海軍青年将校らが[⑥]首相を射殺する[⑫　　　　　]が発生

・元老の西園寺公望は[⑥]の後継首相に海軍大将[⑬　　　]を推薦

　→政党・軍部・官僚からなる挙国一致内閣がつくられ，政党内閣は終わりを告げた

●国際連盟脱退

・1932年，[⑬]内閣が[⑭　　　　　]を締結し，「満洲国」を承認

　→満洲は日本の完全な支配下におかれ，その実権は関東軍司令官がにぎった

・[⑦]**報告書**が国際連盟に提出される

　→日本の「満蒙」における特殊権益を容認したが，日本の軍事行動と満洲占領を不当と認定

・1933年，国際連盟総会は，「満洲国」不承認の勧告案を42対1で採択

　→日本代表[⑮　　　]が総会から退場し，その後，日本は国際連盟に脱退を通告

・1933年，関東軍と中国国民政府が[⑯　　　　　]を締結

　→河北省東部を非武装地帯とし，日本の満洲・熱河省支配を中国に事実上承認させる

MEMO

- -

Point ①▶ 満洲事変前後で，日本の対中国政策はどのように変化したのだろうか。次の語句を用いてまとめてみよう。 【 幣原喜重郎　関東軍　満蒙権益 】

Point ②▶ なぜ国際連盟総会で，「満洲国」は承認されなかったのだろうか。次の語句を用いてまとめてみよう。 【 リットン調査団　軍事行動　自衛措置 】

Check▶ 日本の「満洲国」承認と国際連盟の対応に関する説明として正しいものを，次のア～エから一つ選ぼう。

〔　　　〕

ア　リットン調査団の派遣は中国からの要請がないまま，国際連盟がおこなった。

イ　日満議定書は日本権益の確認とともに，日本軍の無条件駐屯も規定した。

ウ　日満議定書の締結と「満洲国」の承認は，犬養毅内閣によっておこなわれた。

エ　日本は国際連盟を脱退したが，その後も英米との協調政策は維持した。

1 満洲事変(2)

教科書　p.308〜310

軍国主義化の進展

● **満洲事変への国内の反応と国家社会主義の台頭**

・新聞・ラジオなどは，陸軍発表をうのみにし，日本の行動を正当防衛と主張

・国民の大多数は満洲の確保を当然視し，中国・国際連盟への敵意を募らせる

・国家社会主義が台頭し，無産政党の社会大衆党も軍部に接近

● **弾圧と転向**

・〔①　　　　　　　　〕は『東洋経済新報』で満洲事変を批判

・プロレタリア文学運動に対する激しい弾圧→〔②　　　　　　　　〕は拷問によって虐殺される

・日本共産党の幹部佐野学・鍋山貞親らが獄中で〔③　　　　　〕声明

　　→1935年，日本共産党の組織的活動停止

● **思想統制**

・〔④　　　　　　　　〕：1933年，自由主義的刑法学説を唱えた京都帝大教授滝川幸辰を休職処分

・陸軍省が『国防の本義と其強化の提唱』(陸軍パンフレット)を発表

　　→国防の絶対性を唱え，政治・思想・経済などすべてが国防に奉仕しなければならないと主張

・1934年，斎藤実内閣にかわった〔⑤　　　　　　　　〕内閣が〔⑥　　　　　　　　　〕を出す

　　→天皇機関説を否認し，美濃部達吉の著書『憲法撮要』なども発売禁止(**天皇機関説事件**)

・全体主義や極端な国家主義が台頭

・1937年，文部省が国体の尊厳を説く『〔⑦　　　　　　　　〕』を作成→全国に配布

インフレと重化学工業化

● **高橋財政とその影響**

・1931年，犬養内閣の蔵相〔⑧　　　　　　　〕が〔⑨　　　　　　〕を再禁止

・通貨供給量を政府が管理する〔⑩　　　　　　　　〕へ移行

・軍事費を中心に予算拡大(積極財政)→インフレがすすみ，円為替相場は下落

・工業生産力が上昇し，1933年，世界恐慌前の水準に回復

・軍部と結びついた〔⑪　　　　　　　〕が重化学工業に進出し，朝鮮・満洲へ活発に投資

・軽工業製品の市場がアジア・アフリカ・オセアニアで拡大

　　→イギリスはじめ列国はソーシャル=ダンピングと非難

・第一次産品を自国の勢力圏でまかなうことは困難だった

　　→資源の安定的獲得のために，勢力圏の拡大に向かう

● **農村の救済策**

・救農土木事業(時局匡救事業)：農民に現金収入を得させようとする

・〔⑫　　　　　　　　　〕：「自力更生」の名のもとに，勤倹・貯蓄を推奨

・1934年におこった東北地方の大凶作，インフレの進行などで農村の窮乏は解決できず

- -

- -

- -

- -

- -

- -

- -

- -

- -

- -

- -

- -

- -

Point ▶ 滝川事件や天皇機関説事件に対して，国民はどのような反応をしたのだろうか。次の語句を用いてまとめてみよう。 【 反対運動　自由主義　軍国主義 】

Check ▶ 1930年代前半の高橋財政に関する説明として誤っているものを，次のア～エから一つ選ぼう。

〔　　　〕

ア　金保有量にかかわらず通貨量を調節できる管理通貨制度への移行を実行した。

イ　それまでの緊縮財政を転換して，恐慌対策費と軍事費の予算を拡大する政策をとった。

ウ　円為替相場の大幅な下落により綿織物などで日本の輸出が躍進したが，列国からソーシャル＝ダンピングとの非難をまねいた。

エ　軍部と結びついた古河・浅野などの新興財閥が重化学工業に進出し，朝鮮・満洲へ活発な投資をおこなった。

Try 1930年代前半におこった変化のうち，その後の日本社会に最も大きな影響を与えたものは何だったのだろうか。理由とともに150字以内で記述してみよう。

2　日中戦争(1)

教科書　p.311~313

二・二六事件

●二・二六事件

- 1936年，北一輝の国家改造論を信奉する[①　　　　　]派青年将校らのクーデタ

  →[②　　　　　]内大臣・[③　　　　　]蔵相らを殺害

  →首相官邸とその周辺一帯を占拠=[④　　　　　]事件

- 東京に戒厳令を施行

●軍部の政治的発言力の高まり

- 昭和天皇の命令により，陸軍首脳部が蜂起部隊を反乱軍として鎮圧

- [⑤　　　　　]派が陸軍内で主導権をにぎり，軍部の政治的発言力が強まる

  →前外相の[⑥　　　　　]の組閣人事に干渉

●広田弘毅内閣

- [⑦　　　　　　　　　　]を復活させ，膨大な軍備拡張計画を推進

- 「国策の基準」を決定：大陸進出と並んで南方進出を国策にかかげる

- 1933年，ドイツでヒトラーがナチ党の独裁体制を樹立し，国際連盟を脱退

  →1936年，ドイツとの間に[⑧　　　　　　]を結ぶ

  →1937年，イタリアが加わり[⑨　　　　　　　　]となる

日中戦争の全面化

●華北分離工作と中国国内の動き

- 1935年，日本の支那駐屯軍・関東軍が華北分離工作を推進

  →河北省東部に[⑩　　　　　　　　]を樹立

- 1936年，張学良が蒋介石を[⑪　　　　]で監禁

  →共産党の周恩来とともに内戦停止と抗日を要求し，同意させる=[⑪]事件

  →1937年，国共両党が内戦を停止=第2次[⑫　　　　　　]

●近衛内閣の成立

- 1937年，[⑥]内閣の総辞職後，元老西園寺公望は宇垣一成を首相に推薦→軍部は内閣成立阻止

- 陸軍大将[⑬　　　　　]が組閣→軍部と財界との接点を探るが，総選挙で大敗して退陣

- 華族の名家出身の[⑭　　　　　]が各方面の大きな期待を集めて組閣

●日中戦争

- 1937年，北京郊外で日中両軍が衝突=[⑮　　　　　]事件

- 戦火が上海へ拡大(第2次上海事変)

- 国際連盟規約や不戦条約の規定に反する全面的な侵略戦争に突入(日中戦争)

- 抗日民族統一戦線を結成した中国の強い抵抗→日本は大軍を投入し，首都[⑯　　　　]を占領

  →日本軍が多数の非戦闘員や捕虜を殺害し，略奪・放火・暴行をおこなう([⑯]事件)

- 1938年，第1次近衛声明：「国民政府を対手とせず」と声明→戦争収拾の道をとざす

- 国民政府が首都を[⑰　　　　]に移す→米・英・ソなどの援助を受けて抗戦を続ける

- 第2次近衛声明：[⑱　　　　　]の建設を表明

  →和平工作をすすめていた国民党副総裁の[⑲　　　　　]が[⑰]を脱出

- 第3次近衛声明：「善隣友好，共同防共，経済提携」をよびかけ→和平への方向転換には至らず

MEMO

Point ①▶ 二・二六事件は，その後の政治にどのような影響を与えたのだろうか。次の語句を用いてまとめてみよう。 【 統制派　皇道派　軍部 】

[

]

Point ②▶ なぜ日中戦争は全面化し，さらに長期化したのだろうか。次の語句を用いてまとめてみよう。 【 抗日民族統一戦線　支援　和平 】

[

]

Check▶ 日中戦争の説明として誤っているものを，次のア～エから一つ選ぼう。 〔　　　〕

ア　1937年に北京郊外の盧溝橋で日中両軍の衝突がおこり，若槻礼次郎内閣はただちに兵力を増派して戦線を拡大した。

イ　1937年8月に戦火は上海へも拡大し，年末には国民政府の首都南京を占領した。

ウ　ひそかに中国国民党副総裁の汪兆銘との間で和平工作がすすめられ，1938年に汪兆銘は重慶を脱出した。

エ　中国戦線では毒ガスも使用された。満洲には731部隊という細菌兵器研究の日本軍の特殊部隊がおかれ，捕虜を使った生体実験がおこなわれた。

2 日中戦争(2)

教科書　p.314〜315

日独伊三国同盟と南進

● **ドイツと日本の接近**

・ドイツがヴェルサイユ体制を打破して新秩序を打ちたてる侵略政策を本格化

　　→「満洲国」を承認して日本に接近する姿勢をみせる

　　→日独伊三国防共協定を強化して，フランス・イギリスをも仮想敵国とする軍事同盟を提案

・近衛内閣は日中戦争の見通しが得られず，仮想敵国を増やす内容の軍事同盟をめぐって閣内対立

　　→1939年，総辞職

・枢密院議長の〔①　　　　　　　　　〕が組閣→軍事同盟への強化問題が再燃

・〔②　　　　　　　　〕**事件**：1939年，関東軍がソ連・モンゴル軍と衝突

　　→火力・機動力に圧倒されて壊滅的打撃をこうむる

・ドイツとソ連が不可侵条約を結ぶ

　　→〔①〕内閣は情勢判断の力を失い退陣→陸軍大将〔③　　　　　　　〕が組閣

● **南進政策**

・中国との戦争長期化

　　→物資不足に悩む日本は東南アジア進出により石油・鉄鉱石・ゴムなどの獲得をめざす

・イギリス・アメリカによる〔④　　　　〕ルートの遮断をはかる

　　→海南島占領など南進政策に着手

・東南アジアに大きな既得権をもつイギリス・アメリカが日本への警戒を強める

　　→1939年，アメリカが〔⑤　　　　　　　　　　〕の廃棄を日本に通告

● **第二次世界大戦**

・1939年9月，ドイツのポーランド侵攻により**第二次世界大戦**が勃発

　　→〔③〕内閣は大戦不介入の方針

　　→1940年に成立した海軍大将〔⑥　　　　　　〕の内閣も大戦不介入の方針を継続

・ドイツが電撃戦でフランス・オランダなどを屈服させる

　　→ドイツと同盟し南進を遂行するべきだという意見が陸軍を中心に台頭

　　→〔⑥〕内閣を退陣に追い込む

・1940年，一国一党の〔⑦　　　　　　〕**運動**を展開していた近衛文麿が組閣(第2次近衛内閣)

・〔⑧　　　　　　　　〕：〔④〕ルート遮断・資源獲得のためフランス領インドシナ北部に進駐

・〔⑨　　　　　　　　〕調印

　　→ヨーロッパ・アジアにおけるそれぞれの「新秩序」建設と指導的地位を認めあう

　　→アメリカは航空機用石油・屑鉄の対日輸出を禁止し，中国援助を強化

・〔⑩　　　　　　　〕結成：挙国一致体制強化のために全政治勢力を包含

　　→首相を総裁，道府県知事を支部長とし，部落会・町内会・隣組を下部組織とする

　　→「上意下達」の官僚的全国組織として機能

・労働者統制組織の〔⑪　　　　　　　　　〕や大日本婦人会なども〔⑩〕の傘下に入る

- -

Point ▶ なぜアメリカは対日経済制裁を強めたのだろうか。次の語句を用いてまとめてみよう。

【 東南アジア 北部仏印 仮想敵国 】

Check ❶ 1930年代の日本とドイツとの関係の説明として誤っているものを，次のア〜エから一つ選ぼう。 〔 　 〕

ア　ドイツが日独伊三国防共協定を強化して，フランス・イギリスをも仮想敵国とする軍事同盟を提案した。

イ　ドイツとソ連が不可侵条約を結ぶと，平沼騏一郎内閣は「欧洲の天地は複雑怪奇」という声明を発して退陣した。

ウ　第二次世界大戦におけるドイツ軍の快進撃に刺激されて，米内光政内閣は日独伊三国同盟を締結した。

エ　日独伊三国同盟は，「新秩序建設」についてヨーロッパにおけるドイツ・イタリアの，アジアにおける日本の指導性を相互に認めあうものであった。

Check ❷ 日本の戦時政治体制をファシズムの一種とみなす説があるが，p.315の「Close Up」や教科書本文の記述を参考にしながら，ドイツ・イタリアとの比較をもとに日本のファシズムの特色を160字程度で記述してみよう。

2 日中戦争(3)

教科書 p.316~318

戦時体制の強化

●国家総動員体制

・1937年,〔①　　　　　　　　〕運動の開始

→「挙国一致」「尽忠報国」「堅忍持久」をかかげ国民を戦争に動員

・軍需生産を最優先とする経済統制を強化

・〔②　　　　　　〕の設立：総動員計画を立案する内閣直属の機関

・1938年,〔③　　　　　　　　〕制定

→政府が議会の承認なく労働力や物資を統制・運用する権限を得る

・1939年,〔④　　　　　　　　〕を発令：国民を軍需産業などに強制的に動員できるようになる

・同年,〔⑤　　　　　　　　〕を発令：公定価格を決めて物価を統制

●国民生活の統制

・財閥の産業支配が強化される一方,民需産業は整理・統合を余儀なくされる(企業整備)

・都市人口は増大したが,農村では労働力不足が深刻

・1940年,政府が生産者から米を強制的に買い上げる〔⑥　　　　〕制がはじまる

・砂糖・マッチの〔⑦　　　　　〕制を導入,「贅沢は敵だ」というスローガンのもと消費を抑制

・1941年,米が〔⑧　　　　　〕制となり国民生活を圧迫

・企業では職場ごとに労資一体で戦争に協力するため,産業報国会が組織される

文化の統制

●文学

・1930年代,島崎藤村『夜明け前』・志賀直哉『暗夜行路』など成熟した作品がうまれる

・転向文学：島木健作らが転向者の苦悩を描く

・日本の伝統への回帰を唱える日本浪曼派が台頭

・〔⑨　　　　　　〕の『麦と兵隊』：従軍経験をもとに戦場の兵隊の姿を描く

・〔⑩　　　　　　〕の「生きてゐる兵隊」：中国戦線での見聞をもとに描くが,発禁処分

●学問・思想の統制

・日本の植民地政策を批判した〔⑪　　　　　　　　〕,ファシズムを批判した〔⑫　　　　　　　　〕

→大学を追われる

・〔⑬　　　　　　　〕事件：日本無産党・労農派グループが検挙される

・宗教への統制,国家神道の影響力が強まる

●国民生活・文化の統制

・検閲の強化,国民の戦争熱をあおるためのニュース映画

・歴史教育では天皇統治の正当性と永遠性を主張する**皇国史観**が影響力をふるう

・〔⑭　　　　　　　〕が『神代史の研究』などで『古事記』『日本書紀』の神話を文献学的に批判

→発禁処分となる

・1941年,小学校を〔⑮　　　　　　　〕に改める

→教育全般を通じて教育勅語に示された「皇国ノ道」を修練させる

MEMO

Point ① ▶ なぜ米の配給制がおこなわれるようになったのだろうか。次の文章の空欄に語句を入れながらまとめてみよう。

　米の消費量のおよそ4分の1は［A　　　　　］や［B　　　　　］からの移入に頼っており、船舶やその燃料は［C　　　　　］が優先されたため輸送にも影響が出て、米の不足が顕著になっていた。戦争継続のためには米を一定の所得階層に集中させずに、全体にいきわたらせることが必要と考えられ、配給制がおこなわれた。

Point ② ▶ 思想・言論について、どのような統制がおこなわれたのだろうか。次の語句を用いてまとめてみよう。　【　反国体的　　検閲　　情報　】

Try 日中戦争の全面化は、当時の東アジアの人々の生活にどのような変化をもたらしたのか、150字程度で記述してみよう。

3　アジア・太平洋戦争（太平洋戦争）（1）

教科書　p.319〜321

日米交渉

●日本の武力南進と日米交渉

- ・1941年4月以降，日米交渉をつづけるも主張がくいちがう
- ・南進のため北方の安全を確保すべくソ連と交渉，日独伊三国同盟＋ソ連の四国協商成立を構想
  - →1941年4月，〔①　　　　　　　　　〕：相互不可侵，第三国との戦争時の中立維持，5年期限
- ・6月，〔②　　　　　　〕開始
- ・7月，日本は南北併進の方針決定
  - 北進：〔③　　　　　　　　　　　〕（関特演）の名目で約70万の兵力を満ソ国境に動員
  - 南進：〔④　　　　　　　　〕で航空・海軍基地を設定
- ・アメリカが予想以上の反発，イギリス・オランダとともに日本資産凍結
- ・8月，アメリカが日本への〔⑤　　　　　　　〕を禁止 → 軍部は「ABCD包囲陣」の脅威を訴える

●開戦決定

- ・9月，御前会議で「〔⑥　　　　　　　　　　〕」を決定
- ・アメリカが中国・仏印からの日本軍撤退を要求
  - →軍部は日米交渉打ち切りをせまる
- ・10月，第3次近衛内閣総辞職，〔⑦　　　　　　　　〕内閣成立
- ・11月，御前会議で12月初頭の開戦を「決意」し，作戦準備の完遂を決定
  - →アメリカの対日姿勢硬化，中国・仏印からの日本軍の撤退などを要求する〔⑧　　　　　　　〕提示
- ・交渉打ち切りか現状維持かで見解分かれたが，12月1日の御前会議で開戦決定

開戦と「大東亜共栄圏」

●アジア・太平洋戦争の開始

- ・1941年12月8日，陸軍は英領マレー半島コタバルに奇襲上陸，海軍はハワイ真珠湾を奇襲攻撃
  - →**アジア・太平洋戦争**開始，ドイツ・イタリアも三国同盟にもとづきアメリカに宣戦
- ・日本軍は1942年5月までに東南アジア中心に西太平洋からビルマに至る地域を占領下におく
  - 政府・軍部は日本軍の戦果を宣伝，大政翼賛会中心に「米英撃滅」の運動を展開
- ・〔⑦〕内閣は戦争目的を「〔⑨　　　　　　　　〕」建設のためと宣伝
  - →一方，憲兵・警察により国民を厳重に監視，軍部・戦争に非協力的な者を取り締まる
- ・1942年4月，政府推薦の候補を多数当選させる**翼賛選挙**をおこない，〔⑩　　　　　　　〕結成
  - →議会は政府提案を承認するだけの機関となり，国民統制がすみずみまで貫徹

MEMO

MEMO

_____

_____

_____

_____

_____

_____

_____

_____

_____

_____

_____

_____

Point ①▶ 日米両国は互いに何を求め，なぜ交渉は失敗したのだろうか。次の文章の空欄に語句を入れながらまとめてみよう。

　日米両国は戦争回避と関係改善を望んだ。とくに日本は，北部仏印進駐と〔A　　　　　　　　　〕締結を契機としたアメリカの〔B　　　　　　〕の停止を求めた。アメリカは，日本に対して，すべての国の領土・主権の尊重や他国への内政不干渉などを求めた。しかし，日本の〔C　　　　　　　　〕でアメリカは態度を硬化させて〔B〕を強化，交渉は失敗に終わった。

Point ②▶ 日本の戦争拡大の目的は何だったのだろうか。次の語句を用いてまとめてみよう。
【　日中戦争　　東南アジア　】

[

]

Check ▶ p.319の表**1**とp.321の地図**2**をみて，以下の問いに答えよう。
①アメリカとの戦争はどのように展開したのか，p.319の表**1**から考えられることをまとめよう。

[

]

②「自存自衛」をかかげて，アメリカ・イギリスと開戦した日本は，なぜp.321の地図**2**に示されるような範囲まで戦線を拡大しようとしたのだろうか。考えられる理由をあげてみよう。

[

]

3 アジア・太平洋戦争(太平洋戦争)(2)

教科書　p.321〜323

戦局の転換と植民地占領支配の実態

●戦局の転換

・1942年6月，日本海軍が[①　　　　　　　　　　　　]でアメリカ軍の反撃にあい主力空母4隻を失う

＝[①]海戦

・8月，アメリカ軍が[②　　　　　　　　　　　]に上陸

→日本軍は多数の艦艇・航空機を失い，多くの餓死者を出して，翌年2月に撤退

・ヨーロッパでも1943年2月，スターリングラードのドイツ軍がソ連軍に降伏

→9月，[③　　　　　　　　　]が連合国軍に無条件降伏

●植民地占領支配の実態

・1943年11月，東京で「[④　　　　　　　　　　　]」開催，占領地の対日協力の確保をはかる

→「共存共栄」「自主独立の尊重」などをかかげたが，植民地朝鮮・台湾の独立は認めず

・「大東亜共栄圏」の目的：戦争継続のための自給自足の経済圏を建設すること

・占領地では軍政がしかれ，日本語使用強制など[⑤　　　　　　　　　　　]のもとで圧制と収奪

朝鮮・台湾・「満洲国」でも[⑤]と戦争への動員を実行

→占領地で抗日運動が展開，日本軍は治安の確保に追われる

国民生活の破綻

●動員の拡大

・戦争拡大にともなう軍事動員の激増と軍需産業の拡張で労働力が不足→徴用範囲の拡大

1943年，14歳以上25歳未満の女性を[⑥　　　　　　　　]に組織し勤労奉仕に動員

1944年以降，中学生以上の全学生・生徒が食料増産・軍需工場での作業に動員

・1943年12月，[⑦　　　　　　　]の実施

→理科系・教員養成系をのぞく20歳以上の学生全員を入隊させる

・1945年の兵力への動員数は約700万人に(男性人口の20%以上)

→女性が部落会や町内会で活動，銃後の活動の担い手に

●国民生活の圧迫

・船舶損失により日本本土への戦略物資輸送が不可能に

・1944年,国家財政の約85%を軍事費が占め,膨大な戦費負担とインフレの進行で国民生活を圧迫

・多くの生活必需品が[⑧　　　　　　]となる

食料生産は大幅に低下，[⑨　　　　　]量も減少→代用食・闇取引・買い出し・家庭菜園などで補う

・言論統制も強化，大衆娯楽雑誌・映画・演劇・音楽も戦争協力に動員

英米音楽の演奏禁止，野球用語の日本語化

・政府と軍部による[⑩　　　　　　　]で一般国民は戦局について正確な情報を得られず

・1943年以降，戦死者の増加が遺族に衝撃，傷痍軍人の治療や生活保障も問題化

Point①▶ 日本の植民地や占領地では，どのような政策がおこなわれていたのだろうか。具体的な事例をあげてみよう。

[
]

Point②▶ 戦争の拡大によって，国民の戦争へのかかわり方はどのように変化したのだろうか。女性および学生・生徒についてまとめよう。

[
]

Check▶ p.322の図版2とp.323のグラフ4をみて，以下の問いに答えよう。

①p.322の図版2を参考に，中国との戦争がアジア・太平洋戦争全体に与えた影響についてまとめよう。

[
]

②p.323のグラフ4のように，鉄鋼とその他の品目の減退のしかたが異なるのはなぜだと考えられるか。

[
]

3 アジア・太平洋戦争(太平洋戦争)(3)

本土空襲・沖縄戦

●本土空襲

- 日本軍は敗退を重ねて各地で全滅，軍は戦局悪化を隠すため「玉砕」「転進」と発表
- 1944年7月，[①　　　　　　]諸島(サイパン島)陥落→東条内閣総辞職，小磯国昭内閣成立
  →アメリカ軍は[①]諸島に航空基地構築
- 空襲に備えて[②　　　　　　]・建物疎開が急がれた
- 10月，フィリピンのレイテ島沖海戦で日本の連合艦隊は全滅状態に
  →このときから特別攻撃隊(特攻)の体当たり攻撃が開始
- 11月，[①]基地の大型爆撃機B29による[③　　　　　　]開始
  →1945年3月以降，東京をはじめ全国主要都市への空襲がくりかえされる

●沖縄戦

- 1945年3月，アメリカ軍は硫黄島を占領→4月，沖縄本島に上陸
- 日本軍は**沖縄戦**を本土決戦準備のための「[④　　　　　　]」と位置づけ，住民の安全を軽視
- 5月末，日本軍は首里を放棄し南部への撤退を決定
  →多くの一般県民を防衛隊に召集，男女生徒を鉄血勤王隊や女子学徒隊に編成
- 日本軍による集団自決の強要やスパイ容疑での殺害事件が多発
  →6月までの戦闘で12万をこえる県民が犠牲に
- アメリカは南西諸島の本土からの分離を宣言，軍政府の管轄下におく

敗戦

- 1945年4月，[⑤　　　　　　]内閣成立，本土決戦・国体護持を唱える
- 5月，ドイツが無条件降伏→日本はソ連に米英との和平の仲介を求めることを決定
  ←2月の[⑥　　　　　　]での秘密協定
  ：ソ連は南樺太・千島の領有などを条件にドイツ降伏の2~3か月後に対日参戦
- 7月，御前会議で天皇は戦争終結交渉に着手するよう意思表示
- 米英ソは中国の同意を得て，対日戦争終結と戦後処理方針を示す[⑦　　　　　　]発表
  →日本は[⑦]を「黙殺」すると声明
- 8月6日，アメリカが**原子爆弾**を[⑧　　　]に投下して十数万人を殺戮
  アメリカのねらい：参戦予定のソ連をおさえてアメリカ主導で対日戦を終結させる
- 8日，ソ連が[⑨　　　　　　]破棄と日本への宣戦を布告
  →9日，満洲・朝鮮・樺太に侵攻
  →同日，アメリカが原子爆弾を[⑩　　　]に投下して7万人以上を殺戮
- 14日，昭和天皇の裁断(「聖断」)により，天皇大権を変更しないとの解釈で[⑦]を受諾
  →15日，天皇はラジオで戦争終結を告げる(「玉音放送」)
- 9月2日，東京湾停泊の戦艦ミズーリ号上で降伏文書調印，アジア・太平洋戦争が終結

MEMO

Point ▶ なぜ日本は，1945年８月まで戦争をやめなかったのだろうか。次の語句を用いてまとめてみよう。　【　戦果　　天皇の大権　】

[

]

Check ▶ p.324の地図 **2** とp.326の史料「ポツダム宣言」をみて，以下の問いに答えよう。

① p.324の地図 **2** をみて，沖縄戦の展開についてまとめてみよう。

[

]

② p.326の史料「ポツダム宣言」をみながら次の空欄を埋め，内容をまとめてみよう。

六，国民をだまし世界征服をはかった過ちを犯した者の〔A　　　　　〕と勢力を永久に取り除く。

八，日本国の〔B　　　　　〕は本州，北海道，九州と四国並びに私たちの決定する諸島に限定する。

九，日本軍は完全に〔C　　　　　　〕する。各自の家庭で平和的・生産的な生活を営む機会を得る。

十，捕虜虐待を含む一切の〔D　　　　　　　〕に厳罰を加える。日本政府は宗教・思想の自由，基本的人権の尊重を確立する。

十三，日本は無条件降伏を宣言してこの要求を受け入れない場合，日本は迅速かつ完全に壊滅する。

Try 満洲事変，日中戦争，対米英開戦それぞれでかかげられた「目的」と，戦争の結果が，国民にどのような影響を及ぼしたのかを，150字程度で記述してみよう。

[

]

⑧ 植民地台湾・朝鮮の人々

教科書　p.328〜329

1 植民地支配の展開

○教科書p.328の資料①〜③を読み取りながら，日本の植民地支配の展開について考えてみよう。

STEP 1

1　資料①から何が読み取れるか，まとめてみよう。

[　　　　　　　　　　　　　　　　　　　　　　　　　　　　　　　　　　　]

2　資料②から何が読み取れるか，まとめてみよう。

[

]

3　生産量がのびた朝鮮米は，おもにだれが食べたと考えられるだろうか。このような政策をすすめた背景も含めて教科書p.260，264，287〜288，291も参考にしながらまとめよう。

[

]

STEP 2　資料①〜③と次のグラフを参考にしながら，渡日する朝鮮人が1920年代以降に増加した理由を考えてまとめてみよう。

在日朝鮮人数の変遷

（「帝国年鑑」，森田芳夫『数字が語る在日韓国・朝鮮人の歴史』明石書店，1996年などより作成）

[

]

② 皇民化政策と戦時下の動員

○教科書p.329の資料④〜⑦を参考にして，戦争が植民地に与えた影響について考えてみよう。

STEP 1

1 A ～ C に入る語句を考えてみよう。

A〔   〕 B〔   〕 C〔   〕

2 資料④は何に使われたか，考えられることをあげてみよう。

〔   〕

3 資料⑤⑥と教科書p.318, 321〜322などを参考にしながら，植民地台湾・朝鮮の人々を「皇国臣民」として戦争協力させるためにおこなったことを，あげてみよう。

〔   〕

STEP 2

1 資料⑦にみられるように，なぜ植民地台湾や朝鮮では，徴兵制施行を祝したのだろうか。

〔   〕

2 植民地台湾と朝鮮ではなぜ志願兵制を採用したあとに，徴兵制へ移行したのか。STEP1で考えたことや，次の2つの資料も参考にしながら，理由を考えてまとめてみよう。

資料A 「（台湾）陸軍兵志願者募集要項」に書かれた訓練所入所資格と入所試験

> ・資格：1 年齢十七年以上の者
>   2 身長一.五二米以上にして陸軍身体検査規則の規定に依る体格等位甲種又は第一乙種に相当する者
>   3 国民学校初等科を終了したる者又は之と同等以上の学力を有すると認むる者
> ・試験：イ 身体検査   ロ 口頭試問   ハ 学科試験（国語・国史・算数）
> ※中等学校程度以上の学校を卒業した者や同等以上の学力を有する者は免除の場合あり

資料B 日本語を解する者 台湾：1937年 37.8%   1942年 58.0%（台湾総督府統計局『台湾年報』）
                    朝鮮：1943年 22.2%（朝鮮総督府『朝鮮事情』）

〔   〕

Try 動員された植民地の人々は戦後，どのような生活を送ったのだろうか。
① 教科書の第6章以降（p.332〜381）から関連する記述をさがして読もう。
② あなたの住む地域での事例を調べてまとめ，発表しあってみよう。

1 占領と民主改革(1)

教科書　p.332〜335

戦後の出発

- 軍需産業解体，兵士の〔①　　　　　〕と民間人の〔②　　　　　　　〕で失業者激増
  →バラック小屋や防空壕で生活
- 不作と植民地を失ったことで食糧不足は深刻化
  →農村への買い出しと都市部の〔③　　　　〕で不足をしのぐ

国際連合の発足

- 1945年6月，〔④　　　　　　　〕憲章調印，10月に51か国を加盟国として〔④〕発足
  〔④〕憲章：世界平和と民主主義，加盟国による武力行使否定と領土保全などうたう
  〔⑤　　　　　　　　　〕：米英仏ソ中を常任理事国とし，平和維持のための権限を与える
- 1948年，〔④〕総会で〔⑥　　　　　　　　〕採択，国際的な人権尊重の基盤となる
- 経済面では保護主義を制約する〔⑦　　　　　　　　　　　〕が構築される

連合国の日本占領と民主化政策

●連合国の日本占領

- 1945年8月17日，〔⑧　　　　　　　　〕内閣成立
- 8月末，アメリカ軍主力の連合国軍が日本全土を占領(最高司令官：〔⑨　　　　　　　　〕)
  東京に〔⑩　　　　　　　　　　　　〕(GHQ／SCAP)設置
  …日本政府に勧告・指令する間接統治方式
- 沖縄・奄美などは米軍による軍政，千島列島はソ連が占領
- アメリカの初期対日占領方針：〔⑪　　　　　　　〕と民主化

●民主化政策

- 10月上旬，GHQの〔⑫　　　　　　　〕：天皇制批判の自由，自由を制限した全法令廃止など
  →実行不可能として〔⑧〕内閣総辞職，〔⑬　　　　　　　　〕内閣成立
- 〔⑨〕は憲法改正を示唆し，女性解放・労働組合結成の奨励などを要求(「〔⑭　　　　　　　　〕」)
- 12月，GHQの〔⑮　　　　　　〕により戦前の国家神道を解体
- 1946年1月，天皇が詔書によりみずからの神格性を否定＝〔⑯　　　　　　　　〕

戦争責任

●国内の議論

- 〔⑧〕首相の「一億総懺悔」論：敗戦の一因を国民に求めて指導層への責任追及を回避
- 〔⑬〕内閣の「戦争責任に関する決議」：軍部・官僚・政財界など一部の責任を指摘したのみ

●戦犯裁判

- 1946年5月，〔⑰　　　　　　　　　　〕(東京裁判)開廷
  重大戦争犯罪人(A級戦犯)として28名起訴，占領統治に利用するため天皇を訴追せず
  →1948年末に判決，東条英機ら7名が死刑
  意義：個々の戦争指導者の責任を法的に問う先例，国際平和の発展に影響
- BC級戦犯裁判：通常の戦争犯罪・人道に対する罪を問われ900人以上に死刑判決

MEMO

Point①▶ なぜ国際連合は発足したのだろうか。まとめてみよう。

[ ]

Point②▶ 連合国は日本をどのように占領し，その目的は何だったのだろうか。次の文章の空欄に語句を入れながらまとめてみよう。

〔A 　　　　　　〕軍を中心に占領し，〔B 　　　　　　　　〕を最高司令官とするGHQを東京におき，日本政府に勧告・指令する〔C 　　　　　　〕方式をとった。初期の対日占領方針は，日本の〔D 　　　　　〕と民主化だった。

Point③▶ 戦争責任をめぐり，議論された点と，されなかった点は何だろうか。考えられる論点をあげてみよう。

[ ]

Check▶ p.332の地図**1**とp.334の図版**1**をみて，以下の問いに答えよう。

①p.332の地図**1**をみて，敗戦時にどこに多くの将兵および民間人がいたか，多い順に5つ答えよう。

1〔　　　〕 2〔　　　〕 3〔　　　　　　〕 4〔　　　〕 5〔　　　　〕

②敗戦後，従来の天皇像や，天皇と国民との関係はどのように変わっていったのだろうか。p.334の図版**1**から読みとれることをあげてみよう。

[ ]

1 占領と民主改革(2)

教科書　p.335〜338

戦後政治の出発と憲法論議

●戦後政治の出発

・政治的自由の回復，政党の再建と結成

・1945年10月，徳田球一らが[① 　　　　　　　]を再建

　11月，旧無産政党を結合して[② 　　　　　　　]結党

・保守政党の結成：翼賛選挙時の非推薦議員らによる[③ 　　　　　　]

　　　　　　　　　　　　　　推薦議員中心の[④ 　　　　　　]

・完全普通選挙の実現：12月の新選挙法で20歳以上の男女が参政権を得る

・1946年1月から翼賛選挙の推薦議員の[⑤ 　　　　　]がはじまる

　→4月，戦後初の総選挙実施

・第1党の[③]党首[⑥ 　　　　　]は追加で[⑤]の対象となり組閣できず

　→[④]の協力を得て第1次[⑦ 　　　　　]内閣発足

●憲法論議

・政府の意向：天皇大権を維持，大日本帝国憲法の部分的な修正にとどめる

・各政党や，高野岩三郎らが結成した[⑧ 　　　　　　　]などがそれぞれ憲法草案を発表

・1946年2月，GHQは天皇制存続と戦争放棄を含む改正案を日本政府に提示

　→3月，政府は憲法改正草案要綱を発表

日本国憲法の制定と沖縄

・1946年6月，憲法改正案が帝国議会に提出，新たに選ばれた議員により議論

　→11月3日，[⑨ 　　　　　　]公布

　：[⑩ 　　　　　　　　　　　　　　　]を3原則とする→1947年5月3日施行

・主権は天皇から国民へうつり，天皇は国民統合の象徴とされた（**象徴天皇制**）

・衆議院と参議院からなる国会と議院内閣制による国家機構が定まる

・地方自治の確立：[⑪ 　　　　　　　]により首長の直接選挙を含む住民自治を国から分離

・1946年1月，GHQは北緯30度線以南の南西諸島を日本の統治から分離

　→沖縄・奄美などに新憲法は施行されず，収容所解放後も住民の人権は制限

　→天皇メッセージ：アメリカに沖縄の軍事占領の長期継続を求めた

教育の民主化

・軍国主義者らの教職からの追放，修身・日本史・地理の授業停止と教科書回収

　→教科書記述のうち戦時色が強く不適切とされた部分を生徒が「墨塗り」

・1947年，アメリカ教育使節団の勧告を受けて[⑫ 　　　　　　]と[⑬ 　　　　　　　]制定

　[⑫]：「個人の尊厳を重んじ，真理と平和を希求する人間の育成」をめざす民主的教育の理念

　[⑬]：義務教育の延長，[⑭ 　　　　　　]の新学校制度が発足

　　　　男女共学が原則，教育の機会均等をはかる

・1948年，都道府県・市町村に公選制の[⑮ 　　　　　　　]を設置して教育の分権化めざす

経済改革

・GHQは財閥と地主制を軍国主義の経済的基盤とみなして改革を指令
・**財閥解体**：〔⑯　　　　　　　　　　　　〕が実施機関となり15財閥を解体
　　　　　　〔⑰　　　　　　　　　〕により私的独占とカルテル行為を禁止
　　　　　　〔⑱　　　　　　　　　　　　〕により各産業部門の巨大独占企業を分割
・**農地改革**：農地の実際の耕作者を土地所有者とする→1945年12月，政府が第1次改革実施
　　…不在地主の全小作地と在村地主の5町歩以上の小作地を売り渡し，小作料を定額金納化
　　→不徹底とされ，GHQの勧告によって第2次改革を実施
　　…不在地主の小作地所有を認めず，在村地主の小作地は1町歩(北海道は4町歩)に限定
　　　限度超過分は政府が強制的に買収して小作人に売り渡す→地主制の解体
・戦前に統制のためつくられた農業団体は解散
　〔⑲　　　　　　　　　〕(**農協**)の発足
　：家族経営の小規模な自作農を中心とする戦後農業の基盤を築く
　→一連の改革で経済的格差は縮小

MEMO

Point①▶ 憲法草案はどのように議論されたのだろうか。帝国議会での議論を経て，GHQの改正案から変更された部分をあげてみよう。

[　　　　　　　　　　　　　　　　　　　　　　　　　　　　　　　　　　　　]

Point②▶ 日本国憲法の権利保障の対象から，だれが**外れた**のだろうか。

[　　　　　　　　　　　　　　　　　　　　　　　　　　　　　　　　　　　　]

Point③▶ 戦前と戦後の教育はどのようにちがうのだろうか。新たにどのような学校制度となったかについてまとめてみよう。

[　　　　　　　　　　　　　　　　　　　　　　　　　　　　　　　　　　　　]

Point④▶ なぜGHQは財閥と地主制の解体を求めたのだろうか。そのねらいについて，下記の文章の空欄に語句をいれながらまとめてみよう。
　GHQは，財閥と地主制を〔A　　　　　〕主義の経済的基盤であり，侵略戦争の遂行を支えた制度だとみなしたため，改革を命じた。財閥解体と〔B　　　　　　　〕法などで巨大企業の分割と市場独占を防ぎ，〔C　　　　　　〕により自作農を増やして地主制を解体させた。

①　占領と民主改革(3)

教科書　p.338〜340

復興をめざす社会の動き

- 1946年2月，インフレ阻止のため〔①　　　　　　　　　〕公布

  ：新円切替えや預金封鎖で通貨流通量減少をはかる→効果は限定的

- 〔②　　　　　　　　　〕主導で資金・資材を重要産業に集中投下する〔③　　　　　　　　〕採用

  →生産回復しはじめるも，インフレによる人々の生活危機は続く

- GHQによる労働組合組織化の奨励

  1945年12月，〔④　　　　　　　　　〕：労働者の団結権・団体交渉権・争議権を保障

  1946年，〔⑤　　　　　　　　　〕：労働委員会による調停などを定める

  1947年，〔⑥　　　　　　　　〕：8時間労働制などを定める→〔⑦　　　　　　〕の設置

- 労働組合のほか，農民組合運動など社会運動の活性化で政治に影響を及ぼす

  1947年，吉田内閣打倒をめざす〔⑧　　　　　　　　　〕がマッカーサーの命令で中止

- 1947年4月，総選挙で社会党が第1党→〔⑨　　　　　　〕内閣(民主・国民協同党との連立)成立

  →1948年2月，石炭業の国有化をめぐり与党内で対立が生じて退陣

- 3月，〔⑩　　　　　　〕内閣(社会・民主・国協党連立)成立

  →民主党の一部と自由党が合流し民主自由党結成

  →10月，昭和電工事件で退陣，民自党による第2次吉田内閣成立

敗戦後の社会と文化

●家族のあり方

- 家族のあり方の変化：民法改正により家父長制的な家制度の解体と戸主制の廃止

  →男女同権・夫婦中心の家族制度へ

- 復興の過程で多くの子どもがうまれる＝〔⑪　　　　　　　　　〕

  →「過剰人口」が社会問題に→1948年，産児制限促進を理由に優生保護法制定

●思想・表現

- 思想・表現に対する抑圧からの解放

  地方新聞・雑誌の創刊・復刊，海外音楽・映画の復活

  GHQの検閲：プレス＝コード，ラジオ＝コードにより占領政策に関する言論は検閲の対象に

- 近代化や戦争に関する議論：丸山眞男ら知識人による論考

- 混乱した世相を反映する文学作品：太宰治『斜陽』など

- 映画の隆盛：〔⑫　　　　　　〕『羅生門』，映画主題歌の流行(「リンゴの唄」)，美空ひばりの活躍

●学問

- 歴史研究：皇国史観から解放されて実証的研究がすすむ，静岡県登呂遺跡の発掘再開

- 1949年，中間子論により〔⑬　　　　　　〕が日本人初のノーベル賞を受賞

  同年，科学者の代表機関として〔⑭　　　　　　　　　〕発足

- 1949年，法隆寺金堂壁画の焼損

  →1950年，〔⑮　　　　　　　　　〕制定：有形・無形の文化遺産などの保存

MEMO

Point ① ▶ なぜ労働三権の保障と労働三法の制定が重視されたのだろうか。次の文章の空欄に語句を入れながらまとめてみよう。

　労働者の権利を保障することで，日本国憲法にもとづく〔A　　　　〕主義的な社会の担い手として成長させることがはかられた。同時期におこなわれた〔B　　　　〕や〔C　　　　　〕とともに，経済的な〔A〕化をすすめることで，戦前のような専制的な支配体制に戻ることを防ごうとした。

Point ② ▶ 敗戦後にこれまでの価値観が急変した際，人々はどのような行動をとったのだろうか。具体例をあげてみよう。

[

]

Check ▶ p.340の図版**1**を参考にして，敗戦後，メディアはどのような役割をはたしたかについて，前の時代と比較しながら，150字程度でまとめてみよう。

[

]

Try 戦後の改革によって，戦前の社会とは何が変わり，その結果，人々の生活はどのように変化していったのか。学問や教育の分野に着目して120字程度で記述してみよう。

[

]

2 独立と日米安保体制の形成(1)

教科書　p.341〜344

冷戦のはじまり

- 第二次世界大戦後，アメリカ中心の資本主義陣営とソ連中心の社会主義陣営との対立拡大

  アメリカ大統領トルーマンが共産主義への対抗方針(トルーマン＝ドクトリン)発表

  ：欧州諸国の復興に大規模な経済援助(マーシャル＝プラン)実施，共産主義の封じ込めはかる

  ＝米ソ両大国が直接戦争を避けつつ全面的に対峙する「[①　　　　]」が本格化

- 東西両陣営の軍事的編成の進行と核兵器開発競争の激化

  西：[②　　　　　　　](NATO)，東：[③　　　　　　　　]結成

- 中国：1946年，国共内戦開始→共産党が勝利

  　　　1949年，毛沢東を主席とする[④　　　　　　　]成立

  　　　→やぶれた蒋介石の国民政府は台湾にのがれる

  朝鮮半島：南…李承晩を大統領とする[⑤　　　　　](韓国，アメリカ支援)

  　　　　　北…金日成を主席とする[⑥　　　　　　　](北朝鮮，ソ連支援)成立

占領政策の転換

- [①]の本格化→日本の占領政策の主眼は「改革」推進から経済「復興」へ

- 1948年，GHQは均衡予算，徴税強化などの[⑦　　　　　　　]実行を日本政府に要求

- 1949年，財政赤字を許さない予算を作成させた(＝[⑧　　　　　])

  ：大幅な円安(1ドル＝360円)に固定した[⑨　　　　　]による輸出振興

  →シャウプを代表とする使節団の勧告により，直接税に重点をおく税制改革実施

  →インフレをくいとめて経済復興の基礎をととのえる

- 1949年1月，総選挙で民主自由党が圧勝，第3次吉田内閣発足

  →民自党は民主党の一部と合同して自由党へ改称

- 緊縮政策による不況で中小企業の倒産増加，行政整理・人員整理により失業者激増

  →労使対立激化のなか，[⑩　　　]事件・[⑪　　　]事件・[⑫　　　]事件など怪事件が

  　発生し，嫌疑を受けた労働運動は打撃

朝鮮戦争とサンフランシスコ講和

●朝鮮戦争

- 1950年6月，北朝鮮の韓国への侵攻により[⑬　　　　　]勃発

  国連安全保障理事会の決議にもとづきマッカーサーを最高司令官とする国連軍が組織

  10月，中国の人民義勇軍が参戦→米中対立が決定的に

- アメリカは治安維持のため日本に[⑭　　　　　]を創設させる

  →一方で官公庁・企業から共産党員やその支持者を追放＝[⑮　　　　　　]

  →旧軍人・有力政治家らの公職追放の解除も開始，石橋湛山や鳩山一郎らが政界に復帰

- 1950年，[⑯　　　　　　](総評)結成

  …左派労働組合に対抗する労働組合の全国中央組織

- 米軍の軍需物資調達などによる[⑰　　　　　]で日本は不況から脱却

●サンフランシスコ講和

・アメリカは対日講和に向けた動きを加速→日本国内では全交戦国との講和を要求する

　　〔⑱　　　　　　　　　　　〕が強まる，沖縄・奄美では日本復帰運動が高揚

・1951年9月，52か国が出席して**サンフランシスコ講和会議**がひらかれる

　→吉田首相ら日本全権と48か国代表との間で〔⑲　　　　　　　　　　　　　　　〕調印

　→1952年4月28日発効，国際法上の戦争状態が終結して日本は独立を回復

・〔⑲〕により日本は朝鮮の独立を承認，旧植民地や委任統治領などについての権利を放棄

　→アメリカによる沖縄・奄美・小笠原諸島の占領継続を承認，東京裁判の判決を受諾

・〔⑲〕調印と同日，〔⑳　　　　　　　　〕調印

　：米軍基地使用が規模・場所・期間を定めずに認められたが，日本防衛の義務は明示されず

　→条約付随の〔㉑　　　　　　　　〕：日本の駐留経費の一部負担，米軍の特権的地位を定める

・社会党は〔⑲〕・〔⑳〕ともに反対する左派と，〔⑲〕のみ賛成の右派に分裂

・1952年，台湾の政権と〔㉒　　　　　　　　〕締結，〔④〕との関係は悪化

MEMO

Point①▶ 冷戦は，アジアにどのような影響を及ぼしたのだろうか。東アジアでの影響をまとめてみよう。

Point②▶ なぜアメリカの占領政策は転換したのだろうか。80字程度で記述してみよう。

Point③▶ 講和会議をめぐり，国内外でどのような議論がなされたのだろうか。どういった国が講和会議や平和条約調印に加わらなかったかをまとめてみよう。

2 独立と日米安保体制の形成(2)

教科書 p.344〜346

55年体制の成立

- 吉田内閣による再軍備と国内治安体制の強化
  : 1952年，警察予備隊を保安隊に改組→1954年，陸海空の[①]発足，防衛庁を設置
  1952年，[②]制定，1954年，警察行政を都道府県警察に一本化
- 公職追放解除後，**鳩山一郎**らは再軍備をはじめとした憲法改正やソ連との自主的外交を主張
  鳩山は自由党主流派を批判して日本民主党を結成
  疑獄事件や強権的な政治への反発から吉田内閣総辞職→鳩山一郎内閣成立
- 1955年2月，総選挙で日本民主党が第1党となり憲法改正への動きが本格化
  →教育委員会の公選制廃止と任命制への変更など戦後改革のゆり戻しもみられた
- 左右両派社会党で改憲発議阻止の3分の1以上の議席確保，[③]として統一実現
  →民主党・自由党も[④]を実現＝[⑤]結成
  →保革対立の構図＝[⑥]成立
- 1956年10月，鳩山内閣は[⑦]調印，日ソ国交回復
  →ソ連の支持により日本の[⑧]承認
- 鳩山内閣退陣後は[⑨]内閣成立

内外の平和への努力

- 1953年，板門店会談にて北緯38度線を境界とする[⑩]成立
  1954年，[⑪]調印でインドシナの独立戦争休戦
- 中国の周恩来首相とインドのネルー首相により[⑫]発表
  : 領土・主権の尊重や相互不可侵などをかかげる
- 1955年，[⑬]（バンドン会議）開催
  …[⑭]の宣言：新たな植民地主義に反対，民族自決と完全独立を支持
  →東西いずれの陣営にも加わらない第三勢力の影響力が増大
- 戦後，アメリカはビキニ環礁で核実験を実施→1954年，日本の漁船[⑮]が被曝
  →[⑯]が広がる，1955年，広島で第1回原水爆禁止世界大会開催
- 本土と沖縄でアメリカ軍の基地拡張が続く
  1956年，沖縄で軍用地永久使用に反対する運動が全県的に高まる＝[⑰]
- 本土では石川県内灘・東京都砂川等で基地反対闘争，日本社会の反基地意識が高揚
  →1950年代後半，アメリカ海兵隊が本土から沖縄に移駐

新安保条約の締結

- 1957年2月，[⑨]首相が病に倒れ，[⑱]内閣成立
  →「日米新時代」を唱えて日米安全保障条約改定の交渉をすすめる
- 1959年3月，社会党・総評を中心に共産党も参加する[⑲]結成
  →憲法改正に積極的な[⑱]首相の政策に軍国主義復活を懸念する世論が高まる
- 1960年1月，[⑱]内閣は[⑳]（**新安保条約**）に調印
  : 日本の防衛力増強義務を明記，日本や在日米軍基地への攻撃に対して両国が共同行動をとる
    在日米軍基地を使用する作戦行動等に関する事前協議制を定める→軍事上の同盟関係が明確に
  →日本がアメリカの世界戦略に組み込まれて戦争にまき込まれるという批判がおこる

・5月，衆議院で条約承認を強行

　→安保反対に加え，民主主義擁護・[⑱]内閣打倒をスローガンとする大規模な運動発生

　→特定の組織に属さない市民の運動参加もみられた＝[㉑　　　　　　　]

・6月，[⑳]の自然承認，日米行政協定は[㉒　　　　　　　　]に引きつがれる

　→[㉑]によりアイゼンハワー大統領の本土来訪中止，[⑱]内閣は総辞職

MEMO

Point①▶ 講和後，国内ではどのような政治がすすめられたのだろうか。1955年に成立した政治体制について，次の文章の空欄に語句を入れながらまとめてみよう。

　サンフランシスコ平和条約と日米安全保障条約に調印した[A　　　　　]内閣は，再軍備と国内治安体制の強化をすすめ，次の[B　　　　　　]内閣は憲法改正への動きを本格化させるなど，戦後改革に対するゆり戻しがみられた。左右両派社会党が統一して[C　　　　　　]となり，改憲発議を阻止する3分の1以上の議席を確保した。民主・自由両党も保守合同を実現させ[D　　　　　　]を結成し，保革対立の[E　　　　　　]が成立した。

Point②▶ なぜ安保闘争はおこったのだろうか。闘争が拡大した経緯についてまとめてみよう。

Try 平和条約が締結されて，日本は独立を達成したが，現在につながる課題としてどのようなものがあるだろうか。次の語句を用いて，150字程度で記述してみよう。

【　沖縄　　植民地　　戦後補償　　領土問題　】

3　高度経済成長下の日本（1）

教科書　p.347〜349

高度経済成長の時代

- 1956年の『経済白書』：戦後復興期の終わりと不安定化する新時代をみすえる

　　　　　　　　　　「［①　　　　　　　　　　　　　］」と表現

　1955年から1970年代初頭まで約10％に達する成長率を維持＝［②　　　　　　　　　　］

- ［③　　　　　　　　］内閣は「国民所得倍増計画」を出して経済成長を促進する政策をすすめる

- 技術革新と民間設備投資により産業構造の転換がすすむ

　→鉄鋼・造船・自動車などの重化学工業が成長

　→エネルギー源として安価な輸入石油が主流→国内石炭産業は衰退（［④　　　　　　　　　］）

- 1955年，日本生産性本部の設立：アメリカ式の経営管理手法を伝える

- 1960年代後半以後，貿易収支はほぼ黒字，貿易摩擦が外交問題となる

　→急成長する日本に対する保護的な貿易への国際的な批判

- 1964年，**国際通貨基金（IMF）8条国**に移行：国際収支上の理由で為替管理できない

- 資本の自由化を義務づけられる［⑤　　　　　　　　　　］（OECD）に加盟

　→日本企業は外国資本による買収防止のため株式を相互にもちあって経営の安定化をはかる

　　特定の銀行を中心に諸業種にわたって系列的に組織される［⑥　　　　　　　］が形成

人の移動と都市・農村

- 1950年代後半以降，農村から都市への人口移動が顕著に

　→産業構造の変化：第2次産業と第3次産業が急増，第1次産業は衰退

- 新規中学卒業者を雇用する需要が高まる

　→公共職業安定所と学校が連携して多くの青少年が都市部の中小企業に就職（［⑦　　　　　　　］）

- 住宅不足解消のため公共住宅の整備や団地・ニュータウンを建設

- 1961年，［⑧　　　　　　　　　］：農家と非農家世帯との所得格差是正をはかる

- 1960年代に農地整備と化学肥料への転換，トラクターなど農業労働の機械化がすすむ

　→兼業も可能に

- 政府は食糧管理制度を通じた保護政策を維持

　1970年，増えすぎた米の生産をおさえるための生産調整（［⑨　　　　　］）がはじまる

- 山間部の［⑩　　　　　　］：生活における薪炭利用の激減，豪雪・豪雨などの自然災害，人の流出

- 社会基盤整備のための公共投資：ダム建設，新幹線・高速道路を含む交通網の整備，港湾整備

　政府は［⑪　　　　　　　　　　］など国土計画を策定

　→四大工業地帯以外にも石油化学コンビナートや工場が進出

Point①▶ 1930年代の重化学工業と，高度経済成長期の重化学工業とでは何がちがうのだろうか。

Point②▶ 高度経済成長期の人の移動は，日本社会をどのように変化させたのだろうか。次の語句を用いてまとめてみよう。　【　人口移動　　過密　　過疎化　】

Check▶ p.347のグラフ**1**とp.348のグラフ**1**・**3**をみて，以下の問いに答えよう。

①p.347のグラフ**1**をみて，1950年代から1970年代までの経済成長の特徴をまとめてみよう。

②p.348のグラフ**1**・**3**をみて，1950年代後半からの日本の産業構造の転換について説明してみよう。

3　高度経済成長下の日本 (2)

教科書　p.349〜352

ベトナム戦争から沖縄返還へ

●ベトナム戦争

・反共政策を堅持するアメリカはインドシナ南部の独裁政権を支援

　社会主義政権の支援を受ける南ベトナム解放民族戦線が抵抗

　→1965年，アメリカによる北ベトナム空爆 (北爆) 開始で**ベトナム戦争**本格化

・1964年に成立した〔①　　　　　　　　〕内閣もアメリカを支持する

　→日本国内でもベトナム戦争反対運動が広がる

・ベトナム戦争や中国の核実験などをふまえ，西側陣営の結束を固めたいアメリカの意向

　→1965年，韓国の朴正熙政権と〔②　　　　　　　　　〕を締結して国交樹立

●沖縄返還

・ベトナム戦争で沖縄の米軍基地利用は活発化，爆撃機墜落など基地被害が多発

　〔③　　　　　　　　　〕:「即時・無条件・全面返還」をかかげ，基地への反発を強めた

・〔①〕首相の沖縄訪問と「核抜き」返還を約した日米首脳会談

　→1971年，〔④　　　　　　　　　〕調印，1972年5月15日，沖縄は日本に返還

　　国会では〔⑤　　　　　　　　〕が決議されたが，核兵器撤去はあいまいに

　　占領期の基地被害の請求権を放棄，かつ米軍基地の維持を決定

生活様式の変化と文化

●高度経済成長期の生活様式の変化

・日本型雇用:民間大企業中心に，終身雇用・年功序列・企業別労働組合からなる協調的な労使関
　　　　　　係が形成

　→男性サラリーマンと家事労働・育児を担う専業主婦と子ども2人が標準的家族とされた

　→都市部を中心に〔⑥　　　　　〕が増加

・〔⑦　　　　　　　　〕の進展:1950年代後半以降の「三種の神器」，60年代末以降の3Cの普及

　→自動車の普及 (モータリゼーション) は渋滞や交通事故激増など社会問題にもつながった

・1953年，〔⑧　　　　　　　　　〕開始:プロ野球・大相撲・プロレスが人気，CMで消費欲を促進

・学歴志向の高まり:高校増設が各地ですすみ全入化時代へ，大学進学希望者も激増

　→多人数授業や学費などの待遇問題をきっかけに学生による大学改革への要求が高まる

●高度経済成長期の文化

・大衆文化の変化

　…読書欲・知識欲の高まりに応える文学全集・百科事典の刊行

　　松本清張の社会派推理小説，大江健三郎の純文学とルポルタージュ，司馬遼太郎の歴史小説

　　漫画週刊誌の創刊:手塚治虫らが牽引して漫画文化やテレビアニメも隆盛にむかう

　　大衆音楽:欧米の音楽の影響を受け多彩に，歌謡曲が演歌としてまとめられた

・1964年の〔⑨　　　　　　　　〕と1970年の〔⑩　　　　　　　　　〕が開催

公害と革新自治体

・経済成長の一方で自然環境の破壊，大気・水質汚染が深刻化して各地で**公害**発生

　　　　　→1967年，〔⑪　　　　　　　　　　　　　　　〕制定→1971年，〔⑫　　　　　　　〕発足
・1971〜73年，四大公害訴訟で原告側勝訴，企業側の社会的責任を認定，行政の責任も問われた
　　　→賠償の対象や金額をめぐり，被害者の訴えは続いている
・地方首長選挙で都市問題や福祉・保育問題などが争点に
　　　→〔⑬　　　　　　　　　　　〕：東京都知事美濃部亮吉など革新政党が支援する首長が各地で登場
・労働運動：いっせい賃上げ闘争（春闘）が定着，運動の要求も多様化
　　　→1973年，年金制度改善を要求する大規模ストライキ
　　　→政府が高齢者医療無料化に取り組みはじめる
・国政では自由民主党政権が続く，野党側は社会党がのび悩む一方で共産党が伸長
　　　→**民主社会党**や〔⑭　　　　　　　〕の結成など多党化がすすむ

MEMO

Point①▶ 日本が高度経済成長をとげる一方，アジアでは何がおこっていたのだろうか。次の語句を用いてまとめてみよう。　【　ベトナム　　北爆　　祖国復帰運動　】

Point②▶ 公害訴訟は社会に対して何を提起したのだろうか。次の語句を用いてまとめてみよう。
【　経済成長　　四大公害訴訟　　社会的責任　】

Try 高度経済成長の結果，人々の生活はどのような点で変わったのだろうか。正負それぞれの側面をふまえて，150字程度で記述してみよう。

「国際化」する経済大国(1)

教科書　p.354〜356

ドル=ショックと石油危機

- ・1970年代，アメリカの国際的地位は変化

  …日本や西ドイツの工業製品輸出激増で国際収支悪化，ベトナム戦争の軍事費が財政を圧迫

- ・1971年，ニクソン大統領が金・ドル交換停止と各国通貨とドルの交換比率変更を要請

  →この〔①　　　　　　　　〕で基軸通貨ドルの地位がゆらぎ，ブレトン=ウッズ体制は崩壊

  　最終的に〔②　　　　　　　　〕に移行，日本は1973年に同調

- ・1972年，ニクソン大統領訪中で米中和解を表明，翌年アメリカはベトナムから撤退

  →**田中角栄**内閣：米中接近のもとで〔③　　　　　　　　〕調印，国交正常化

- ・1973年，第4次中東戦争勃発でアラブ産油国が原油価格を大幅引き上げ

  ＝第1次〔④　　　　　　〕

  →エネルギーの大半を輸入石油に依存していた日本は，1974年度に戦後初のマイナス成長

  　　政府は省エネルギー促進とともに，輸入石炭・液化天然ガス・原子力の比重を増加

- ・1975年，西側6か国による〔⑤　　　　　　　　〕(**サミット**)開催

  …インフレと失業に苦しむ先進国の状況打開をはかる

安定成長への転換

- ・田中角栄の「〔⑥　　　　　　　　〕」

  …地方への工業分散と高速交通網整備を軸とした経済成長戦略

  →土地投機を誘発し地価高騰，石油危機が重なり広範な物価騰貴(「狂乱物価」)

- ・1974年の参議院議員選挙後，金脈問題の追及で田中内閣退陣

  →「クリーンな政治」を標榜する〔⑦　　　　　　　〕内閣成立

  …防衛費「対GNP比1％枠」，税収減に対応するため赤字国債を発行

- ・石油危機後の日本企業：「減量経営」を標語に，生産設備の自動化などで人件費削減と省エネ徹底

  →協調的な労働組合が雇用維持を最優先して人件費抑制に協力，組合組織率はしだいに低下

  →コストダウンと品質向上が実現，1970年代後半から電子機器と自動車中心に競争力強化

  →〔⑧　　　　　　〕の争点に

- ・1979年の第2次石油危機後から日本はいち早く立ち直る

  →70年代後半も実質5％の〔⑨　　　　　　〕を維持

MEMO

MEMO

Point①▶ なぜ日本の高度経済成長は終わりをむかえたのだろうか。次の文章の空欄に語句を入れながらまとめてみよう。

高度経済成長は中東地域からの安価な輸入石油に支えられていたが，1973年に第4次〔A　　　　　　　〕が勃発してアラブ産油国が原油価格を大幅に引き上げる，第1次〔B　　　　　　〕が発生した。そのため，日本は大打撃を受け，1974年度には戦後初の〔C　　　　　　　　〕を記録し，高度経済成長は終わりをむかえた。

Point②▶ なぜ日本では赤字国債が発行されたのだろうか。

[

]

Check▶ p.354のグラフ**1**とp.356の地図**1**をみて，以下の問いに答えよう。

①p.354のグラフ**1**のような原油価格の推移に，日本はどう対応したか，説明してみよう。

[

]

②p.356の地図**1**をみて，「日本列島改造論」は成功だったか失敗だったか，意見を述べてみよう。

[

]

1　「国際化」する経済大国 (2)

教科書　p.356〜359

経済大国への道と国際化の時代

・1976年，〔①　　　　　　　　　　〕で田中前首相が逮捕

　→その後の総選挙で自由民主党がはじめて過半数を割って三木内閣退陣

・**福田赳夫**内閣：〔②　　　　　　　　　　〕締結

・1970年代後半，革新政党と保守政党の政治的対立軸があいまいとなり革新自治体が減少

　→市民運動・住民運動の高まり…消費者運動，反核運動など

・〔③　　　　　　　　〕内閣成立後も自民党内部の対立は続き政局は不安定

・〔④　　　　　　　　〕内閣：「増税なき財政再建」をかかげる臨時行政調査会（第2次臨調）発足

　　　　　　　　　　　国営企業民営化，公務員給与・社会保障費抑制など緊縮財政を実施

・〔⑤　　　　　　　　〕内閣：電電公社・専売公社・国鉄の民営化を断行

　　　　　　　　　　　＝日本への新自由主義の導入

　　　　　　　　　　　日米防衛協力の強化により，防衛費は対GNP比1％枠をこえる

・〔⑥　　　　　　　〕内閣：リクルート事件と〔⑦　　　　　　　〕導入で支持低迷し退陣

・1989年の参議院議員選挙：自民党が過半数を下回り〔⑧　　　　　　　〕内閣退陣

　　　　　　　〔⑨　　　　　　　　　　〕ひきいる社会党が議席増

・同年1月，昭和天皇死去，**平成**の元号が定まり，明仁皇太子が即位

・「国際化」が時代の標語となる

　先進国と途上国の格差を是正する〔⑩　　　　　　　　　　〕（**ODA**）の支出額増加

　女性差別撤廃条約批准を前に，1985年，〔⑪　　　　　　　　　　　　〕制定

貿易摩擦とバブル経済

・1980年代に日米貿易摩擦は激化

・1985年，アメリカは貿易赤字縮小のためG5でドル高是正のため政策協調を求める

　→G5は為替市場への国際的協調介入に合意＝〔⑫　　　　　　　　〕

　→急激な円高で日本の対外直接投資が急増，海外日系工場建設など国境をこえた企業活動へ

　→日米構造協議でアメリカ商品の購入と規制緩和を要求→大規模小売店の設置規制撤廃など

・1993年，GATTウルグアイラウンドで農産物の〔⑬　　　　　　　　　　〕に合意

・好況の持続で日本に莫大な資金が集積，低金利のもとで余剰資金が国内外の株・土地購入へ

　→1980年代後半から株価・地価の高騰がおきた＝〔⑭　　　　　　　　　〕

「豊かさ」と社会・生活の変容

・多くの人が豊かさを享受し，個人の生活の安定を第一とする心情が強まった

・24時間営業のコンビニエンスストア増大など，流通・消費形態の変化が加速

・米の消費量減少，小麦製品や肉類の消費増加，魚介・果物の輸入増で〔⑮　　　　　　　　〕低下

・長時間労働は解消されぬままの「減量経営」

　→労働の強度が高まり，1980年代末に「過労死」が社会問題化

・正規労働者削減後の安価な代替として非正規労働者が増加

　→女性の企業への就業は増加し，20代女性の未婚率が上昇

・一部の部門で外国人研修生制度導入

→1989年の法改正で南米諸国から日系人2世・3世の来日増加

MEMO

- -

- -

- -

- -

- -

- -

- -

- -

- -

- -

Point①▶ 1980年代の行政改革で何が変化したのだろうか。

[
]

Point②▶ なぜ1980年代後半から，日本企業の海外展開がすすんだのだろうか。次の文章の空欄に語句を入れながらまとめてみよう。

1980年代に自動車産業に加え〔A   〕を中心に経済成長をした日本と，軍拡による支出増などに起因する財政赤字と対日貿易赤字の「〔B   〕の赤字」をかかえるアメリカとの貿易摩擦が激化した。1985年，ドル高是正のためおこなわれた〔C   〕による急激な円高を背景に，日本の〔D   〕が急増し，また，欧米での対日批判をかわすために海外日系工場建設がすすんだ。

Point③▶ 1970年代後半から1980年代に，社会や人々の生活はどのように変わったのだろうか。次の語句を用いてまとめてみよう。　【　コンビニエンスストア　食料自給率　リゾート開発　】

[
]

Try 高度経済成長後の社会・経済の変化は，現代にどのような影響を及ぼしているか，さまざまな側面から考えてみよう。

[
]

2 　新たな世紀の日本へ(1)

教科書　p.360〜362

冷戦の終結とグローバル化

● 冷戦の終結

- ・軍拡競争で増加した軍事費は米ソ経済の重荷に，1980年代のソ連経済は停滞
- ・1985年，ソ連共産党書記長[①　　　　　　　　]がペレストロイカをスローガンに改革
- ・1989年，ベルリンの壁崩壊，マルタ会談で米ソ首脳が冷戦終結を確認
- ・1990年，東西ドイツ統一，1991年，ソ連邦が消滅して市場経済化

● 冷戦の終結後の東アジアの変化

- ・1991年，韓国と北朝鮮が国連に同時加盟，1992年，韓国と中国・ベトナムの国交回復
- ・1995年，ベトナムが[②　　　　　　　　　　](ASEAN)に加盟
- ・1997年の[③　　　　　　　　　]後も経済成長が続き，東アジアは世界の大規模経済圏に
- ・中国は1992年に社会主義市場経済という方針に
  - →2000年代を通じて高度経済成長を実現，2010年にGDPで世界第2の経済規模に
- ・人・商品・資本・情報が地球規模で移動する[④　　　　　　　　]
  - →冷戦後の世界を変え続けている

冷戦の終結と民主化の進展

- ・冷戦下で形成された政治体制の民主化がすすむ
- ・1987年，台湾で戒厳令解除，韓国で軍事政権が民主化宣言
- ・1989年，中国で政府が武力で民主化運動を弾圧＝[⑤　　　　　　　]
- ・1993年，韓国で軍人出身でない金泳三が大統領就任
- ・抑圧されてきた人権を求める声の広がり
  - …1991年，元慰安婦の韓国人女性が名のり出る→日本政府は調査を実施
  - →1993年，政府は慰安所の設置・管理，慰安婦の移送への軍の直接的あるいは間接的な関与を認め「お詫びと反省の気持ち」表明(河野官房長官談話)，民間の基金(アジア女性基金)の設立で被害者への償いが試みられた

湾岸戦争とPKO

● 湾岸戦争

- ・1990年，イラクがクウェートに侵攻
- ・1991年，米英仏中心の多国籍軍が安保理決議にもとづきイラクに武力行使(**湾岸戦争**)
  - →[⑥　　　　　　　]内閣は自衛隊を派遣せず多国籍軍に総計130億ドルの戦費支援
  - →戦争終結後にペルシア湾に海上自衛隊の掃海艇を派遣

● PKO協力法の制定

- ・[⑦　　　　　　　]内閣
  - ：1992年，国連の[⑧　　　　　　　　　](PKO)参加のため**PKO協力法**成立
  - →カンボジアをはじめ各地に自衛隊など派遣
  - →国際貢献の名で自衛隊の海外派遣が求められる一方，日本国憲法に反するとの批判も

MEMO

Point①▶ 冷戦終結後，アジアはどのように変わったのだろうか。

Point②▶ なぜ冷戦終結後に，各地で民主化がおきたのだろうか。

Point③▶ なぜPKO協力法は，戦後日本の転換点とされるのだろうか。次の文章の空欄に語句を入れながらまとめてみよう。

　日本国憲法第［A　　　］条にもとづき，［B　　　　　　］は専守防衛を基本姿勢とし，海外派遣をおこなってこなかった。しかし，［C　　　　　　　］成立により，国際貢献の名のもと，［B]の海外派遣がはじめておこなわれるようになり，［D　　　　　　　］が主導する国際社会と日本国憲法の平和主義との関係が本格的に問われるようになった。

Check▶ p.360のグラフ**2**を参考にして，世界の工業生産の変遷についていえることを150字程度でまとめてみよう。

② 新たな世紀の日本へ(2)

教科書　p.362〜365

政界再編と55年体制の終結

- 政治献金をめぐる不信から自由民主党内の改革派が造反，新党さきがけと新生党が結成
  - → 1993年の総選挙で自民党大敗，結党以来初の野党に
  - →日本新党など非自民8党派連立による〔①　　　　　　　〕内閣成立＝55年体制の終結
    〔②　　　　　　　　　　　　〕を成立させるも政治資金疑惑で退陣
- 1994年4月成立の〔③　　　　　　〕内閣は短命に終わる
- 1994年6月，自民・社会・さきがけ3党連立の〔④　　　　　　　〕内閣成立
  1995年，国会で戦後50年の決議，日本の植民地支配と侵略を反省し謝罪する「〔⑤　　　　　　　〕」
  - →社会党は日米安保条約の維持と〔⑥　　　　　〕を合憲として党の基本政策を抜本的に変更
  - →保革対立の軸があいまいになり，無党派層が増加
- 野党支持基盤の労働組合の再編もすすむ
  - → 1989年，総評と同盟が合流して日本労働組合総連合会(〔⑦　　　　　〕)が結成

バブルの崩壊

- プラザ合意後の日本経済の膨張→1990年代に入り株価・地価が暴落(バブル経済の崩壊)
  - →金融機関の貸し付けの〔⑧　　　　　　〕化と金融システムへの信頼のゆらぎ
  - →日本経済は長期の経済的停滞へ
- 国際分業の進展：中国ほか急成長するアジアなど海外へ生産拠点を移す日本企業が増加
  - →国際分業がすすむ一方，工場等の転出により地域産業は〔⑨　　　　　〕
- 多国籍企業による国境をこえた合併・買収の急増
  - →リストラ(人員削減)や能力給の導入がすすむ，日本型雇用が崩れ不安定な働き方が拡大

行政改革と日米安保の変化

- 1995年，〔⑩　　　　　　　　〕
  - →甚大な被害，開発優先の都市政策や防災への問い直し，ボランティア活動の広がり
- オウム真理教による〔⑪　　　　　　　　　〕→ 安全な日本社会という意識のゆらぎ
- 〔⑫　　　　　　〕内閣
  : 行政改革…中央省庁再編で内閣の機能強化をはかる(2001年施行)
    財政改革…消費増税，金融制度再編→金融機関の破綻と合併・統合
  〔⑬　　　　　　　　〕：アジア太平洋地域の紛争への共同対処と日米安保を再定義
  - →「日米防衛協力のための指針」(新ガイドライン)：「周辺」での事態に対しても日米が協力
- 〔⑭　　　　　〕内閣
  : 金融危機への対処から積極的な財政支出の実施，赤字国債の発行総額激増
    新ガイドライン関連法(〔⑮　　　　　〕など)
- 各政党の動き：社会党が社会民主党に改称，新進党解党と民主党・自由党の結成，公明党の復活
  連立政権の恒常化：自民党単独政権としてはじまった〔⑭〕内閣に自由党・公明党が参加

MEMO

- -

- -

- -

- -

- -

- -

- -

- -

- -

- -

- -

- -

Point ①▶ 自社連立政権で55年体制が終結したと言えるのはなぜだろうか。次の文章の空欄に語句を入れながらまとめてみよう。

　社会党は〔A　　　　　　　　　〕を批判し，〔B　　　　　　〕を違憲という立場をとってきたが，自社さきがけ連立の〔C　　　　　　　　〕内閣では，〔A〕の維持および〔B〕を合憲とし，党の基本政策を抜本的に変更した。そのため，1955年以来の保革の対立軸が崩れ，名実ともに55年体制が終結したと言える。

Point ②▶ バブル崩壊で日本の経済や雇用のあり方は，どのように変化したのだろうか。次の語句を用いてまとめてみよう。　【　空洞化　　多国籍企業　　リストラ　】

Point ③▶ 省庁再編と内閣府の機能強化の目的は，何だったのだろうか。次の文章の空欄に語句を入れながらまとめてみよう。

　〔A　　　　　　〕行政の弊害をなくし，事務・事業の減量や効率化をすすめる一方，〔B　　　　　　〕の創設で内閣総理大臣の補佐機能を強化し，〔C　　　　　〕主導の行政運営をはかった。

Check▶ p.363の史料「村山談話」は，戦後政治の歴史においてどこが画期的だと言えるだろうか。その後の首相談話を調べて，それらと比較しながら，150字程度で記述してみよう。

2　新たな世紀の日本へ(3)

教科書　p.365〜368

「構造改革」と対テロ戦争

●「構造改革」

・森喜朗内閣後，2001年4月，〔①　　　　　　　　　〕内閣成立

　：「聖域なき構造改革」をかかげて新自由主義的政策を推進

　→〔②　　　　　　　　　〕，地方税財政改革，町村合併，金融・労働法制の規制緩和，国立大学法人化など

　→大企業の収益回復，中小企業の不振は継続

　　派遣業拡大による非正規労働者の増加や社会保障費の抑制で格差が拡大

●外交と対テロ戦争

・2002年，〔①〕首相が金正日総書記と会談，国交正常化に向け〔③　　　　　　　　　〕発表

・2001年9月11日，アメリカ同時多発テロ事件

　：ブッシュ大統領は報復を宣言してアフガニスタンへ武力攻撃

　→日本は〔④　　　　　　　　　〕を制定，米軍の後方支援として自衛隊を海外派遣

・2003年，〔⑤　　　　　　　〕勃発

　：米英など有志連合が明確な国連決議なしに「テロとの戦い」をかかげる

　→日本はイラク復興支援特別措置法を制定して自衛隊を派遣

　　並行して武力攻撃事態法など有事法制の制定をすすめる

憲法改正論と政権交代

・自衛隊の海外派遣や有事法制など憲法の平和主義にかかわる政治課題の浮上

　→2004年，憲法擁護をめざす「九条の会」発足，市民運動が各地に広がる

・2005年，自民党が憲法改正草案を発表，改憲問題が政治の論点として浮上

・〔①〕内閣の後，〔⑥　　　　　　　〕，〔⑦　　　　　　　　〕，〔⑧　　　　　　　　〕内閣があいつぎ成立

・2008年，リーマン゠ショックに端を発する世界金融危機

　→企業倒産の急増，規制緩和で増加した派遣業従事者の多くが失職

・2009年の総選挙で民主党が圧勝，〔⑨　　　　　　　〕内閣(民主・社民・国民新党連立)成立

　→政策実現の困難に直面，沖縄県の普天間基地の県外移設という公約を撤回して退陣

・〔⑩　　　　　　〕内閣

　：2011年3月11日，〔⑪　　　　　　　　　〕と〔⑫　　　　　　　　　　　　〕発生

　→〔⑩〕内閣と次の〔⑬　　　　　　　〕内閣は政権運営にゆきづまり与野党は消費増税に合意

・2012年の総選挙で自民党圧勝，第2次〔⑥〕内閣(自民・公明党連立)成立

　→集団的自衛権容認の閣議決定，2015年に日米新ガイドラインと安全保障関連法成立

　→大規模な金融緩和などを軸とする経済財政政策を実施

・2019年，天皇が退位，元号は令和に改められた

・2020年，世界で〔⑭　　　　　　　　　　　　〕(COVID-19)が拡大

　→日本では東京オリンピック・パラリンピックが1年延期の末に開催

　→任期途中で第2次〔⑥〕内閣退陣後，〔⑮　　　　　　　〕内閣，岸田文雄内閣が成立

新しい世界をめざして

●社会参加形態の多様化

・NPO（民間非営利組織）法人の増加

・インターネットの急激な普及，情報通信環境が一変＝〔⑯　　　　　〕

　→2000年代後半からスマートフォンとソーシャルネットワーキングサービス（SNS）の普及

・18歳への選挙権引き下げなど若者の政治・社会への参加促進

・飢餓・貧困・疾病の蔓延，気候変動による環境変化と生態系破壊

　→国連が2030年を目標に〔⑰　　　　　　　　　　〕（SDGs）の実現をよびかけ

　〔⑫〕で原発の安全神話崩壊，持続可能なエネルギー体系の確立が課題に

●核軍縮に向かう動き

・2017年，国連で〔⑱　　　　　　　　　〕が採択

　→核保有国や日本が参加留保するなか，2021年発効

MEMO

- -

- -

- -

- -

- -

- -

●p.248をひらいて，第4部で学んだことをふりかえってみよう。

Point①▶ 「構造改革」は，その後の日本社会をどのように変化させたのだろうか。次の語句を用いてまとめてみよう。　【　新自由主義的政策　　非正規労働者　　格差　】

Point②▶ 安倍政権は戦後政治の何を変えたのだろうか。次の文章の空欄に語句を入れながらまとめてみよう。

　歴代内閣は〔A　　　　　　　　〕の行使を否定してきたが，第2次安倍晋三内閣では，〔A〕容認の閣議決定をおこない，2015年に日米新ガイドラインと〔B　　　　　　　　〕を成立させた。これにより，〔C　　　　　　〕が海外でアメリカ軍と共同作戦をとることが可能になった。

Try 現在世界や日本が直面している課題を解決するために，私たちは何ができるだろうか。具体的な問題を一つ選び，考えを200字程度で記述してみよう。

まとめ　　日本の近代・現代150年を考える

教科書　p.370〜371

● 日本の近代・現代はアジア・太平洋戦争の敗戦を境に大きく断絶している面もある一方で，あらゆる面で連続性を見出すことができる。ここでは「科学技術」という視点から連続性に注目したp.370〜371のカズ・ユウ・ミキの意見を参考にしながら，150年間における転換点について，あなたの意見をまとめてみよう。

①カズの意見

(1)カズの意見の根拠を，教科書の記述からさがしてみよう。

○日露戦争後(1905年)が転換点

(2)カズの意見に対して，あなたはどのように考えるか。肯定的・否定的どちらかの立場にたって意見を書こう。

②ユウの意見

(1)ユウの意見の根拠を，教科書の記述からさがしてみよう。

○第一次世界大戦(1914年)が転換点

(2)ユウの意見に対して，あなたはどのように考えるか。肯定的・否定的どちらかの立場にたって意見を書こう。

③ミキの意見

(1) ミキの意見の根拠を，教科書の記述からさがしてみよう。

○高度経済成長期(1967〜68年)が転換点

(2) ミキの意見に対して，あなたはどのように考えるか。肯定的・否定的どちらかの立場に立って意見を書こう。

①それぞれの生徒の意見を参考にしながら，「科学技術の進歩を追い求めた時代」としての150年間をふりかえり，自分なりの画期とその理由を書き出してみよう。

②日本近代〜現代の150年間を連続性でとらえた場合，どんな150年間であると考えられるだろうか。科学技術以外のテーマをあげて，まとめてみよう。

テーマ別さくいん—テーマ（分野）から教科書を読みなおそう

教科書　p.372〜375

●教科書p.372〜375を参考に，自分の興味のあるテーマについて，教科書の関連事項をピックアップして自分なりの歴史叙述をしてみよう。

Ⅰ　＜例＞貨幣・金融制度（p.372）

①テーマの設定

> 選んだテーマ　[　貨幣・金融制度　]
> 課題設定　[　何が貨幣とされ，どのように扱われてきたのだろうか。　]

②p.372でピックアップされている関連事項を用いて，年表をつくろう。

時代	事項
飛鳥時代	富本銭（天武天皇の時代）
奈良時代	和同開珎（本朝（皇朝）十二銭）
平安時代	本朝（皇朝）十二銭の流通
鎌倉時代	借上の登場，宋銭の流通
室町時代	明銭の流通
安土桃山時代	天正大判の鋳造
江戸時代	三貨制度の整備，寛永通宝などの銭の発行
明治時代	新貨条例による貨幣制度の整備

③年表を参考にしながら，テーマにもとづいて自分なりに歴史を叙述してみよう。

> （例）最初に日本でつくられた貨幣は富本銭である。天武天皇の時代に律令制国家を確立する過程で製造された。その後，和同開珎をはじめ本朝（皇朝）十二銭とよばれる貨幣がつぎつぎと発行されたが，奈良時代までは都以外では流通せず，平安時代になるにつれて徐々に流通するようになった。
>
> 鎌倉時代には，農業生産力の向上にともなう商品作物の生産や流通の活発化にともない，貨幣経済が全国的に浸透した。それにともない借上などの金融業者も登場し，武士のなかには土地を失い窮乏する者も出るようになった。中世を通じて統一的に貨幣を発行できる政権はうまれず，中国から輸入された宋銭や明銭が流通した。戦国期を経て天下統一をなしとげた豊臣秀吉は天正大判などを鋳造したが，これは大名への贈答用で流通はしなかった。江戸時代に入ると幕府による国産貨幣の製造が整備され，全国的に通用する金銀や寛永通宝などの銭が各種発行されたが，大坂の銀遣い，江戸の金遣い，藩札の発行など金銀発行や流通の地域差は残った。また幕府は財政難のたびに貨幣改鋳をおこない，金銀含有量を調整したため，物価上昇などの経済的混乱をまねいた。
>
> 明治時代になると，近代化の過程で金融制度が整備され，新貨条例により十進法の貨幣制度もととのった。

Ⅱ　Ⅰを参考にして，教科書p.372～375の「テーマ別さくいん」に掲載されている事例から一つテーマを選び，そのテーマに沿って歴史を叙述してみよう。

①テーマ設定　※p.372～375から好きなテーマを選択

選んだテーマ　[　　　　　　　　　　　　]	
課題設定　[　　　　　　　　　　　　　　　　　　　]	

②選んだテーマに関する事項を参考にして，年表をつくろう。

時代	事項

③年表を参考にしながら，テーマにもとづいて自分なりに歴史を叙述してみよう。

Ⅲ　教科書の事例以外のテーマをたて，自分なりの切り口から歴史を叙述してみよう。

①教科書から興味のあるテーマを選び，具体的な課題を設定しよう。

あなたの考えたテーマ　[　　　　　　　　　　　　　　]

課題設定　[　　　　　　　　　　　　　　　　　　　　]

②テーマに関する記述を教科書から抜き出してみよう。

●原始・古代

●中世

●近世

●近代

●現代

③テーマに関する年表をつくろう。

時代	事項

④年表を参考にしながら，テーマにもとづいて自分なりに歴史を叙述してみよう。

「日本史探究」の学習をふりかえってみよう

　各部で学んだことをふりかえって，日本の歴史が世界と関連づけられながらどのように推移したか，人々の生活や社会がどのように変化していったかを確認しよう。また，学習を通じて，「原始・古代の日本の歴史」「中世の日本の歴史」「近世の日本の歴史」「近現代の日本の歴史」に関する自分の関心や理解がどのように変わったか，自由に書いてみよう。

第1部　原始・古代の日本と東アジア(p.2〜47)

第2部　中世の日本と世界(p.48〜91)

第3部　近世の日本と世界(p.92〜147)

第4部　近現代の地域・日本と世界(p.148〜247)